郑和之路

韩胜宝 著

团结出版社

图书在版编目（ＣＩＰ）数据

郑和之路 / 韩胜宝著 . -- 北京：团结出版社，
2022.11

ISBN 978-7-5126-9414-9

Ⅰ . ①郑… Ⅱ . ①韩… Ⅲ . ①郑和下西洋－研究
Ⅳ . ① K248.105

中国版本图书馆 CIP 数据核字 (2022) 第 085550 号

出　　版：团结出版社

　　　　　（北京市东城区东皇城根南街 84 号　邮编：100006）

电　　话：（010）65228880　65244790（出版社）

　　　　　（010）65238766　85113874　65133603（发行部）

　　　　　（010）65133603（邮购）

网　　址：http://www.tjpress.com

E-mail：zb65244790@vip.163.com

　　　　　tjcbsfxb@163.com（发行部邮购）

经　　销：全国新华书店

印　　装：三河市东方印刷有限公司

开　　本：170mm×240mm　16 开

印　　张：29.25

字　　数：426 千字

版　　次：2022 年 11 月　第 1 版

印　　次：2022 年 11 月　第 1 次印刷

书　　号：978-7-5126-9414-9

定　　价：76.00 元

目　录

舰船篇　63

科技篇　83

文化篇　103

经贸篇　165

政治篇　213

遗迹篇　　299

身世篇　351

宗教篇 381

学术篇 413

后　记　453

航海篇

郑和七下西洋为何选择在太仓刘家港起锚

中国明朝伟大的航海家郑和七下西洋是史无前例的大规模航海活动，选择起锚地可谓第一要务。中国有诸多港口，为什么选择太仓（今江苏太仓）刘家港为起锚地呢？太仓的郑和研究专家沈鲁民等人认为原因有五：

一是有良港。太仓刘家港靠近长江口，具有衔接江海的地理优势，是元明时期中国最大的港口，容"海洋之襟喉，江湖之门户"，有"六国码头"和"天下第一码头"之称。娄江因"掣淞入娄"，具两江之势，元明之际，江水深，水阔可达二三里，万斛之舟可由娄江泊于太仓城东郊和南郊。元时留下的航海基础、码头设施和贸易条件还很完备，再加上充足的仓储以及精湛的船舶修造技术，确保了郑和远洋活动的顺利展开。

二是有富地。太仓是典型的江南鱼米之乡，历史上被称为"皇帝的粮仓"。明洪武二十六年（1393），扩建南郊海运仓，计有仓廒91座、919间，收浙江、南直隶等地粮食数百万石，因规模巨大，俗称"白万仓"，史书则称"天下之仓此为最盛"。郑和船上人员2万余众，每日三餐，每次航行两年，耗费巨大，当时中国藏粮最多的地方唯太仓，所以起锚地非此莫属了。

三是有人才。太仓地处东南沿海，自古航海人才济济。郑和下西洋队伍中不少骨干成员例如著名航海家费信、周闻都是太仓人，还有一大批有丰富航船经验的水手及优秀的"船老大"可供挑选。郑和每次下西洋都需要补充许多有一定素质、能胜任远洋航海的人员，从太仓地区招募和选拔，可以确保数量和质量。

四是商贸城。这里商贾云集，商品充足，便于船队给养补充。1286年以后，元政府先后在浏河镇设立了行泉府司，在太仓设立市舶提举司，从政府行政管辖的体制上确立了太仓作为海运商贸大县城的地位。太仓成为万商聚集的商贸城，集中了中国各地的土特产和东南亚各国的奇珍异物。每年春夏二季，大小数百艘乃至上千艘海运船只驰入刘家港。正可谓"万艘如云，毕集于海滨刘家港"。

五是近京都。明初建都南京，太仓由于是离南京最近的对外天然良港，仍保持着漕运和对外贸易的重要地位。永乐帝在派遣郑和下西洋时，决定选择太仓作为出海的起始港和收泊港，这进一步发挥了太仓作为国家朝贡、贸易基地的作用，也便于朝廷与船队的联系。因此，太仓是郑和船队起锚最理想的口岸。

著名郑和研究专家郑一钧认为，太仓成为郑和七下西洋的起锚地，除了上述原因外，还在于太仓具有航海探险的历史传统，是航海家的"摇篮"。在郑和下西洋之前，中国有史可查的航海探险家就出在元代的太仓，他们是朱清、张宣、殷明略，探索了海上漕运最佳航线。可以说，没有元代太仓这些航海者一脉相传的航海探索精神，就没有郑和下西洋的航海壮举。这是太仓对中国航海史以及郑和下西洋的又一重大贡献。

太仓何以成为郑和及世界远航的发祥地

郑和七下西洋每次都从太仓扬帆起锚远航，太仓由此成为世界远航的发祥地，这已成为定论永载史册。海内外许多人士不一定都知道太仓，但几乎没有不知道郑和七下西洋的起锚地的。那么，郑和七次远航起锚地为何非太仓莫属呢？作家汪放说，郑和七下西洋选择太仓作为起锚地，原因是多方面的，但最主要的是太仓具有得天独厚的港口优势。

汪放对太仓悠久的历史十分了解。他介绍说，太仓位于长江口，号称"长江第一港"。早在春秋战国时期，此处舟楫就已广泛使用，作为"斥堠之地"。三国时，孙吴"乘海授渊"，太仓海上战船游弋，水师踏浪。唐代杜甫咏叹此处"云帆转辽海，粳稻来东吴"。南宋末年，仅存的娄江承载着浩瀚的太湖水从长江口奔入海。至元代，太仓成了江南唯一的深水良港，也是中国最大的港口，被誉为"六国码头"。

元代漕运航线在太仓开辟成功，刘家港已成为漕粮海运的起始港。元政府迅即加大了港口的设施建设，建起了许多大吨位的码头和泊位，在南码头建海运仓，设立行泉司，专掌海运。此后又增设漕运万户府二，由朱清、张瑄两位海运先驱掌管。从此，太仓刘家港以港口的面貌呈现在世人的面前，漕运海船"万艘如云，毕集于海滨刘家港"，蔚为壮观。

在发展国内海运的同时，元政府又十分重视对外贸易，太仓的漕户、富豪及普通老百姓几乎半数出海经商，太仓口岸对外贸易盛极一时。如掌管漕运的朱清、张瑄"巨艘大舶帆交番夷"，成为吴中首富。吴江的沈万山甚至"富可敌国"，连明太祖朱元璋也要依靠他出资造南京明城墙。

　　明初，采纳夏原吉"掣淞入娄"的水利主张，合两江之势，水更深、流更急。同时，太仓刘家港又是离京城最近的对外天然良港，又有元时和洪武朝留下的航海技术、码头设施和贸易条件，因此，永乐帝在派遣郑和下西洋时，决定选择太仓刘家港作为船队出海起锚港和收泊港。

　　汪放还介绍说，太仓宽深的港湾、良好的码头、充足的仓储，以及精湛的船舶修造技术，确保了郑和远洋航海活动的顺利展开。郑和船队起航前，在太仓招募船员，装载物质，补充给养，举行祭祀；船队返航后，在太仓休整集训，修理船只，迎接使节，宴劳赏赐。因此，太仓为郑和下西洋做出了巨大的贡献。

太仓为何成为郑和下西洋时期对外交往的重要口岸

600 年前，郑和船队长期大规模的航海活动，始终以太仓为基地。汪放说，刘家港成为郑和下西洋时期对外交往的重要口岸并非偶然。当年几万名船员及几倍于船员的民工在太仓长期活动，钦差、宵吏的频繁来往，大型赏赐、祭祀活动的不时举行，船厂、绳索厂、铁锚铺、篷帆加工场的开设，接待各国来宾的娄江西馆、娄江南馆的建造，给太仓带来了繁华和兴盛。

明朝采取"厚往薄来"的朝贡贸易政策，规定每位来华的贡使可以得到一份特别的赏赐，还允许他们夹带私货来华贸易，政府不抽商税。众多的优厚政策使亚非各国非常向往，各国使节纷纷来华，团队十分庞大，太仓迎来一批又一批使团。如永乐九年（1411）苏剌国来了 540 人；永乐二十一年（1423），古里和忽鲁谟斯等国竟来了 1200 多人。

这一批又一批贡使是使团，也是商团，他们带来了大量的土特产来华交易，太仓的大街小巷各国使臣时有所见，象牙、犀角、宝石、香料充斥于市。同时，中国的丝绸、瓷器、茶叶、青铜器、铁器等，还有太仓出产的土布、萱布，则是贡使采购回国的货物。时人赞典盛况："九夷百番，进贡方物，道途相域，方舟大船，次第来泊，太仓复旧之宏观。"

汪放认为，历时 28 年的郑和七下西洋活动，促使太仓成为闻名中外的国际商贸大港，同时，也为太仓在政权制度的建设、经济结构的调整、地域文化的形成、城市建设的发展等各个方面奠定了坚实的基础。太仓口岸的兴旺，吸引了中国各地的官僚、富商、文人和平民在此落户，使太仓口岸更加繁荣，屹立于中国的东南沿海。

周闻墓志铭为什么具有很高的文物价值和历史价值

1983 年 10 月，在太仓城厢公园"树萱斋"西壁内发现周闻夫妇的墓志铭，周闻墓志铭全名为"明武略将军太仓卫副千户尚侯声远墓志铭"，51 厘米 × 51 厘米，厚 11 厘米。铭文正楷小字，全文 28 行，满行 27 字，共 669 字，记载了周闻（即尚声远）的一生经历及勋业；周闻之妻张氏墓志，全名"明故宜人张氏墓志铭"，42 厘米 × 42 厘米，厚 9 厘米。铭文全文 23 行，满行 25 字，共 506 字，是重要的佐证材料。

周闻墓原在太仓城北门外，早年被盗，墓志碑被收入公园，后因战乱而遗失，直到 20 世纪 80 年代初才查询到下落，现陈列在太仓浏河郑和纪念馆。

周闻（1385—1470），本名尚声远，祖先为合肥人。18 岁时为太仓卫百户。从明永乐七年（1409）起到宣德六年（1431）间，曾连续参加了郑和船队第三至第七次下西洋，六往四抵，因出海有功由卫百户升任副千户。

周闻墓志铭文记载了周闻五次下西洋活动的日期，即永乐七年、十一年、十五年、十九年和宣德六年。其中永乐十九年载，"中道取回"。永乐二十二年尚有一次筹划中的远航，但因"仁庙（仁宗）诏停止之"而没有进行。这些记载尤为珍贵，对研究郑和下西洋无疑是极有价值的。墓志铭中"辛丑继往，而中道取回"，"辛丑"是指永乐十九年（1421），周闻当时还参加了一次"中道折回"的航行，这样的记载，在史料中还是第一次出现。为什么折回？不清楚，但至少可知郑和下西洋的事业是十分艰辛的，并不总是一帆风顺。所以墓志铭最后赞扬周闻："二十五年，六使绝域，天子酬劳，锡金加秩，寿垿期颐，正寝而殁，固大之佑，抑修而得。呜呼！宰木依依，华表巍巍，于斯而归，奕叶其辉。"

吴聿明依周闻墓志铭列出一份《周闻年谱简表》。从年谱可知，周闻活了85岁，是为高寿。周闻随郑和数下西洋，把最宝贵的年华献给了伟大的航海事业。

周闻夫人张善香（1386—1432），泗州人。于周闻最后一次下西洋行至途中时去世。张氏在周闻任百户时"授封安人"，后加封"宜人"。《张氏墓志》也记载了周闻下西洋的活动："永乐七年，选安之夫部领军士从内臣出使西洋诸番等国公干。几经四往，历二十余载。"墓志铭还对张氏的美德大加赞扬。

周闻夫妇墓志中关于下西洋的记载是一致的，这完全证实了两件文物的真实性，具有很高的文物价值和历史价值。周闻夫妇的墓志铭现保存于郑和纪念馆。

郑和何以选择长乐作为驻泊港

郑和七下西洋 28 年间，与福建长乐有着不解之缘。他七次下西洋，庞大的舟师至少六次驻泊长乐太平港。

长乐物产丰富，港口优良，航海事业发达。郑和下西洋时，这里是仅次于南京的另一个下西洋基地，在这里筹集物资，补充水手，维修船舶，祭祀海神，等候信风，开船起航。

据考证，位于吴航的南山和十洋街，曾是当年郑和船队官兵的驻扎和祈福之地，留有著名的"天妃神灵应之碑记"和铜钟，其碑详细记载了郑和七下西洋的往返年月和主要事迹，与太仓刘家港之"通番事迹碑"互为参证，南山景区是郑和下西洋时的一处"圣景"，如今开辟为郑和公园。因此，长乐留下了十分丰富的郑和七下西洋的历史文化遗迹。

南山位于长乐县城西南，又名塔山、登高山。北宋时在山上建圣寿宝塔，作为船舶进出长乐诸港的航标。塔下有胜会堂、仙人境、书院等建筑，颇为宏伟壮观。郑和曾修茸过圣寿宝塔。据记载，郑和因"舟师累驻于斯，伺风开洋，乃于永乐十年奏建"天妃行宫于圣寿宝塔旁。永乐十一年（1413），郑和修茸宝塔后题额曰"三峰寺"，并记"南山塔寺"。宣德六年（1431），郑和第七次下西洋前，又复修佛宇神宫。这样，南山之上，天妃行宫、三峰塔寺、三清宝殿连为一体，"画栋联云，如翠如翼"，蔚为壮观。

郑和建造的天妃行宫，以及近在咫尺的太监楼，都是当年郑和驻军十洋街重要的活动场所。郑和曾在太监楼（今称母亲楼）拨款赈济，赡济一位老妇，因此得名。

郑和驻泊舟师为什么从江苏太仓的刘家港起航后，不径直远航西洋，而要驻泊长乐太平港？据当地的郑和研究专家考证，这是因为郑和船队乘冬春季节的朔风，扬帆南下。如果从刘家港出发直接入海，比从长乐太平港出发航程要长得多，难以做到"顺风十昼夜抵占城"；而长乐太平港则有"港阔水深""风平浪静"等诸多优越条件，在此暂泊再航，更有利于远洋行程。

长乐位于闽江口南侧，一面背山，三面临海，距省城福州不过120里。当地人们历史上"以海为田，操舟为业"。《闽中记》载：早在春秋战国时期，"吴王夫差尝地略至此，作战船，故有吴航之称"。三国时期吴国在福州设置典船校尉，督理造船。唐宋都有福州造船的记载。宋绍兴间，张浚在福州"大治海舟千艘"。福建闽北盛产造船的赤白杉木等木材，可以源源沿闽江顺流直至福州长乐。长乐独特的地理条件，几乎"无湾不造船"，居民多具备交通海外的传统习惯和航行技艺，这可为郑和提供补充闽籍水手舟师、修造船舶、补充给养等服务。长乐太平港水深浪静，更适合于郑和的庞大船队停泊、候风。

据《长乐县志》记载：太平港旧名马江，郑和奏改太平港。港口在县西半里许，背负首石、太平山麓，左有金鸡山屹立，右有四明山环卫，前有巍峨雄伟的浮峰山作为屏障，是一处不可多得的天然避风港。明初长乐港区条件好，水深港阔，潮汐往来规律稳定，气候适宜，补给方便，适宜大型船队驻泊。福州地区正是由于这得天独厚的水文地理，才成为郑和船队驻泊港的最佳选择。

郑和揭开了历史性大航海的序幕

郑和是当之无愧的"海上巨人"。他率领 2.7 万余人组成的庞大船队，从太仓刘家港出发，浩浩荡荡扬帆驶向大海，揭开了历史性大航海的序幕，表现出人类在海洋上前所未有的开拓精神。郑和航海如同中国的四大发明、万里长城一样，是中华民族创造力的又一次集中体现。

著名郑和研究专家郑一钧最近有关郑和探索海洋的论述，在国际学术界引起了强烈的反响。他指出，郑和七下西洋的壮举是世界航海史上的大手笔，使中国的海洋事业获得了空前的发展，开创了一个中国人向海洋进军的新时代。

郑一钧说，郑和下西洋时期在中国海洋发展史上是一个极为重要的时期，郑和奉明成祖的旨意出使海外，实施了海陆一体化的海洋发展方略，在近 30 年时间里，抓住历史发展带来的这一机遇，勇敢地迎接来自海上的各种挑战，在亚非沿岸各国中广泛开展了政治、经济、外交、文化等各方面的活动，同时在海洋探险上做出了很大的努力。

郑一钧说，郑和下西洋时期，中国的海洋事业获得了空前的发展，开辟主要航线 42 条之多，其航线最西到达过赤道南面，航线西端延伸到比剌（今莫桑比克港）、孙剌（今索法拉港）两个非洲国家的港口，这可能是郑和船队抵达的最远的非洲国家。最南到达印尼爪哇，最北到达红海的天方（今沙特阿拉伯的麦加），总计航程 16 万海里，相当于绕地球三周有余。

永乐年间，郑和船队一次次连续下西洋，与西太平洋、印度洋沿岸各国广泛交往，与海外诸国开展大规模的贸易与经济活动。郑一钧强调指出，当时中国除了在各国来朝贡时，与之进行有限的朝贡贸易以外，主要还是依靠郑和庞大的船队有分有合地组成大小不等的外交贸易使团，往返穿梭于各国之间，与之进行持久的、大规模的国际贸易和民间互市活动。

郑一钧考证，在漫长辽阔的"海上丝绸之路"上，郑和船队建立了四大海洋交通中心站、两大航海贸易基地和两个东西方贸易的大本营。郑和带领船队在海洋交通运输事业上不断获得发展，不但为发展中国与亚非国家间的经济交流做出了重大的贡献，而且大大推动了明初海洋经济的发展，使中国成为当时世界上最强大的海洋大国。郑和下西洋在航海事业上所做的巨大贡献，无疑是 15 至 16 世纪世界大航海时代中人类文明的巨大成果。

在谈到郑和七下西洋在探索海洋上取得的巨大成就时，郑一钧概括说，郑和航海在政治上建立了亚非国家间的和平友好局势，在经济上带来了"海上丝绸之路"最为繁荣的历史时期，在外交上使中国与海外各国的关系得到空前的发展，在军事上为海路畅通、海外各族人民安居乐业做出了努力，在文化方面向亚非各国传播了中国先进的文化和生产技术、医疗技术。郑和七下西洋在发展海洋事业上所取得的一系列成就，不仅在中国历史上，而且在世界历史上也是前所未有的。

郑和下西洋涉及哪些国内外港口

郑和下西洋之举空前艰巨，历时弥久，为使航海顺利进行，朝廷为船队建设了专门的港口——南京港、太仓刘家港和长乐太平港。船队以南京港为始航基地，通过长江水道，经刘家港南下入海。其特点是在国内沿海港口组群的基础上，实现江海结合，发展了江海直达运输。这较之中国古代航海多以单一沿海港口为始发港，是一个很大的进步。

郑和下西洋国内航海港口：

南京港 建造郑和宝船的南京龙湾，水域开阔，早在宋代就是著名的水平战场。明初"陈友谅入寇，战于龙湾，获其巨舰，名混江龙、塞断江、撞倒山、江海鳌者百余艘，及战舸数百"（引自《龙江船厂志》）。当时选择此地建造巨型宝船的龙江船厂，就是因为南京港具有得天独厚的水域优势，利用这种优势就能为郑和下西洋做好船舶这项最重要的准备。

刘家港 元朝时期的刘家港是中国最大的航海港口，也是江南地区出海要津。太仓枕长江，傍东海，娄江穿境而过，具有衔接江海的地理优势。在元朝至元年间的航海家朱清、张瑄在太仓开拓航海业，"开海运，通直沽，舟师货殖，通诸蛮夷，遂成万家之邑"，使太仓"番商贾客，云集阛阓；粮艘商舶，商樯大桅，集如林木"，被称为"六国码头"。太仓不仅成为元明之际富有航海传统的大港，而且成为航海人才的集中之地。郑和七下西洋，都是从太仓刘家港扬帆起锚，原因就在这里。郑和每次下西洋都要补充许多具备远航条件的人员，而从太仓地区招募可确保来源和质量。据考证，郑和使团不少骨干都来自太仓，如翻译费信、武官周闻、医官匡愚，等等。

太平港 位于福建长乐马江（又名马头江）的出海口。"马头江自闽县流入境，江面益阔，又东北与大海相接，波涛震撼"（引自《读史方舆纪要》）。太平港作为郑和下西洋的最后一个驻泊港，除了这里具备衔接江海、水域开阔的地理优势外，还在于长乐靠近天妃林氏女的家乡福建莆田县的湄洲屿，具有航海文化之优势。从宋代起，天妃成为中国航海者唯一信奉的海神。郑和每次下西洋前，都要率全体官兵在太仓和长乐天妃宫祭祀天妃，祈求平安。另外，长乐县具有距离海外国家较近的区位优势，自长乐太平港出发，至五虎门开洋，顺风十昼夜即到占城国（今越南中南部）。这就是郑和船队为什么要在长乐等候风汛的原因。

郑和下西洋国外航海港口：

占城港（今越南中南部） 郑和在占城设立了面向东南亚进行商贸活动的大本营，聘请海外华裔经贸专家担任顾问，以制订并实施中国与东南亚各国的贸易与计划，有力地促进了中国与东南亚各国的海上贸易。

满剌加（今马来西亚马六甲）和苏门答腊港 是扼东西洋海上交通之要冲。郑和下西洋时在这两港口均设有官厂，以储存船队与各国进行贸易的大量物资，以及船队远航所需要的各种物品，从而形成了沟通太平洋和印度洋海上交通和航海贸易的中继站。

古里港（今印度卡利卡特） 为古代印度半岛西岸著名的港口，号称"西洋诸番之会"。郑和下西洋以这里为南亚航海贸易的基地，当地的大头目成为此间开展贸易的代理商，受到中国朝廷升赏。像这种完全授权于海外国家的大头目为经商代理人，从事中外贸易，在郑和下西洋时期唯有古里。

忽鲁谟斯（今伊朗） 位于亚、欧、非三洲之中，为中世纪时著名的国际贸易中心，又是从印度洋进入波斯湾以至巴格达诸城的海下交通要道。郑和把此处作为海上丝绸之路西端从事海外贸易的大本营，同亚、欧、非洲各国的商贾在这里进行贸易，并将贸易活动从南亚往西扩展至波斯湾、阿拉伯海、东北非、东非沿岸各国，使郑和船队的海上贸易和交通运输业得以不断发展。

郑和下西洋，以南海、西太平洋、印度洋和阿拉伯海上最重要的贸易港为重点，对当时中国向海洋发展的各个区带做了合理的布局，使船队在海上交通和航海贸易方面能够充分发挥各海洋区带的优势，进而掌握了东南亚、西太平洋和印度洋上的贸易，这就成功地解决了当时中国发展海洋事业的一系列战略性问题，为中国的海洋事业开创了一个前所未有的大发展的新时期，使中国海洋事业当时在世界上遥遥领先。

郑和与哥伦布究竟谁更伟大

郑和与哥伦布都是大航海家、大探险家，海内外的专家学者对郑和与哥伦布究竟谁更伟大这个课题表示了极大的兴趣，并进行了漫长时间的研究。辛元欧十分肯定地说，当然是中国的郑和伟大。他认为郑和之所以比哥伦布更伟大，主要体现在三个不同点上：

其一，"厚往薄来"与"东方金梦"的目的不同。郑和下西洋与哥伦布发现美洲同为世界航海史上的重大事件，但是两者的目的却大相径庭，反映了中西文化传统的固有差异。郑和下西洋执行"厚往薄来"的既定方针，并贯彻于下西洋的始终，这反映了中华泱泱大国的胸怀。而哥伦布航海探险的目的却恰恰相反，与其他西方探险家一样，无非是为了一个"钱"字。在西班牙女王与哥伦布签订的圣大非协定中可以看出，哥伦布将拥有新发现领土全部财物的 1/10，并且一概免税；对于同领土进行贸易的船只，哥伦布享有投资取得 1/8 股份的权利；哥伦布还享有新领地的商务裁判权，其后代世袭其一切爵位、头衔和权利。

其二，"和平亲善"与"殖民扩张"的手段不同。郑和是和平的使者，他在下西洋前后 28 年间，通过与亚非各国的友好交往，把中华民族的物质和文化交流传播到世界各地，为人类的进步事业做出了重大贡献。而哥伦布却是殖民统治者，他远航是军事殖民行动。为了慑服海地岛上的印第安人，哥伦布进行了九个月的征服战争。在短短的几年中，印第安人累世积攒起来的黄金很快被西班牙殖民者榨取一空。哥伦布这位典型的西方航海家具有航海探险家与殖民扩张分子的双重身份，与提倡和平亲善的中国航海家郑和恰成鲜明的对比。

其三，"造福亚非"与"祸殃美洲"的结果不同。郑和七下西洋，为亚非各国，特别是东南亚各国的国家独立、经济繁荣、文化交流做出了不朽的贡献，获得了东南亚各国人民的景仰。他们到处为他建庙树碑，记载他的业绩，追思他的恩泽，定期举行纪念活动，庙中香火不绝，历年不衰。可以说世界上还没有一个航海家能在这么多国家、这样多的人群中受到如此普遍的尊敬。与郑和相比，哥伦布的海外殖民活动带给美洲人民的却是无尽的灾祸。哥伦布进入新大陆后给美洲人民带去两件杀伤性武器，那就是枪炮和细菌，夺去了无数美洲人的生命。当1992年哥伦布到达新大陆500周年时，联合国教科文组织欲把哥伦布发现新大陆的日期作为全球节日之一时，理所当然地受到拉丁美洲人民的坚决反对。可见千秋功罪，自有定论。

此外，哥伦布远洋航行于1492年发现美洲新大陆，在时间上要比郑和首次下西洋晚了整整87年，航行次数、船只吨位数目及人数、航行里程等方面也都劣于郑和。辛元欧认为，哥伦布无论是航海之目的、船队之规模、航海之影响，都是与郑和无可比拟的。

辛元欧感慨地说，研究郑和现象和哥伦布现象为人们既带来激情，又感受到诸多遗憾，历史的经验与教训值得全人类关注，好好运用这笔无价的财富，必将进一步加快世界和平与发展的步伐。

另外，西方还有几位大航海家，他们以开辟远洋航线发现新大陆而名噪于世。然而，真正能在航海上称雄于世的仍是中国的郑和。

葡萄牙人达·伽马于1497年驾驶三艘小帆船绕过好望角，进入印度洋。其实，他比郑和首次下西洋晚了整整92年。

葡萄牙人麦哲伦的环球航行，是从1519年开始到1522年完成的，比郑和首次下西洋晚了整整100多年，并且是在郑和开辟并铺平的航线上完成环球航行的，是步郑和的后尘。

比郑和下西洋晚十年的葡萄牙亨利王子，尽管与郑和航海相隔时间不长，但差异甚大，根本不能同日而语。郑和船队从中国到了非洲东海岸，并且分船队移向南非附近，到达地理纬度南纬20°，而亨利王子则徜徉在非洲西海岸，历经40

年，向南推进地理纬度不到 30°。

梁启超在《祖国大航海家郑和传》中说："全欧沿岸诸民族，名以航海业相竞。……自是新旧两陆，东西两洋，交通大开，全球比邻，备战灿烂。有史以来，最焰之时代也。而我泰东大帝国，与彼时而兴者，有一海上巨人郑和在顾何以哥氏，维氏之绩，能使全世界划然开一新纪元。而郑君之烈，随郑君之没以俱逝。"

西方航海家无论是航海之目的、船队之规模、航海之成就、航海之影响，都是与郑和不可比拟的。

郑和还曾下东洋

郑和下西洋已为世人熟知，但郑和下东洋却鲜为人知了。近两年来，海内外许多郑和研究专家开始注意郑和航海对全球的影响，而且对七下西洋的航海领域提出了补充与扩展。因此，这就不是一个简单的"下西洋"问题，还有一个"下东洋"的问题。

罗宗真长期从事文物考古和历史研究及考古教学等工作，曾应邀赴日本进行考古学术交流，在海内外考古界颇有影响。罗宗真对记者称，明成祖即位后，准备派郑和下西洋，就在郑和积极筹备下西洋时，却发生了严重的倭寇骚扰中国东南沿海地区的事件。为了巩固边防和自己的统治，明成祖决定立即派人去日本进行政治交涉。这一任务就落到郑和身上。郑和在朱棣夺权过程中跟随朱棣多建奇功，深得朱棣赏识。郑和接受任务后，立即组织人马东渡扶桑。

当时东渡日本也是很艰巨的，唐朝高僧鉴真六次出海才东渡成功，足以说明其艰难。罗宗真说，郑和从桃花渡（今浙江宁波附近）东渡至日本，代表明朝政府向日本政府指出应严格按照会谈内容办事，不得违背。国王源道义自知理亏，立即下令逮捕了倭寇首领，并保证今后不再出现类似情况。郑和胜利完成使命，向明成祖禀报。明成祖很高兴，致书国王源道义，表示满意。

罗宗真指出，郑和下东洋一事，经过海内外学者研究，不论是《明史》成书的清人著作，或者是其他明人的有关记载，还有日本史书的记载，都证明永乐二年（1404）郑和确实出使过日本。

罗宗真列举说，顾炎武在《天下郡国利病书》中有专门论述："文皇帝永乐二年四月，夷船一十一只，寇穿山，百户马兴（与战）死亡。寻寇苏松诸处。是年，上命太监郑和统督楼船水军十万诏谕海外诸番，日本首先纳款，擒献礼边倭贼二十余人。"《日本一鉴·穷河话梅·卷六》"流通"条对郑和出使日本的前因后果也做了记载："永乐甲申（二年），倭寇直隶、浙江地方，遣使中官郑和往谕日本王。明年乙酉（永乐三年），其王源道义遣使献所俘倭寇尝为边患者。"《筹海图编》"直隶倭寇变记"中也有同样的记载："永乐二年四月，对马（壹）歧倭寇苏松，贼掠浙江穿山而来，转掠沿海，上命太监郑和谕其国王源道义，源道义出师获魁以献。"明人冯应京在其《皇明经世实用编》中写道："永乐二年，倭寇直浙，乃命太监郑和谕其国王源道义。源道义出师获渠魁以献，我于是有什物纹绣之赐，封为日本国下。名其国之山曰寿安镇国山。"清人俞维麟《明书·戎马志》记载："永乐二年，倭寇浙冠浙直，乃命太监郑和谕其国王源道义，源道义乃执其渠魁以献。"

从以上记载可以看出，郑和出使东洋，通过与日本国王磋商，使其本国主动出师剿捕倭寇，并绳之以法。日本国王接受了郑和的建议，接受了明朝"日本帝国"的封号和金印、冠服等，并遣使致谢，与永乐朝正式建立了外交关系，双方签订了《勘合贸易条约》，即"永乐条约"。

罗宗真认为，郑和这次下东洋，发生在下西洋之前的一年，即 1404 年。这为他下西洋奠定了基础，也稳定和促进了当时中日关系，达到了预期的效果。一直到永乐十五年（1417），海洋平静，中日双方使臣友好往来不断，这给郑和下西洋创造了安定的条件，也为他后来的七下西洋提供了一次锻炼和考验，丰富了航海知识，积累了外交经验，解除了后顾之忧，并做了多方面的准备。

郑和七下西洋最远究竟到达哪里

600 年前，郑和下西洋最远究竟到达哪里？是非洲东海岸、澳洲、大西洋，还是美洲？学术界对此争论不休，至今还没有定论。朱鉴秋深入地研究过这个问题，他出版过《海图学概论》《新编郑和航海图》等海图专著。1991 年他绘制出《古今对照郑和航海图》，历经八年，查证校对了 50 多个"今地无考"的海岛，是一位权威的航海图专家。

2002 年南京举办纪念郑和下西洋 600 周年学术研讨会，朱鉴秋当时在会场上与名震世界的英国业余历史学家孟席斯"对簿公堂"，对他仅凭一幅 15 世纪 20 年代的世界地图就论定"郑和环球论"的惊世学说提出了质疑。在 2003 年太仓首届郑和航海节期间，朱鉴秋在会上又一次对郑和最远到达哪里发表了自己的观点。

朱鉴秋认为，郑和七下西洋曾到达非洲东海岸，这在多种史书中有记载，如果对某种史书记载可能有不同见解，那么《明实录》所记载的内容应该是很可靠的。《明实录》多处记载派遣郑和出使西洋各国，其中包括位于非洲的一些国家。太仓刘家港天妃宫石刻"通番事迹碑"及长乐南山三峰塔石刻"天妃应灵之记"也均有此内容记载。因而郑和航海到达非洲是毋庸置疑的。

郑和船队在前四次下西洋的航行中，每次经过爪哇、满剌加时，在越过锡兰山国，经淄山时，都曾靠近或跨过赤道。

由于天盘上的水手观察到北极星低到水平线以下，北斗七星中有时只能看到南边三星，说明船队在向赤道以南航行。

在郑和第五次下西洋，船队从阿丹折而向南时，从星象的观察中又一次判定靠近或超过了赤道，船队在抵达赤道附近的木骨都束（今索马里的摩加迪沙）之后，到达位于南纬 4° 的慢八撒（今肯尼亚的蒙巴萨），以及更南边的麻林迪和竹步。

朱鉴秋说，两年前，台湾及海外的一些报刊以非洲东岸一些地方未发现郑和时代的中国陶瓷为理由，对郑和航海到达非洲这一学术界公认的结论提出疑问。其实东非考古出土明初郑和航海时代的中国古瓷是很多的。据考证，在非洲东海岸索马里、肯尼亚、坦桑尼亚境内，发现中国古瓷的遗址有 100 多处，其中出土了很多十四五世纪的中国古瓷。这也可作为郑和航海到达非洲的一个佐证。

郑和航海到达东非后，船队中是否有船继续向南航行绕过好望角进入大西洋呢？朱鉴秋说，这是不少中外学者探索的一个问题，且英国科学史家李约瑟、英国地图学家弗拉·毛罗早就提出了郑和航海已到过好望角的见解，他们考证 1420 年航行在印度洋的中国式帆船，应该是郑和船队中的船，所以说郑和航海已绕过好望角是有依据的。

对于郑和是否到过澳洲，朱鉴秋回答说，15 世纪时郑和的船队很有可能到达澳大利亚西北的达尔文港，证据是 1879 年在那里曾出土一尊中国寿星石像，根据《郑和航海图》上与苏门答腊岛相连处绘有一大片海岸线很长的无名陆地，经多方面分析，表示的是澳洲大陆。

对英国学者孟席斯提出郑和早于哥伦布发现美洲，朱鉴秋持不同观点。孟席斯认为，郑和航海到达美洲的一个证据是地图。这一证据有较多的推测成分，不能说这些地图一定是郑和船队绘制的。其实早在郑和航海以前，就已有表示非洲之角的地图了。孟席斯的另一证据是加勒比海的沉船，但是这些沉船是否存在？如果那里确有沉船，它们是否属于郑和航海时的中国船？这些都是没有得到证实的。

朱鉴秋认为，现在还不能证明郑和航海到达过美洲。但他同时认为，不要以已知的史料没有记载为由，来否定孟席斯对郑和航海的研究。由于种种原因，国内现在已发现的郑和航海史料是不完整的，有关史料散失于民间或流入海外都是可能的。因此，孟席斯的观点值得进一步研究。

　　朱鉴秋还认为，即使郑和航海没有到达美洲，他也仍然是一位伟大的航海家。通过大家的努力，我们就能对郑和航海做出一个客观、公正的评价，并使全世界有更多的人士了解郑和的光辉业绩。

郑和使中国人成为 15 世纪国际航运舞台的主角

斗转星移 600 年，今天我们回眸郑和船队谱写的航海史诗时，心里充满着自豪和振奋，也充满反思和鞭策。孙光圻认为，如何继往开来，发扬郑和航海精神，重振中华民族的航运雄风，是摆在 21 世纪海内外所有炎黄子孙面前的时代使命。

孙光圻主要从事交通运输发展战略与策略等领域的研究，他说，我们中国人自汉代开辟了海上丝绸之路之后，延至唐宋元明，都是北印度洋这个世界国际航运中心舞台上的主角，其中最杰出的代表就是郑和下西洋。其标志有三：

其一，郑和下西洋拥有当时世界上最庞大和最先进的远洋船队。据史料记载，郑和下西洋第一次为 2.78 万余人，第三次为 2.7 万余人，第四次为 27670 人，第七次为 27550 人，其余几次人数记录不详，但在 2.7 万人左右。郑和下西洋每次都有大小船只 200 余艘，有宝船、马船、粮船、水船、坐船和战船，是一支装备精良、种类齐全的特混船队。其后在地理大发现时代，几支最著名的西方船队在规模上与郑和船队是根本不能同日而语的。

其二，郑和下西洋拥有当时世界上最广泛和最密集的远洋航路。历时 28 年，航程之远、航路之众、航质之高，均为 15 世纪世界航海史上的最高境界。其航路长短并举，变化繁多，在当时的国际航运中心区域，形成了 43 条渡越北印度洋的航路；开辟了当时世界上最长的远洋航路，从中国的东海之滨伸向西亚、东非的广大海区，西北直通波斯湾、阿拉伯海与红海，西南沿东非海岸已越过赤道，到达了南半球的麻林迪；建立了多点纵横交错的综合性远洋航路网络，形成了六大航海枢纽；将宋元以来横渡印度洋航路提高到一个新的阶段，航路至少已增至七条，连续航行均为 20 天，航程达到或超过 1400 海里，既有东西走向，也有南北走向。

其三，郑和下西洋拥有当时世界上最先进和具有中国特色的航海技术。郑和船队的航海术，主要记录在著名的《郑和航海图》中，它集地文航海、天文航海、季风航海和航海气象知识于一身，是世界航海文明史上的瑰宝。

郑和到过菲律宾群岛

600 年前立的通番事迹碑，在江苏太仓刘家港天妃宫（即妈祖庙）有一块，福建长乐港也有一块，在碑中有这样的文字："自太仓，由占城国、暹罗国、爪哇国、柯枝国、古里国，抵于西域忽鲁谟斯等三十余国，涉沧溟十万公里。"其他段落里还提到三佛齐国、锡兰山国、苏门答腊、阿丹国、木骨都束国、卜剌哇国等，唯独没有菲律宾国。

其实，据史学家研究考证，郑和下西洋到过的国家多达上百个，最远处到达阿拉伯的麦加、红海沿岸与赤道以南的东非海岸，一块碑记不可能提到所有到过的地方，忽略未提的又何止菲律宾一个国家。再说菲律宾的真正独立是 1946 年 7 月 4 日，明代时根本还没有菲律宾这个国名。

菲律宾是个岛国，古代时只有岛名，影响较大的有吕宋岛、棉兰老岛、苏禄群岛等，这些岛名虽然未在通番事迹碑中出现，但在其他随行人员所著的书籍中却时有出现。

譬如太仓的费信，为通事（今天称翻译），他曾四次随郑和下西洋。到过数十个国家，他回国后根据沿途所见所闻，写了本《星槎胜览》。这是一本实录性的著作，共记录了 44 个国家的山川风貌、风土人情。

其中 31 个国家为三岛，费信为三岛国赋诗一首："幽然三岛国，花木茂常春。气质尤宜朴，衣裳不解纫。游归名赞德，贺礼酒频频。采吟荒峤外，得句自逡巡。"

经地理学家考证：这三岛国也称三屿，即今菲律宾群岛，位于吕宋岛。如果这还只能算孤证，不足为信的话，请看费信书中提到的第 36 个国家为苏禄国，他亦赋诗一首："苏禄分东海，居民几万家。凡烹为水布，生啖爱鱼虾。径寸珠圆结，行舟路去赊。献金朝玉阙，厚赐被光华。"据中国的典籍记载：苏禄国即今之菲律宾群岛西南的苏禄群岛。苏禄国酋长还曾于永乐十六年携妻子、儿女到中国进贡受封呢！

　　费信在郑和整个下西洋过程中算是个比较重要的人物，至今在中国南沙群岛还有费信岛的存在，所以费信这个人物绝对是真实的，他著的《星槎胜览》在明正统元年即出版过，绝对是可当信史读的。而吕宋即今之菲律宾的吕宋岛，也是菲律宾最大的一个岛屿。这些间接的旁证至少说明郑和船队曾到过菲律宾的几个岛屿。郑和船队不但到过菲律宾，而且对菲律宾的经济、贸易、文化交流等，都起过积极的作用。

郑和下西洋曾舟经南澳岛

中国第一座海防史博物馆——南澳县海防史博物馆珍藏一件"三保公"石香炉，它有力地佐证了郑和下西洋舟经南澳岛的史实，进一步突出了南澳在海上丝绸之路上的显赫地位，为南澳县建设"生态岛"增添了新的文化内涵。

南澳岛位于台湾海峡喇叭口的西南端，扼守闽粤台门户，《西洋朝员贡录》《交广印度两道考》和《郑和航海图》等书籍都印证了郑和舟经南澳下西洋的史实。

南澳人民为缅怀郑和下西洋的丰功伟绩，在古城深澳修建了一座"三保公"庙，供后人瞻仰祭拜。据欧瑞木忆述，他老家深澳古城有一"三保公"庙，庙内供奉郑和骑马木像和郑和船队下西洋的大幅彩画。而周边沿海一带至今没有发现"三保公"庙，仅此南澳一座，可惜这座庙在 20 世纪 70 年代惨遭破坏。

"三保公"庙的石香炉出土，使此史实有了物证。该香炉由一块花岗岩心雕制，外观似斗，中间有凹槽，两侧有一对弧形凸出的炉耳，正面有浅浮花纹图案，并阴刻四字"三保老（爷）"，字径四五厘米，依稀可见当年郑和舟经南澳的风采。

西沙群岛沉船遗物的发现证明郑和曾途经此地

1975 年，中国考古队在南海西沙群岛北礁的环礁东北外的礁盘外坡，发现一条可能是郑和船队沉没的商船，打捞出铜钱 403.2 千克、铜锭七块、铜镜两面、铜剑鞘三件和铅块等文物。

北礁沉船遗物主要是铜钱，以"永乐通宝"为主，均为新币，轮廓整齐，文字清晰，连方孔都对得很齐，无其他特别混杂，可知它们尚未经过市面流通。这和永乐皇帝敕书郑和下西洋前在"南京天财库支钞十万贯"的文献记载相吻合，也是郑和执行"朝贡贸易"的实物例证。

西沙群岛是中国南海诸岛四大群岛之一，由永乐群岛和宣德群岛组成。这片大大小小的珊瑚岛屿群漂浮在 50 多万平方千里的海域上，美丽而纯净。西沙自古就是中国的领土，是南海航线的必经之路，自古就是海上丝绸之路的构成部分。

永乐群岛和宣德群岛所组成的西沙群岛，也正是郑和到南海甚至远航澳洲的必经之路。西沙群岛的沉船和遗物的发现，正是郑和途经这里的有力说明。

郑和七下西洋取得了哪些伟大成就

郑和是明朝伟大的航海家，给近代航海事业带来了曙光。他在中国封建社会的晚期，从事中国航海开拓者的伟大事业，客观上为中国开辟海外市场，为世界的航海事业，做出了不可磨灭的贡献。

郑和的航海是人类伟大的成就之一。台湾学者吴京说，他相当惊讶于许多外国学者重视郑和伟大成就的程度远甚于中国史学家。这些外国学者认为，郑和的航海值得人们加以弘扬，乃因其为后来的海上发展奠定了良好基础。

在回答美国人"如何看待郑和航海成就"提问时，吴京自豪地说："你认为郑和的航海探险是否可以比拟阿姆斯特朗登陆月球？"

成就之一——和平外交，影响深远。郑和以一个杰出政治家的魄力将其外交理想付诸实践，成为明初外交政策的杰出执行者和实践者，也是明初外交盛世局面的重要开创者，是中国封建时代伟大的外交家，他本着"扬威通好"的目的，忠实地执行了明王朝的外交政策，在七下西洋中通过各种方式与亚非许多国家建立了和平友好的外交关系，发展了中国与亚非国家的国际贸易，在亚非各国之间建立了一种和平共处的国际新秩序，不仅提高了中国的国际地位，而且促进了国际和平局势，开创了中国与亚非国家友好关系的新纪元，对中国与亚非友谊做出了许多有价值的贡献，有的至今仍产生着积极的影响。

成就之二——征服海洋，空前绝后。郑和七下西洋是史无前例的伟大壮举，为世界航海史写下了光辉灿烂的篇章，为人类进一步征服海洋做出了巨大贡献，其世界意义是不容置疑的。郑和下西洋活动在航海方面取得的重大成就，从时间上讲，远在欧洲人之前，堪称地理大发现的先导。从规模上讲，令欧洲人乃至世界震惊，那浩大的规模、庞大的船队、巨大的宝船，在世界航海史上是空前绝后的。从开辟的航线上讲，郑和开辟和建立了广泛而稳定的国际交通网，在人类航海史上创造了辉煌。郑和经略海上使中国在这一时期获得了从日本至非洲东海岸地区的海上控制权，不仅有效维护了当时的海洋安全，而且恢复了明朝在海外国家的威望，促进了朝贡贸易的发展。在地理学上讲，为中国的地理学树起了新的里程碑，丰富了中国人的地理知识，并把中国人的视野向西扩展到非洲东海岸。可以说，郑和是继张骞、班超、法显、玄奘之后，又一位为中西交通做出重要贡献的人。从航海技术上讲，郑和船队在航行中综合利用了当时世界上最先进的航海技术，如天文航海、地文航海、罗盘指南、利用风帆和季风以及测量方法等。郑和下西洋的航海水平及航海成就，远远超过了欧洲任何航海家，在人类航海史上取得了空前伟大的成就。

成就之三——推动经济，造福后世。郑和下西洋对当时中国及亚非各国的经济发展起到极大的推动作用，不仅直接有利于明代的广大人民，也造福于子孙后代。在物品交流上，起到了最直接、最有效的推动作用，据史料记载，郑和下西洋期间传入中国的物品有 11 大类 191 种，进入中国的亚非地区的土特产实际上远不止这些。这些物品的传入，特别是其中许多是中国原来没有而又具有较高经济价值的东西，对中国经济的发展有着积极的意义，在促进资本主义萌芽上，起到了强烈的刺激作用。在当时特定的历史条件下，郑和下西洋这样规模巨大的贸易交换活动，必然会大大促进手工业的发展，导致资本主义因素的萌芽。就拿瓷器制造业来说，江西景德镇在郑和下西洋这段时间里发展得特别快，到 16 世纪中叶，已成为中国瓷器制造业的一个中心，仅民窑就有 900 余座，人口达 10 万之众。到明末，官、民窑总计已有 3000 余座，每年烧制瓷器达几十万件。

郑和下西洋到过"天方夜谭"的国度

阿拉伯地区具有悠久的文明历史。郑和船队所访问的阿拉伯世界主要是今天的波斯湾地区、阿拉伯半岛南部沿海和红海沿海地区，都是海船较易到达和内陆交通便利的地方。郑一钧介绍说，郑和七下西洋曾到达被称为"天方夜谭"的阿拉伯及非洲，《明史录》有条记载，太仓刘家港天妃宫通番事迹碑以及长乐天妃灵应记也有类似的记载。

郑和第四次下西洋的任务是通好阿拉伯及非洲东岸各国，他的船队由古城经爪哇、锡兰、古里后，即前往阿拉伯世界的西洋大国忽鲁谟斯国。与此同时，郑和船队的一支分鯮由锡兰的别罗里驶向淄山（今马尔代夫），横渡印度洋，抵达非洲东岸。在非洲东岸，分别访问了木骨都束、卜剌哇、麻林等国，受到热烈欢迎。麻林（今肯尼亚马林迪）国即派使臣随船访问中国，并进贡"神物"麒麟，轰动了中国朝野，成为中麻两国历史上一件值得纪念的事。木骨都束、卜剌哇也于第二年遣使到中国进贡。

到第五次下西洋时，郑和总结了前四次的经验，决心向更远的地方前进。永乐十五年（1417）五月，船队照例沿着以往熟悉的航道南下，首站到达满剌加（今马六甲），稍事休息以后，将船队分为几个小队活动，有些驶出马六甲海峡，到锡兰、忽鲁谟斯及阿丹（今也门的亚丁）一线活动。

另一些船队则从锡兰横渡印度洋，在海上遇到凶猛的风暴和滔天的骇浪，即使现在的海船也视为畏途。虽然唐代时这条海上交通路线已经开辟，但都是沿着大陆边岸走的，而此次郑和率领的船队却采取越洋直航的方案，尚属首次。船队在大洋中与风浪搏斗了 20 个昼夜，未见一寸土地，几乎没有航标。当时，完全凭借制作精良的指南针，观察风云变幻、星斗位移等丰富的海上经验与高超的航海技术，终于战胜重重困难，来到一片陌生的土地上，眼前荒山秃岭，寸草不生，天气炎热而且干燥。居住在那里的土人，身躯矮小，皮肤黝黑。他（她）们的上身不穿衣衫，妇女们双乳裸露，好像一点儿也没有羞涩的表现。此情此景，使来自中国的官兵们诧异不已，不知来到何等世界。经过反复查询，方知船队到达了非洲的东海之滨。

上岸后，首次到达剌撒（今索马里北部的泽拉）访问，然后沿岸南下，再到木骨都束（索马里首都摩加迪沙）、卜剌哇（索马里东部的布拉瓦），一直到达赤道以南的竹步（索马里东海岸的准博）、麻林（肯尼亚沿海），然后再穿过莫三鼻给海峡，绕过马达加斯加南端返航。这是我国历史上首次组织大规模船队访问东非的壮举，也是首次直接考察东非地理形势、民情风俗、物产资源的纪录。

英国科学史学家李约瑟引用了1459年世界地图上的部分注文，注文称：约1420年，一条来自印度的中国式帆船，由迪布角向南和西南连续航行40天（约2000海里）后返回，在第70天回到迪布角。

迪布角在马达加斯加岛附近，由此向南和西南航行40天，推测已过好望角。而1420年航行在印度洋的中国式帆船，应该是郑和船队中的船。因此，郑和航海已绕过好望角是有依据的。

沿着非洲东海岸各国，郑和向各位国王或酋长们赠送了中国的特产——青瓷器、丝绸、茶叶之类。他们也回赠当地的珍贵物产，其中有个奇异动物，高近两丈，长颈细腿，毛皮黄褐带有白色的斑块，奔跑时快，却从来不发出任何嘶叫的声音。中国人谁也没有见过这种动物，研究再三，认为这就是古书上所记载的"麒麟"。现在知道，这就是长颈鹿。

郑一钧认为，这次远航抵达东非的船队，直到明永乐十七年才返抵南京，随船队回来的还有许多非洲国家的使节，这是中国外交史上一次重大的收获。不仅如此，在地理发现方面，也取得了重大的突破。

郑和下西洋前进行过海洋调查

在泉州发现的《海底簿》（手抄本）中，记载了郑和当年的海洋调查活动：永乐元年，奉旨差官郑和、李兴、杨敏等人出使异域，前往东西洋处，一开谕后，下文索图，星槎、山峡、海屿及水势，日夜不致误也。

据福建集美航海学院搜集到的《宁波海州平阳石矿流水表》中记载：永乐元年，奉旨差官郑和、李恺、杨敏等人出使异域，躬往东西二洋等处，……校政（正）牵星图样，海岛、山屿、水势图形一本。务要选取能识山形水势，日夜无歧误也。

在《顺风相送》等海道针经中，也有类似记载：永乐元年，奉差前往西洋等国开诏，累次校正针路，牵星图样、海屿、水势、山形图。务要选取能谙针深浅更筹，能观牵星山屿，探打水色浅深之人在船。深要宜用心，反复仔细推详，莫作泛常，必不可误。

据福建泉州的郑和研究专家介绍，郑和下西洋，其庞大的船队多次远洋航行，不仅都到达了预期的目的地，而且每次均平安返回，这表明他们具有或掌握了比较丰富而先进的海洋科学知识，是建立在海洋科学基础之上的，而这些海洋科学知识不是凭空而来，是经过周密细致的海洋调查获得的。

郑和等人在海洋调查中，必须经过一些海区，那里风云变幻，气候无常，给航海造成严重威胁。郑和一行临危不惧，对这类危险海区的海洋气象、水势变化都一一做了观察记录，努力探寻其规律。

对西沙一带的海域，郑和之前皆视为凶险之地。郑和船队非常重视对这一地区的了解，经过多次的测量，在图上标出了各群岛及许多暗礁的地理位置。将中国南海诸岛也分别标为"石塘""万生石塘屿""石星石塘"。根据图上的位置可知，"石塘"是指西沙群岛，"万生石塘屿"是指南沙群岛，"石星石塘"是指中沙群岛。

《指南正法》记载，测得七洲洋（今西沙群岛）"一百二十托水"，是目前所知郑和船队所测最深的数字。本书还记载有"各处州府山形水势深浅泥沙地礁石之图"，文字部分记述了郑和宝船一路的水深浅，对一些特殊海貌如"泥沙地""铁板地""老古石地"等都了如指掌。

郑和等人调查的海域，不但包括中国近海和沿海，而且远及东西两大洋，包括了今太平洋和印度洋广大海域。他们在如此广阔的海域里对海况和海洋环境进行广泛的调查研究，取得了第一手资料。

郑和还向所至各国下文索图，广泛征集东西洋各国所藏的海图和多种航海资料，使船队对东西洋各地的海岛、山形、山峡、山势、水文气象、东西洋水陆分布的特点和环境条件，都有了具体的了解，积累了观察海洋的经验，获取了实现远航必须具备的海洋科学知识。

这些海洋调查活动，无论在当时或对后世，都曾产生过很大的影响。不仅校正了以往流传下来的各种航海牵星图样和海图，从中选取并据以绘制了"能识山形水势，日夜无歧误"的新的航海图，流传至今的《郑和航海图》正是在此基础上，通过永乐三年以后郑和船队在多次大规模航海活动中继续进行的海洋调查，逐步绘制成的。这是中国海洋事业中又一项了不起的成就，是世界地图史上的一件伟大的制图作品。在 20 幅普通航海图中记载的地名有 500 个，其中外域地名 300 个，东非海岸地名 16 个，大部分是前代图籍中所没有的。

泉州海交史馆的专家指出，从世界范围来看，郑和等人在七下西洋之前多次进行的大规模海洋调查和考察活动，是史无前例的。在郑和下西洋之后，哥伦布横渡大西洋，麦哲伦环球航行等，虽然获得了一批大洋表层水温、气温、海流、信风带以及珊瑚礁等资料，但他们的海洋调查，只是在航海探险的过程中相应进行的。郑和等人在历史上开创了在太平洋和印度洋上专门开展海洋调查的先例，比英国"挑战者"号于 1872—1876 年间从事海洋调查航行，足足早了 400 多年。

郑和下西洋是如何进行区域布局的

郑和下西洋区域如何布局，这是发展海洋事业的战略性问题。郑和及其船队充分利用和发挥中国在西太平洋和印度洋上航海的传统优势和海上优势，使下西洋的区域布局十分科学合理。

有关专家考证，郑和下西洋向海洋发展的区域布局，可以分为四个区带：

一、南海一带，重点放在占城。占城在地理位置上，是郑和船队离国后驻泊的第一个国家，在交通上是郑和下西洋的必经之地，在贸易上是当时东南亚的重要贸易港，因此，占城作为第一个区带，战略位置十分重要。郑和船队曾在占城设立大本营，以制订并实施中国与东南亚各国的贸易与经济计划，促进中国与东南亚各国海上贸易的发展和东南亚地区的稳定与繁荣。

二、西太平洋一带，重点放在满剌加，同时辐射苏门答腊和爪哇。满剌加是明朝政府重点扶持的国家，苏门答腊扼东西洋海上要冲，爪哇为当时南洋群岛各国中最大和较为强盛的国家。郑和船队在满剌加、苏门答腊均设有"官厂"，以储存船队的物资。郑和下西洋把战略重点放在西太平洋一带，在这里站稳脚跟，然后打通东西方海上通道，这对于有效遏制来自海上对中国的威胁，解除船队后顾之忧，集中力量向南亚以西海域发展，具有十分重要的战略意义。

三、印度洋一带，重点放在古里之外，力争锡兰山的别罗里港。郑和船队在下西洋的过程中，能否以别罗里为横渡印度洋直航非洲东海岸的启碇港，保证直达非洲东海岸航线畅通，在战略上至关重要。为此，郑和及其船队面临锡兰山国王亚烈苦奈儿拥有数倍于己的兵力，在海上称王称霸的严重局面，不畏强暴，在第三次下西洋时，通过锡兰山战役，粉碎了亚烈苦奈儿企图劫掠郑和船队的阴谋，终于在锡兰山有了立足之地。

　　四、阿拉伯海一带，重点放在忽鲁谟斯。忽鲁谟斯位于亚、欧、非三洲之中，战略位置独特，又是中世纪著名的国际商贸中心，郑和从第四次下西洋起，每次远航都把西行的重点放在忽鲁谟斯，以此为航海贸易基地，同亚、欧、非三洲各国的商贾开展海上贸易，对南亚以西的贸易起到了重要作用，同时推动了船队在印度洋上交通运输的发展。

郑和七下西洋的航程相当于绕地球三周

永乐三年（1405）7月11日，当强劲的东北季风吹起时，载着2.7万余人的62只大船组成的船队，从太仓刘家港出发，浩浩荡荡扬帆驶向大海，揭开了历史性大航海的序幕。

据郑一钧介绍，郑和航行范围：东起长江口，东经112°，至非洲东岸麻林，东经39°；北自南京港，北纬32°，到东非麻林，南纬8°，即经度84°、纬度39°范围。

船队到达了此次航行的第一站——占城新州港（今越南归仁）。在占城短暂停留之后，船队向爪哇国南下，沿着印度半岛海岸，穿过渤泥岛西侧，顺风行驶20个昼夜，抵达了被誉为"东洋诸国之雄"的爪哇。接着，郑和指挥船队取道邦加海峡，访问了旧港（今苏门答腊巨港）、满剌加苏门答腊、锡兰山（今斯里兰卡）、柯枝（今印度柯钦），最后到达当时中东贸易中心地古里（今印度科泽科德），完成了第一次航行的使命，1407年秋船队归国。

几个月后，郑和二次出海。这一次航行路线同第一次差不多，也历时两年，有关这一次的记载不很详细，从郑和亲笔书写的"娄东刘家港天妃宫石刻通番事迹记"中，可以续引一个大概："永乐五年（1407），统领舟师，往爪哇，古里，柯枝，暹罗等国，其国王各以万物珍禽异兽贡献，至七年回归。"其中新访问的国家暹罗（大约相当于今天之泰国），在郑和还航行于海上的1408年，已经确定第三次航海计划的明成祖，为此命令建造船舶，做好准备，等待郑和归来。

1409年夏，郑和归国。明成祖没有让郑和休息多久，他便带着一身疲惫又一次统领船队，从刘家港出发，第三次航行在东印度洋上。这一次航行仍以东印度洋为中心，并在满剌加建立排栅城垣，盖了仓库，作为海上贸易的中转站。

永乐十年（1412）11 月，明成祖下达了第四次航海的命令。前三次航海，郑和船队最远到达印度西岸的古里，主要访问的是印度洋以东的国家。这一次，明成祖敕令要进一步向西，前往诏谕忽鲁谟斯、卜剌哇、溜山、孙剌诸国。此后四次航海，都将东非沿海列入了航程之内。

1413 年冬，船队起航，沿着旧路抵达古里，然后续航向西，最后到达西亚的忽鲁谟斯后回航，而分遣船队驶向非洲东岸各国去了。

1415 年，郑和归国。一年后，分遣船队归国，随同归来的有溜山、木骨都束、卜剌哇、麻林、阿丹、剌撒等阿拉伯国家和东非国家的使节。在随后的几年中，郑和又率队完成了第五、第六次航海，将明朝的文化传布到阿拉伯沿海和非洲沿海的许多国家。

宣德六年（1431）初至宣德八年（1433），郑和走访了近 20 个国家。这次于印度洋、波斯湾的巡航，是郑和最后一次航行。

郑一钧称，从 1405 年至 1433 年，郑和共进行了七次震惊世界的大规模远航，先后到过亚非 30 多个国家和地区，最远到达红海和非洲东岸，帆船所及之国，都建立了亲密的外交关系，交换了大量商品，从而沟通了亚非的海上交通，促进了亚非各国政治、经济的发展。郑和七下西洋共开辟了 21 条远洋航线，总航程 16 万海里以上，相当于绕地球三周有余。

郑和七下西洋时期东非神秘而又深不可测

郑和七下西洋时期对非洲各国的访问，在整个下西洋的事业中有着特殊的重要意义。郑一钧说，在郑和下西洋前，对东非沿岸各国这块神秘的土地，中国人当时是相当陌生的。由于郑和下西洋到了东非，才开始认识东非，并把中国与非洲各国间的传统友谊传承和发展起来。

郑一钧指出，由于现存有关郑和下西洋的文献中，罕有郑和船队与非洲国家开展航海贸易的资料，人们在论及郑和下西洋的海外贸易时，只把眼光放在与东南亚、南亚和西亚诸国间开展商贸活动这些方面，而忽视了东非摩加迪沙、布拉瓦等地与中国传统的商贸往来。郑一钧研究了大量有关郑和下西洋的历史文献，认为郑和从四下西洋起，每次下西洋都要访问东非沿岸国家和地区，在彼此沟通的基础上，促进了中国与东非这些国家和地区之间航海贸易的发展。

郑一钧考证，郑和随员费信根据自己亲眼所见于1436年撰写的《星槎胜览》中，首次向人们介绍了木骨都束（今索马里摩加迪沙）、卜剌哇、竹步国（今索马里南方）这三个非洲国家的地理位置、建筑风格、居住特点、气候，生产经济与物质资源、商业贸易、风俗习惯、军事状况等，是目前所能见到的中国古代对非洲东岸国家最为翔实的记载。他在本书的后集《卜剌哇国》中载，曾与中国进行朝贡贸易的卜剌哇国"所产有马哈兽及犀、象、骆驼、没药、乳香、龙涎香之属，常以充贡"。竹步国"所产有狮子、金钱豹、驼蹄鸡、龙涎香，乳香、金珀、胡椒之属"。麻林国（今坦桑尼亚基尔瓦基西瓦尼）"永乐十三年，遣使贡麒麟"，"十四年，又贡方物"。

费信还在书中记述了东非沿岸各地的建筑风格和当地的土壤、气候等自然资源：木骨都束国"堆石为城，垒石为屋，四五层，橱厕待客俱在其上"。卜剌哇国"居屋垒石，高起三五层"。竹步国"垒石为城，砌石为屋"。木骨都束"酷热难耐"，因而"此地无耕土，多以渔为生。以天候酷热，寸草不生……若周游其国，见者唯戚然之目光。地唯沙土，别无它物"。

郑一钧介绍说，在郑和使团中，费信是高级翻译。半个世纪后葡萄牙人所见非洲东岸诸邦国建筑风格的记述与费信亲见所述相同，我们更有理由相信郑和、费信及下西洋的船队确实到过非洲东岸诸邦国。

美籍华人李露华在她的长篇著作《当中国称霸海上》中也证实了郑一钧的论述：非洲是中国人心目中的黄金国——到处充满着稀罕珍奇的事物，神秘而又深不可测。

郑和下西洋为何不扩展航程

至 15 世纪上半叶郑和七下西洋活动结束为止，中国的航海之举已发展至极盛，无论在船只的结构及尺度上都处于世界领先地位。在导航仪器方面，发展与吸收别国的科技相结合，使得离岸远航得以实现，从而出现郑和七下西洋的盛举。

郑和船队虽然自第四次下西洋已开始把航程扩展至波斯湾、红海以至非洲东岸，但自此一直到最后一次航程结束为止，始终没有扩展沿非洲海岸的航程，以致如此空前绝后的大规模远洋航行，最后也没有机会发现通向大西洋的航线。

郑和船队的航程没有继续向非洲南端扩展，海内外专家学者认为，究其原因主要有以下几个方面：

其一，以"大中国"自居。古代中国一直是东方强国，因而形成了一种自我优越感，认为中国地大物博，以"大中国"自居，对周边国家和地区不放在眼里。除了输入一些奇珍异宝满足统治者的好奇心与虚荣心外，对继续扩展没有多大兴趣，闭关锁国，老下天下第一。

其二，受"天圆地方"观念的束缚。古代中国的地理概念是"天圆地方"，并在很长时间里占主导地位。到明初，统治阶级仍以这种思想为主导。从很多描写郑和下西洋的古代典籍中都可以看到，他们认为当时郑和的航程已达到极点，甚至连郑和本人也有这一思想观念。宣德六年郑和在福建长乐立的天妃灵应之碑的碑文中说"际天极地"，"程途可计"。由于受到"天圆地方"概念的限制，从而阻碍了郑和船队航程的扩展。

其三，地理位置没有搞清，明朝统治者对欧洲的地理概念持怀疑态度，认为西方并不遥远，印度便是西方。在郑和下西洋时甚至认为忽鲁谟斯"其国居西海之极"。

郑和船队曾远航马达加斯加

澳门学者金国平、吴志良研究发现，在意大利佛罗伦萨图书馆收藏了题为《一封就近来自葡萄牙的信的注释。该信于 1506 年 1 月 10 日写自莫桑比克》的信件，这封信是一个随葡萄牙人船队活动的意大利人写的。

这位意大利人所搭乘的船队于 1505 年 3 月离开里斯本，抵达莫桑比克岛后，因错过了前往印度的季风，滞留当地等待。这条大船曾于 1505 年 7 月在马达加斯加岛西岸停靠，遇到了一条当地的桨船，将其中两名船员带到了莫桑比克岛，他们详细了解了马达加斯加岛的情况：

"那里也像我们这样的大船航行至此。这些大船有栓桨，船上的人像我们一样白"。"每隔两年，就有二三艘这样的大船航行到那里。""估计非那些将丁香贩到印度来卖的那几代人的中国式帆船莫属。……"

这封信明确地涉及了中国式帆船在马达加斯加岛的行踪，为郑和船队曾是否抵达非洲提供了一个旁证。此信所言的大船应指的是中国式帆船，船员的肤色同葡萄牙人"一样白"，对黑人来说，华人的皮肤与欧洲人最为接近，因而可以判断是华人。"每隔两年"，符合郑和船队往返西洋的航行时间和规律。

此信还告诉人们，郑和船队分遣非洲的船仅有二三艘，其主要经济活动是丁香贸易。以此推断，郑和船队携带中国货物到达东非贸易当地土产外，也将从南洋获得的商品运销印度洋及东非。

值得注意的是，此信引起了葡萄牙王室的极大注意。1508 年 2 月 13 日，葡萄牙国王唐·曼努埃尔一世给其舰队司令塞格拉下达正式指令，命其密切关注马达加斯加岛及华人的有关情况。指令说：

"你必须探明有关秦人的情况，他们来自何方？路途有多远？他们何时到满剌加或他们进行贸易的其他地方？带来些什么货物？他们的船每年来多少艘？他们的船只的形式和大小如何？他们是否在来的当年就回国？他们在满剌加或其他任何国家是否有代理商或商站？他们是富商吗？他们是懦弱的还是强悍的？他们有无武器或火炮？他们穿着什么样的衣服？他们的身体是否高大？……他们是基督徒还是异教徒？他们的国家大吗？国内是否不止一个国王？是否不遵奉他们的法律和信仰的摩尔人或其他任何民族和他们一道居住？还有，倘若他们不是基督徒，那么他们信奉的是什么？崇拜的是什么？他们遵守的是什么样的风俗习惯？他们的国土扩展到什么地方？与哪些国家为邻？"

金国平、吴志良在研究时注意到，在这段指令中，涉及经济、军事、地理、宗教、法律、船只、居住、穿着、风俗、习惯等诸多问题，足以看出葡萄牙王室对中国的浓厚兴趣，对郑和下西洋的极大关注。

郑和下西洋有"前奏曲"

有关专家研究表明，在郑和七下西洋前，明成祖就多次派遣使者出使西洋，尽管规模不大，影响也不大，但可称得上是郑和七下西洋的"前奏"。

明成祖派中官出使西洋，始于永乐元年。如永乐元年六月，明成祖颁诏天下，分遣给事中杨春等12人为正副使，颁诏安南、暹罗诸国，还赐其五彩帛。

同年八月癸丑，明成祖遣官往安南、占城、暹罗、琉球、爪哇、苏门答腊诸番国王，赐绒线、织金、文绮、纱罗等物。

其中仅一次出使，就出现了17国使臣一起来朝的盛况，其声名和影响仅次于郑和七下西洋。

出使西洋诸番国的使官中，包括中官侯显、马彬、李兴、尹庆等十多人。

永乐元年九月，"遣中官马彬等使爪哇。以镀金银印一，文绮、彩帛三疋，赐其西王都马板"。

永乐元年十月，"遣内官尹庆，诏往谕满剌加、柯枝诸国，赐其国王销金帐幔及伞并金织文绮、采绢有差"。

据《明史》记载，永乐元年命中官奉诏抚谕古里国，"以彩帛，其酋沙米的喜遣使从庆入朝贡方物。三年达南京，封为国王，赐印诰及文绮诸物。遂比年入贡"。

《明史》"外国传七·柯枝"条载："永乐元年遣中官尹庆诏抚谕其国（柯枝），赐以销金帐幔彩金文绮织帛及华盖。"

《明史》"外国传六·满剌加"条载："永乐元年十月，遣中官尹庆使其地（满剌加），赐以织金文绮销金帐幔诸物。"

由此可见，在郑和七下西洋之前，明成祖已奏响了向西洋进发的"前奏曲"。

郑和下西洋完善了印度洋航线

海图专家朱鉴秋、周茹燕夫妇共同研究郑和下西洋，在学术界还不多见。他俩介绍说，印度洋沿岸是世界古代文明发祥地之一，几千年前沿岸国家就已在印度洋北部进行航海活动。

朱鉴秋、周茹燕说，郑和下西洋遍历 30 多个国家和地区，其中包括了印度洋沿岸的大部分国家和地区。15 世纪以前有关印度洋航行的中外文献中，已有不少印度洋航路的记载，但这些记载都比较概略，郑和下西洋完善了印度洋的航路，并且做了详细的记录。

在航路的记录方式上，15 世纪以前的中外文献中大多只记录从某地出发、经多少时辰到达某地，还记有大致方位。而郑和下西洋记载中，包括了航向、航程数值的完整针路，如"龙涎屿开船过洋，用丹针四十更船，又用辛酉针五十更船，见锡兰山"。

在航路数量上，郑和远航所到达的印度洋沿岸国家、地区的主要岛屿，基本上都有航路记载。例如，《郑和航海图》记载了在印度洋范围的针路就有 30 条之多，并首次记载了横渡印度洋的具体航路："官屿溜（今马尔代夫之马累岛）用庚酉针二百六二点五度，一百五十更船取木骨都束（今东非索马里首都摩加迪沙）。"

在印度洋季风上，郑和下西洋对此做了研究并提供了重要资料。印度洋赤道以北水域是世界海洋季风最显著的区域，夏季盛行西南风，冬季盛行东北风，四五月和 10 月为季风转换期，风向不定。郑和下西洋充分利用季风，每次出发、归来都按季风的规律性，都有利用季风远航的实录。

在海底地貌上，郑和下西洋期间对印度洋海底地貌，特别是浅海地貌，对印度洋航道的部分海深、底质都有详尽的记录。如,郑和下西洋所记述的印度洋中的"弱水",富有科学性,是一种特殊海底地貌的写照:"海中天生石门一座,如城阙样,有八大处淄,各有其名……此八处皆有所主而通商船,再有小窄之淄,传云三千有余淄。此(所)谓弱水三千,此处是也。"

在海洋产业上,郑和还记述了一些关于印度洋沿岸国家海洋产业的资料。除多处记有"煮海为盐"、"捕鱼为业"、"海中捕鱼虾为食"等关于盐业、渔业生产的内容外,主要是关于贝类养殖、采集珍珠、捕捞珊瑚的记载。

郑和航海技术影响了后世的航海

郑一钧称：郑和下西洋，打通了从中国到印度洋、红海及东非的航道，开辟了中国和世界航海史的新纪元，也影响了后世的航海。

郑和下西洋的船队，将天文导航、罗盘导航、陆标导航、测量水深和底质等导航手段结合起来，从而使航海技术又向前大大发展了一步。比如在近海航行时，把陆标与罗盘相结合，"用丹乙针，一更，船平吴淞江"。《郑和航海图》即以吴淞江为陆标，用罗盘时刻校正船的航向，使之与吴淞江保持平行。这种航海技术，在当时世界上是很先进的。印度洋上的外国航海家们，一直到 15 世纪末还是靠观察南半球可见的南极星同其他星宿高度的简单仪器来定航行方位的。

《郑和航海图》的绘制，这又是明代航海术的一大成果。该图见于明代茅元仪编辑的《武备志》卷二百四十，原名《自宝船厂开船从龙江关出水直抵外国诸番图》。这是中国地图学史上最早的海图，全图以南京为起点，最远到东非肯尼亚的慢八撒（蒙巴萨），即南纬 4°左右为止，包括亚非两洲，所收地名 500 多个，其中亚非诸国约占 300 个。因此，它又是 15 世纪以前中国记载亚非两洲内容最丰富的地理图籍。

《郑和航海图》使用中国传统的山水画法，配上所记的针路和过洋牵星图。用今天的海图对照，人们发现它相当准确，它记录的航向、航程、停泊港口、暗礁、浅滩的分布也相当详尽。其中《过洋牵星图》所用的指、角等名称以及一指所等于的度数，与阿拉伯人所用的 lssaba（手指）、Zam 等相似，这种过洋牵星航海术，中国与阿拉伯究竟孰先孰后，谁学谁的，目前尚无定论，但说它是中国与阿拉伯文化交流的一个具体体现，大概是不成问题的。

郑一钧介绍说，郑和下西洋的航程远，历时长，次数多，访问国家众多，同时要进行各种外交和贸易活动，船队航行的能力很强，因此他们的航线也非常曲折而繁复。在漫长的远航中，他们经常穿插进行一些短距离的航行，少则一二条航线，多则五六条航线。郑和下西洋，不仅开辟了从中国至东非的新航道，而且在全部航程中开辟了众多的新航道。

据郑鹤声、郑一钧《郑和下西洋资料汇编》中统计，郑和下西洋采取的航道，仅重要的出航地点即有 20 余处，主要航线竟有 42 条之多。这是中国航海事业发达、航海知识丰富的又一体现。它在中国海运史是一个划时代的创举，对后世的印度洋、太平洋上应取什么航道影响很大。

郑和绘出中国人海上称雄图

明永乐初年，明成祖朱棣派遣强大的武装舰队，到以西洋为中心的海外各国去"诏谕"和贸易，统率这个舰队的首领就是中国伟大的航海家郑和。香港郑和研究专家曾纬波认为，郑和在28年中七下西洋，绘出了中国人海上称雄图，为中国乃至世界的航海事业做出了杰出的贡献。

梁启超在《祖国大航海家郑和》一文中写道："及观郑君，则全世界历史上所号称的航海伟人，能与并肩者，何其寡也……郑和乃海上巨人。"曾纬波说，事实正是如此，郑和七下西洋在海上描绘出一幅幅波澜壮阔、惊天动地的壮丽画卷。郑和指挥庞大的船队，与凶恶海盗斗，与惊涛骇浪斗，与艰难险阻斗，与疾病死亡斗，表现了大无畏的精神，无愧为一位伟大的航海家，他为中国乃至世界的航海事业做出了杰出的贡献。

在军事上，郑和曾指挥过三次较大的战役，在锡兰山战役中，郑和船队在遭到数倍于己的敌军偷袭时，临危不惧，知己知彼，以少胜多，出奇制胜，既牵制了敌军，又保护了船队。海盗陈祖义长期在海上抢劫，影响了来往商船的安全，当偷袭郑和船队时，郑和指挥若定，奋勇出击，歼敌5000人，活捉海盗首领陈祖义，清除了横行旧港一带20余年的海霸，郑和大名威震东南亚。

在科技上，郑和船队利用中国的指南针，凭借天文知识，科学航海，把海洋上的航线绘成地图，下西洋出航点就有20余处，主要航线达42条之多，沟通了东方海上交通，开拓了古代"海上丝绸之路"，使这条航线成为中国和东南亚诸国友好的桥梁。

在贸易上，郑和船队每到一地，都以当时中国制造的精美瓷器、丝绸、金银、铜器、石雕工艺与当地商人及群众进行平等交易，在一些国家签订合契，长期来往，扩大了中国对东南亚各国的贸易。陶行知称赞："郑和是最有冒险精神的。还有一个好处，就是他每逢到一个地方，都以好意待他们，并不欺负他们。所以那时候各国都说郑和以德服人。"

曾纬波自豪地说，作为一名华人，深为郑和感到骄傲，不仅中国的学者称颂郑和，就连西方的学者也不得不钦佩郑和。英国学者李约瑟在他的巨著《中国科学技术史》一书中写道："当世界变革'序幕'尚未揭开之前，即十五世纪上半叶，在地球的东方，在波涛万顷的中国海面，直到非洲东岸的辽阔海域，呈现出一幅中国人在海上称雄的图景。这一光辉灿烂的景象，就是郑和下西洋。"

郑和开辟了多少条中国远洋航线

陈显泗在《郑和研究与现代化》一文中论述了郑和开辟航线的丰功伟绩："郑和下西洋，使中国的远洋航行出现划时代的、全面的、实质性的突破。"

在郑和七下西洋之前，中国的远洋航线是怎样的状况呢？中国的远洋航线始于西汉。据《汉书·地理志》载，西汉武帝年间，开辟了西去的远洋航线，从广州穿马六甲海峡，经太平洋到印度洋，最远只到达今斯里兰卡。三国时期，东吴孙权曾派朱应、康泰出使扶南，但史书未载明水路或陆路，即使水路也仅到达今越南湄公河口。唐代，中国远洋航行已从今斯里兰卡往西延伸，但究竟延伸到波斯湾还是东非海岸，学术界尚未定论。宋代，中国远洋航线再次延伸，沿阿拉伯半岛向南一直延伸到红海和非洲东海岸，中国与东非间可能出现了直航。元代，《马可波罗游记》、汪大渊的《岛夷志略》有中国远航东非的明确记载。

到了明朝，郑和七下西洋，开辟了中国通往印度古里、淄山（今马尔代夫群岛），直达阿拉伯半岛红海沿岸和东非海岸一些港口的航线，包括木骨都束、麻林（今肯尼亚的马林迪），等等，主要航线达 42 条之多，先后到达 37 个国家和地区，其航线最西到达过赤道南面，航线西端延伸到比剌（今莫桑比克港）、孙剌（今索法拉港）两个国家，这可能是郑和舰队抵达最远的非洲国家，最南到达爪哇，最北到达红海的天方（今沙特阿拉伯的麦加），总计航程 16 万海里，航海跨度是东经 39°—123°、北纬 32°—南纬 8° 这样一个广阔的地域。

至于郑和船队的分遣船队往南航行更远，如孟席斯所论证的已绕过好望角，到达美洲，这尚无最后的定论。但郑和船队到达南非海域已无可争辩了。郑和七下西洋不仅开创了横渡印度洋直航非洲的记录，同时横渡孟加拉湾、阿拉伯海，多次往返于东南亚、南亚与阿拉伯诸国之间。

　　郑和沟通了东西洋的海上航路，就此联结了亚非的大片海域。郑和七下西洋开辟的远洋航线如此广阔，已超过明朝以前的任何时代，并且郑和船队远离海岸线直航，也超过了以往任何时代。用陈显泗的话说，郑和七下西洋，为中国远洋航线开辟了一个新时代；用辛元欧的话说，郑和率先为人类的远洋航海事业做出了重大贡献，为开辟世界新航路铺平了东方的海道。

郑和副手王景弘也是杰出的航海家

众多海内外专家学者认为，在郑和七下西洋的团队中，王景弘也是一位杰出的航海家，下西洋之功可"与郑和共列而载入史册"。可是，古今图书中对他的功绩却很少提及，即使涵盖历史人物最多的大型工具书《中国人名大辞典》《辞海》《辞源》也没有关于他的条文。

根据最近发现的史料，王景弘是福建省漳平市赤水镇香寮村许家山自然村人。郑和与王景弘是亲密战友，友好同伴，是中国航海"双杰"。郑和逝世之后，船队由王景弘率领，2万人团结一致，顺利回到南京。明宣宗曾赐诗表彰了王景弘，诗云："照三圣相承盛德洪，日月所照悉服从，贡琛纳赞来无穷，甘为将命尔最忠。"

《明史录》中也有对王景弘的历史记载。清王大海《海岛逸志》载："王三保者，明宣德时内监也。明宣宗好宝玩，因命王三保、郑和等至西洋采买宝物，止于万丹，宝未尝至吧国。而三宝垄有三宝洞，俗云三保遗迹，极有灵成。"费信《星槎胜览》载："永乐七年己丑（1409）上命正使太监郑和、王景弘等，驾驶海舶四十八号，往诸番国开读赏赐。"在台湾及西洋，有王氏三保（即王景弘）神鸟插剪之传说。

王景弘的官职，在各类史料中有"正使"和"副使"之说。因此有人认为，王景弘先为副使，后为正使。但根据嘉靖《太仓州志·通番事迹碑》载："明宣德六年岁次辛亥春朔，正使太监郑和、王景弘，副使太监朱良、周满……"以及费信所记"上命正使太监郑和、王景弘等"来看，王景弘从首次下西洋便同郑和一样，是正使太监。这与《明史·郑和传》里对郑和及王景弘两人所用的"侪"字相符合。

应当指出，史料中所记两人同是"正使太监"，是指他们品级相同，然而在下西洋的船队中，郑和与王景弘则应当是"主帅"和"副帅"的关系。王景弘精通航海技术，是郑和使团中举足轻重的人物，深受明朝皇帝的信任。他晚年总结自己的航海经验，写出《赴西洋水程》一书。

王景弘是一位真正的伊斯兰教徒，他生前被尊称为"伊斯兰教长老"，"积极向周围地区的华侨和当地居民传播伊斯兰教"，归真之后又按"伊斯兰教仪式安葬"。

据考证，印尼三宝垄三宝庙左边附近的亭阁竖有一块墓碑，就是王景弘的墓地。然而，一些善男信女都相信这是郑和的坟墓，因为一般人以为王景弘死于中国，其实恰恰相反。

王景弘死后（终年78岁），在当地居民中获得了"三宝大人的年高德劭的领航员"的尊称。华侨和当地人总要在每年农历初一和十五，前往三宝洞膜拜郑和雕像和瞻仰王景弘，始终如一，从未减退。

一些专家学者对王景弘的埋骨处是否在三宝垄，也还有争议。庄为玑《试论郑和与王景弘之死》一文即认为三宝垄王景弘墓"恐传闻失实，未足为信"。李学民则认为不排除王景弘晚年离开中国而定居，病逝三宝垄的可能性，亦可聊备一说。

郑和下西洋是如何掌握海浪气象的

郑和七下西洋在航行中几乎天天遇到的麻烦，就是海浪和气象问题，但都能平安度过。张凤山认为，这是因为郑和船队很好地掌握了印度洋上的季风，以及随之发生的海流季节性的流向转变规律。

张凤山介绍说，对于木帆船远航来说，最关键的是有没有"风"，即有没有行船的主动力。所以，每当季风来临时，扬帆南行就十分顺利。自古以来，顺风顺水好使船，对于好水手是必须善用八面来风，更要会看风使舵。郑和的宝船尺寸之巨，前所未见，稳定性好而适航性差，远洋航行，全恃风帆，须借助风力。

所谓季风，就是在大陆和海洋之间大范围的风向随季节而有规律改变的风，这是由于地球上大陆和海洋在一年之中增热和冷却程度不同而引起的。中国沿海，冬春间为东北季候风，此时适于船舶远航西、南洋；而夏季则为西南季候风，此时适于船只西洋回航。郑和船队七次远航，均循此规律，其往返时间，均在适宜之信风产生之时。

郑和船队每次远航，都充分利用了亚洲南部、北印度洋上风向和海流季节性变化的规律，使船队往返都处在顺风之中。因此，郑和船队大多在冬春季节出发，乘强大的东北风南行，然后在第二年夏秋季节7至10月间乘西南季风返航。

据史料记载，中国古代航海十分注重季风的变化。在泉州九日山的许多祈风石刻，证明了中国古代航海者对季风的关注。随郑和下西洋的马欢所写的纪行诗中也说道："使世勤劳恐迟暮，时值南风指归路。舟行世浪若游龙，回首避荒隔烟雾。"就是描写的趁西南季风回航的情景。

据说，季风还能够产生一种叫作"风海流"的海流，它产生于季风对水面的摩擦力，以及风对海浪后面的迎风面所施加的压力，迫使海水向前移行。郑和船队正是利用印度洋的风海流，才顺流航达非洲西岸的索马里。

从《郑和航海图》的新加坡到大洲岛的航线也可看出，这条航线设计中已事先准确地考虑到季风的因素，并在航行中对季风的掌握十分娴熟，否则就会漂向东方，驶入南沙群岛。

张凤山考证，在航行中，郑和船队通过对海洋气象昼夜观测记录，逐渐掌握了一套特殊的本领，使他们能够从观察日月星辰的出没与位移，从风向、天色、云状、霾雾、气温及洋面波涛的变化中，洞察海洋气象变化的趋势，预防风暴的袭击，穿越危险的海面，使船队在海上安全航行。

张凤山还考证，郑和船队还能通过观察海水颜色和研究海洋生物分布的规律，找到避开危险海区和顺利通过这些海区的途径。

郑和下西洋是如何解决"候风转航"问题的

郑和下西洋，是向海洋挑战、向海洋发展的壮举。在极其广大的海洋空间里，郑和及其船队成员攻克了一个个海洋上的难关，航海专家认为，其中一个难关就是较好地解决了船队在西太平洋和印度洋上候风转航的问题。

古代帆船航海，如要从中国到达南亚以西更远的地方，抑或往返于中国与阿拉伯诸国及非洲东海岸之间，遇到季风，只能半途而废，必待来年之季风来临，方能重新扬起风帆，乘风而行，才能到达航程的终点。

其间所不同的，在中途的候风地点，自中国而往阿拉伯诸国的船只，约停泊于爪哇或马六甲海峡一带，而自阿拉伯诸国返回的船只，约停泊在印度南部，如此互相配合，往返适为两年。当然，也可视航海中的具体情况，去时在印度半岛沿岸候风转航，返时在马六甲海峡或爪哇候风中转。

郑和下西洋在马六甲海峡选择满剌加，在印度南部沿海选择古里，作为船队中途候风地点，在那里建立了交通贸易中心转运站。

郑和下西洋重点选择了满剌加和古里，分别为船队在西太平洋和印度洋上的航海贸易基地，是很有战略眼光的。满剌加和古里，一个是东西洋水陆交通枢纽、东南亚各国的商业中心；一个是古代印度半岛西岸的大商港，中世纪著名的东西方贸易中心。郑和船队在这两个地方分别建立航海贸易中心，有得天独厚的优势，既能候风转航中转，又能始发或集结，还能在南洋群岛和印度半岛之间开展海上贸易。

航海专家指出，郑和解决船队在西太平洋和印度洋上候风转航的问题，选点和布局都十分科学合理，确保了船队海洋运输和海洋贸易的顺利进行。

郑和下西洋有72名"阴阳官"

张凤山经考证认为，郑和下西洋庞大的船队中，人才荟萃，能人聚集，特别是以林贵为首的一批"阴阳官"，以独特的阴阳之术保障了海上的安全航行。

郑和下西洋船队的编制中，天文气象的观测，是按明朝钦天监的建制设立的。这些"阴阳官""阴阳生"，白天、黑夜分班轮流值班，观测记录气象，"凡天文日月星辰，风云霾雾"，均昼夜占候，如发生异变，立即呈报。

据残存的一点史料得知，郑和远洋船队的宝船上，每一号船上面，有三层天盘，每一层天盘里安排24名"阴阳生"，日看风雨，夜观星斗。这72名"阴阳生"，相当于如今的气象台、天文台值班室的观测员和预报员。

"阴阳官"还要占验未来的天气演变。所谓占验，包括占天、占云、占日、占雾、占电、占海、占潮之术。这种占术须从连续不断的观测中，凭经验目测风云变化，并结合民间的气象谚语，根据成功经验和失败教训，加以研究、分析、推算、验证，最后做出预报的结论。

郑和船队的"阴阳官"，还创作了许多"占验"歌诀，如"占天"诀中称："朝看东南黑，势急午前雨；暮看西北黑，半夜见风雨。""占日"诀中称："早日暮赤，飞沙走石；日没暗红，无雨必风"，"返照黄光，明日风狂；午后云过，夜雨滂沱。""占电"诀称："电光西南，明日炎炎"，"辰阙电飞，大飓可期"……

"阴阳官"们观测气象技术娴熟，审视风云的本领到了炉火纯青的地步。他们"善料天时"，做到"海洋中见日出入，即知阴晴；观云气，即知风色逆顺；远见浪花，即知气从彼来；听巨涛拍岸，即知次日必发南风"。

他们对航途中山屿、暗礁、气流、险滩、水势、水色、牵星、针路，尤其是对海洋季风，都胸中有数，了如指掌。巩珍在《西洋番国志》中描述："……惟观日月升坠，以辨西东，星斗高低，度量远近。皆斫木为盘，书刻干支之字，浮针于水，指向行舟。经月累旬，昼夜不止……"

张凤山说，在长达 28 年的七下西洋航程中，"阴阳官"们凭借高超的占术，任凭风云变幻，驾驭海上气象，确保郑和七下西洋在整个航程中乘风破浪，一往无前。

舰船篇

郑和宝船是"西洋取宝之船"吗

据造船专家考证，郑和七下西洋，一般由 53 艘（另说 62 艘）大、中号宝船组成船队主体，加上其他类型的船只，共百余艘。其中以第一次下西洋所乘船只最多，达一二百艘。郑和船队船的名称有很多，如宝船、宝舡、宝石船、宝舟，等等。

在与郑和有关的各类记载中，关于郑和宝船的含义主要有两层，一层是指郑和船队的总称，即以"宝船"来统一概括船队中各个尺度、各种类型的船舰，意思是把郑和船队中所有船只喻为"西洋取宝之船"。明仁宗朱高炽在洪熙元年（1425）的诏令中曾说："下西洋诸番国宝船，悉皆停止"，指的就是取宝之船。另一层含义指郑和船队中体积最大，并在各类史籍中留下了长、宽尺度的大、中型宝船，相当于现在的旗舰或主力舰，为领导成员和外国使臣所乘坐，是船队的核心。我们现在所说的郑和宝船多指后者。

郑和宝船之所以不能泛指"西洋取宝之船"，是因为郑和宝船除了具有取宝功能外，各种类型的船舰都有其自身的功能。其中，最重要的要数战船了；还有马船，为快速综合补给船；粮船，主要用于运输船队所需粮食和后勤供给物品；水船，专门为贮藏、运输淡水用的辅助船。

郑和下西洋远航更新改造了多少船只

郑和下西洋的船队，用的是大量更新改造的海船，成为当时世界上第一流的海船。在《明实录》中有详细的记载：

永乐元年（1403）十月辛酉，命湖广、浙江、江西改造海运船188艘。

永乐三年十月戊寅，命浙江、江西、湖广及直隶、安庆等府改造海运船80艘。

永乐三年十一月丁酉，命浙江、江西、湖广改造海运船十有三艘。

永乐五年（1407）九月乙卯，命都指挥王浩改造海运船249艘。

永乐五年十一月丁巳，命浙江、湖广、江西改造海运船16艘。

永乐六年二月丁未，命浙江金乡等卫改造海运船23艘。

永乐十一年（1413）十月辛丑，命江西、湖广、浙江及镇江等府卫改造海风船63艘。

据上述记载，仅永乐元年至永乐十一年之间，为郑和下西洋而改造更新的海船就达632艘之多。

郑和下西洋使中国一举成为世界造船大国

当亨利王子驾着一二艘 100 吨至 200 吨小型帆船在海上探险时，"海上巨人"郑和早在十年前就出动百余艘"体势巍然，巨无与敌"的巨轮航行在西洋上。辛元欧说，郑和下西洋使中国的造船业得以空前规模地发展，一举成为无与伦比的世界第一造船大国，在 15 世纪，世界上还没有一个国家的造船业可与中国相匹敌。

辛元欧引用了李约瑟在《中国科学技术史》中的论述："明代文献中有关郑和船队旗舰的尺度，乍看似乎难以相信，但实际上丝毫不是奇谈。""永乐年间，明朝海军拥有三千八百艘船只，其中包括一千三百五十艘巡逻船，一千三百五十艘属于卫、所、寨的战船，和以南京附近新江口为基地的有四百艘大战船的主力船队，以及四百艘运粮的漕船。此外，还有二百五十艘远航宝船，每艘宝船上的平均规定人数由公元一四〇三年的四百五十人增加到公元一四三一年的六百九十人以上，最大的宝船当然超过一千人。"

辛元欧还引用了日本学者寺田隆信在《郑和——联结中国与伊斯兰世界的航海家》一书中的评价："十五世纪初的中国，以高超的传统造船技术，建造了难以置信的巨大船舶，接连不断地把它们送入大海之中。"

辛元欧介绍说，郑和下西洋的壮举为中国木帆船业的发展创造了得天独厚的条件，达到了历史上的高峰。明初造船匠师的精湛技艺，设计建造的远洋航海性能优良的郑和宝船，号称巨舶。

郑和下西洋每次均要出动百余艘巨舶，说明当时明朝的造船厂也是举世称雄的。辛元欧自豪地说，明初定都南京，陆续在长江中下游建置大小船厂 60 多家。南京附近建有船厂 34 家，西自都司庙向东布局，直至牌楼戚家沟，占地长达六里，造船累计 2130 艘。在长江中下游地区的船厂中，数龙江船厂规模最大，造船技术最先进，集中了全国各地的造船匠师，代表了当时世界造船工业的最高水平。1957 年在南京三汊河明代宝船厂出土的长 11.7 米的巨型舵杆，按此估算郑和宝船的吨位最大可达千吨以上，是当时世界上最大的远洋海船。

由于郑和船队每次均由福建长乐太平港五虎门启航出洋，为方便郑和下西洋，一部分宝船即在太平港建造。此外，全国各地配合郑和下西洋建造和改装了大批海船，实属罕见。辛元欧说，17 年内共造海船 2758 艘，船厂遍及全国各地，大规模的造船活动使各地船厂呈现一片繁荣景象。

辛元欧还介绍说，永乐年间，明海军拥有 3800 艘舰只，其中包括 1350 艘巡逻舰，南京新江口有 400 艘大型主力舰。难怪李约瑟赞叹："在一四二〇年前后，中国海军也许超过历史上任何时期的其他亚洲国家，甚至可能超过同时代任何欧洲国家，乃至超过所有欧洲国家海军的总和。"

郑和船队之造船技术在当时世界上首屈一指

据《明史·郑和传》记载:"宝船六十三号,大船长四十四丈,阔一十八丈。"郑和下西洋的船舶分为五类:宝船、马船、粮船、坐船、战船。其中宝船最大,九桅,长 44.4 丈,宽 18 丈。明代一尺约合今日 0.311 米,依此推算,则下西洋宝船船长约 138 米,宽约 56 米。辛元欧认为,这种巨型海船,莫说中国历史上亘古未有,即使在当时世界上也是首屈一指、无与伦比的,它是中世纪中国造船业在全世界遥遥领先的明证。

首先,要建造这样的巨船,必须有与之相适应的造船设备、巨大规模的造船厂和海港。这在郑和时代是实现了的。南京龙江宝船厂,就是当时大规模的造船基地和停泊中心之一。福建长乐太平港,是当时下西洋的驻地港,郑和七次下西洋的船队,每次都在这里驻泊,短则二三个月,长则十个月以上,在这里修造船舶,选招随员,候风开洋。这样的造船基地和大港,在当时世界上是绝无仅有的。据《西洋番国志》载,宝船所至西洋诸国,"皆于海中驻泊",因"大舡难进",常"易小舡入港"。

其次,建造这种巨型海船,必须成功地解决抗沉性、稳定性等问题。宝船的设计者按前人的传统经验,将船体宽度加至 56 米,使船体的长宽比值为 2.45 左右,从而避免了因船身过于狭长而经不起印度洋惊涛骇浪的冲击发生断裂的危险。这样的船体结构设计,是相当合理的。

再次,这种巨型航海船一定成功地解决了板材及纵向构造的连接问题。近年来有学者根据宝船的尺度,从船体强度理论研究,推算出为承受纵向总弯曲力矩,船底板和甲板的厚度分别为 340 毫米和 380 毫米。这是一个惊人的结论,然而却是活生生的历史事实。它告诉人们,只有用这样厚的板材建造长 138 米、宽 56 米的巨船，船体强度才能得到保证。

最后，要实现上述这一切，造出下西洋的宝船，必须有统一的管理，多种行业的人才，细致的分工，高度的合作，必须有强大的财力、物力做后盾。所有这一切，在郑和时代是统统实现了。明代造船家们突破了前代的造船传统，成功地建造了中国历史上最长、最宽、最大的宝船，这不能不使人想到，七下西洋的非凡组织者郑和，在当时发达的造船事业中理所当然地要占首功。

郑和宝船比哥伦布旗舰大 100 倍

600 年前，拥有 200 余艘船只的郑和船队无疑是世界上最为庞大的船队。但是，郑和的宝船究竟有多大，这在史学界一直存在着争议。对此，席龙飞语出惊人：郑和宝船比哥伦布旗舰大 100 倍。

席龙飞从事船舶设计，船型技术论证及船舶教学与研究工作几十年，出版过多本中国造船业的教科书，所制汉、隋、元、明、清各代舰船模型在北京军事博物馆和山东登州古船博物馆展出。

据席龙飞考证，郑和宝船长超过了 100 米，排水量超过万吨，是当时世界上第一艘万吨巨轮，而 87 年后才出现在大西洋上的哥伦布船队，仅仅由三只帆船组成，最大的"圣玛利亚"号只有 100 吨，吨位只有郑和宝船的百分之一。郑和下西洋有 2.7 万余人之众，相比后来的哥伦布、达·伽马、麦哲伦 100 至 300 人的航海规模可谓壮观至极。郑和每次远航的船队都拥有 100 艘至 200 艘大小船舶，最多的一次是第一次下西洋有船 208 艘，其中大、中号宝船 62 艘。

席龙飞说，郑和宝船的尺寸问题首先有文献依据。《明史·郑和传》中明确记载：宝船"长四十四丈四尺，阔十八丈"。换算成现在的尺寸，就是长 125 米、宽 50 米。目前关于郑和的所有史料，如《郑和家谱》《瀛涯胜览》《客座赘语》《龙江船厂志》的记载都惊人一致，而怀疑者却举不出史料来反驳这一记载。

其次，有文物依据。泉州湾南京海船、宁波北宋海船以及韩国挖出的元代中国海船，就是明证，南京龙江船厂遗址的考古发掘也证明了这一尺寸的可信度。永乐年间，龙江船厂为"造船入海取宝"，故名宝船厂。《自宝船厂开船从龙江关出水直抵外国诸番国》是生于明代万历至崇祯年间的茅元仪辑撰的，该图清楚地表明宝船厂就在今南京市西北角的中保一带，其"厂""关""山""官""桥""洲"

等方位，与龙江船厂遗址完全吻合。《同治上元江宁两县志》记载："在下关草鞋峡下游在靖安河入江处附近，有张阵湖，明代称稳船湖，地近宝船厂，即太监郑和试船处。"郑和研究专家郑鹤声踏勘后指出，这里"造四十四乘十八丈的大船是没有问题的！"

宝船是船队中的帅船，用于使团领导成员和外国使节乘坐，以及装载明朝赠给各国的礼品和各国回赠的珍宝。席龙飞描绘说，船上四层精美豪华的宫廷式建筑，凝集着灿烂的中华文明，高耸入云的九桅十二帆随风满张，在浩瀚的海面上蔚为壮观，被后世喻为"船的城市"。正如美国学者路易斯·丽瓦塞斯所评论的："郑和船队在中国和世界历史上是一支举世无双的舰队，直到第一次世界大战之前是没有可以与之相匹敌的。"

舟山"绿眉毛"船是郑和下西洋用的船

在舟山举行的"扬帆中国——环球航海"活动，采用的"绿眉毛"帆船为中国最大、世界最古。据造船专家郑明介绍，经初步考证，"绿眉毛"木帆船历史悠久，在浙江海域流传广泛，其年代可上溯到宋代，有 800 年以上的历史。它是古代和近代浙江海上运输、捕鱼的主要船只，因船头眼上方彩绘一条绿色的眉毛，故称"绿眉毛"。

原海军装备部部长郑明论证说，明朝茅元仪《武备志》中记载各类舰船，专门列有"乌咀船"一节，释文为"出温（州）、台（州）、松门（今温岭）、海滨、海门（今椒江）等处，船首形如乌咀，有风则篷，无风用橹，长四五尺，南人亦用捕鱼"。这种乌咀船，后来简称或俗称乌船，被中国一些船史专家认定是中国沿海四大著名船型之一。

郑明接着说，释文的描述与舟山"绿眉毛"船的特征、航域、功能、动力方式都一致。这说明"绿眉毛"的确是乌船系列中的优秀船型，历经宋、元不断发展改进，而在明朝正式载入史册，并流传至今。

郑和下西洋船队庞大，船舶均由朝廷下令督办，在全国各地建造。郑明算了一笔账：永乐元年至十七年，新造和改造修复船舶约 21 批，其中 13 批安排给浙江，总共高达上千余艘。因此，可以判定浙江各船厂所造是从宋、元流传发展来的乌船，其中也包括优秀的"绿眉毛"船。

郑明认为，舟山"绿眉毛"仿古木帆船是明代郑和下西洋船队中的主要船型之一，这是经过考证的。明朝中叶厉行海禁，清朝一度开海、实际仍禁海的长期国策，导致中国海洋木帆船业的衰退，使中国几百年前曾表现了优秀性能的古木帆船与西方日益发展的近代木帆船的性能拉大了距离，"五口通商"，国门洞开，洋船入室，更给中国木帆船业以沉重打击。舟山在 21 世纪初仿明代郑和下西洋船队的古木帆船，使国人重温船史而发奋，重走郑和路而图强，是很有意义的。

郑和下西洋船队分为大综和分综

郑和在长达 28 年的时间里,率领近 3 万人和 200 余艘大小船舶七次远航,遍及 30 多个国家和地区,有不少国家和地区去了数次以上。每次航行都采取大综和分综相结合的灵活方式。所谓"大综",即全体船舶编队。如《西洋番国志》中"旧港"条中所记:"永乐五年,朝廷差太监郑和等,统领一西洋大综宝船到此。"

所谓分综航行,即大综航行中分支出来的具有机动灵活方式的部分船舶编队航行,是在庞大的船队中分成两个或两个以上的分船队,按航行总目标,分别到达不同的目的地。如《瀛涯胜览》中纪行诗记述的:"苏门答腊峙中流,海舶番商经此聚。自此分综往锡兰,柯枝古里连诸番。"

郑和第六次和第七次下西洋采取了更加分散的活动,即分航编队的规模更小,分综分得更细,船只获得前所未有的行动自由,在碰到意外的风暴、海流时,可以及时灵活地加以处理。郑和七下西洋,每一次航行都有分有合,每一次分综航行次数和去向都有所不同,从 1413 年至 1415 年的郑和第四次下西洋,航行的主要方向是忽鲁谟斯,但途中有过三次分综:

一、从占城出发的船队,主要驶向爪哇—苏门答腊一线,同时分综去彭亨、急兰丹;

二、从苏门答腊出发驶向锡兰山,其分综抵溜山;

三、从锡兰山出发驶向古里—忽鲁谟斯,其分综去加异勒。

郑和第四次下西洋是十分重要的一次航程,在整个下西洋过程中起到了承前启后的作用。这次下西洋横越印度洋北部的阿拉伯海,到达波斯湾的忽鲁谟斯,为以后下西洋从波斯湾沿西南方向到达阿拉伯半岛直至非洲东岸打下了基础。

1431 年至 1433 年，郑和第七次下西洋，也有几次分綜：

一、在苏门答腊分綜两处：淄山一线系横越印度洋直达非洲东岸诸国；

二、从古里分綜三处：一分船队至天方，另一分船队至祖法儿与阿丹等国，还有一分船队至阿鲁、南浡里、柯枝、加异勒和甘巴里。

郑和的分綜船向赤道以南印度洋探索，西行深入大西洋达西南非海岸，东行深入太平洋，达澳大利亚海岸。

由于采取了分綜可分可合的灵活方式，第四次下西洋访问了 13 个国家，第七次下西洋访问了 20 个国家。

郑和七下西洋的船队，出航时分綜，返航时大綜，都是依据当时的具体情况而定，这样有分有合，适应了下西洋多方面的需要。如果不采取大綜与分綜船队相结合的"组群"方式活动，在每次下西洋的两三年里，要访问众多国家和地区，完成明朝政府赋予的各项使命，是很难想象的。

在航线上，郑和七下西洋既有大綜船队的航线，又有分綜船队的航线，大綜船队走的一般是大致不变的传统航线。而分綜则不时灵活机动地开辟新的航线，有些新开辟的航线，则逐渐成为大綜船队惯行的航线。

除了船队分为大綜和分綜外的"组群"外，对各种船的用途也按需要进行了"组群"配置，如宝船、战座船、粮船、水船等不同类型的海船，进行合理配置，依靠"组群力量"，成功地实现七下西洋的壮举。

郑一钧说："郑和使团第六次下西洋，由于着重发挥了分綜的作用，给予独立行动的自由，致使有的分綜海上航行达四年之久，得以有时间在整个印度洋，尤其是在赤道以南印度洋广大海域进行探险，西行深入大西洋，抵达西南非海岸；东行深入太平洋，抵达澳大利亚海岸，将郑和船队的东西航程延伸到'去中华绝远'的海域。"

郑和对"火长"选拔特别严格

"火长"在现代航海技术职务系列中相当于船长或领航员,其地位在船上十分显要。航海专家考证,在郑和七下西洋期间,船队招募配置了一大批"火长"。

随郑和下西洋的巩珍在《西洋番国志》里记述:"选取驾船民梢中有经惯下海者称为火长,用作船师。乃以针经图式与领执,专一料理,事大贵重,岂容怠忽。"可以说,郑和船队的每一次海上行动,都是由这些不知名的"火长"具体负责引航和指挥的。

郑和船队的"火长"具体职务比较复杂,内涵由宋元时期简单的"惟凭针盘而行"扩大为"能谙针深浅更筹,欲观牵星山屿,探打水色深浅"等多个方面。

所谓"能谙针深浅更筹",是指航海学上的磁罗经导航技术,其中包括航向测定、航程计算与修正等方面内容,实际上是导航师的职能。

所谓"欲观牵星山屿",是指航海学上天文定位和地文定位技术。"观牵星",指的是"火长"凭借牵星板等简单器具,观察特定星辰的出水高度,估算地理纬度。

所谓"探打水色深浅",指的是通过测量水深,判断海区方位。

鉴于"火长"事关整个船队安危成败,事大责重,因此郑和船队对"火长"的选拔任用特别严格。除了选用国内沿海之合适人员充任"火长"外,郑和船队很可能还招募了一批外国航海者出任"火长"。《明成祖实录》中就有"番火长"因参与下西洋而受赏的记载。

郑和下西洋引发了班轮运输诞生

郑和大规模船队七下西洋，不仅开拓了稳定的远洋航线，而且给班轮运输诞生创造了条件。

郑和下西洋逐步找到了最佳航线，并且使它日趋稳定。特别是第七次，郑和下西洋最佳航线已经用《郑和航海图》标示和记载下来，这就为开辟一条最佳班轮运输奠定了基础。

郑和在七下西洋的过程中，用强大的武力清除了沿途的海盗、水霸，为保证班轮运输的安全做出了不可磨灭的贡献。

郑和七下西洋为班轮运输找到了规律性，体现在海上季风变化、停靠点及来往规律等方面。这种班轮式的规律性航行，给国际贸易带来了甚大的利益，深受各国欢迎。班轮在货物运载上，郑和七下西洋也提供了可行性。

郑和庞大的船队、巨大的装载性，在当时世界上首屈一指的客容量，保证了班轮远洋运输的有效性。

所有这些，都为国际贸易班轮运输的诞生创造了经验。

郑和下西洋船位如何测定

郑和下西洋船舶航行在浩瀚无际的大海上，循着预计的航线行驶，首要任务必须时刻测定船体在一定航段中的准确位置。而测定船位时所使用的方法，与近代大致相仿。

其一，"测深辨位法"。这是最为古老的测定船位的方法，即当船舶航行中无地岸物标可资辨识船位时，便在估算航程的基础上"以绳结铁"，铁（铅）锤下抹有牛油，徐徐放到海底，然后提出水面，可从绳子入水的长度测知该航段的水深，也可从锤底牛油上黏附的泥沙，得知该航段的底质。郑和船队的"火长"根据两相参照，便可大致推测出船舶在这一航段中的准确位置。

其二，"对景定位法"。即以海岸上的山岭或高大的建筑，海上的岛屿作为物标，求得船舶与这些景物的相对位置的方法。这种方法是如今物标定位的起源。古代测定景物时，缺乏当今的精密仪器，只得用船与景物相对的位置得出大致的船位。如《郑和航海图》中记从檀头山去东洛山，先"用丁未针二更，船平石塘山。用丁未针三更船平狭山外过，用坤未针一更，船取东洛山"，句中的"平"字，即所见的地物标志。但这种借单一景物定位的效果并不十分理想，因此，郑和船队由一向定位发展到三向定位，定位时有三个方向物标，连线形成一个等边三角形，从中求得三角形的中心位置，使船位的准确性最大。

其三，"天文定位法"。即采用观察太阳及星体高度的定位方法。郑和船队在横渡大洋航行中，主要采取了星辰定位的方法，通过观测特征鲜明、高度较强的几个星座，并用牵星板测量星体的高度，定出船舶所在的纬度位置。

郑和宝船铁锚能顶狂风骇浪

郑和七下西洋时，船上使用的铁锚也特别大，用桶口粗的棕缆吊在船头上，有七丈三尺长的杆，三丈五尺长的爪，八尺五寸高的环。这种锚没有几百人的齐心协力是拉不动的，所以抛锚以后，能顶得住海上的狂风骇浪。

1982年，在福建泉州地区晋江县石湖附近海水下约四米处，发现一四爪铁锚，据传为郑和船队遗物，当地人奉为镇海之宝。该锚1900余斤，煅钢制成，现藏于泉州海外交通史博物馆。

"封舟考"记载，封舟系采用四爪形大铁锚，每个1000多斤，最多配四个。郑一钧称郑和船队所用铁锚，"大者八九尺"，几乎近一丈，每只要重达数千斤。唐志拔、郑明认为，按两千料郑和宝船尺度大于封舟，配二个四爪铁锚，每只重1500斤较合理，还可配有较小的传统石碇为备用，都布置在艏楼平台上。

"兵录"记福船，船头斗盖用樟木长一丈三尺围三尺，与贼将碇四门绞在船头，以便冲犁，说明将锚固定在船头加强板处，还可发挥冲撞敌舰的作用。

郑和宝船九桅说能成立吗

郑和宝船九桅之说独出《西洋记》，说郑和下西洋的总设计师、国师金碧峰长老放在永乐皇帝九龙金案上的经折儿，其中写有"每只船上九道桅"。

永乐皇帝为造这么多船何时完工而发愁，而碧峰长老说："只要广招天下匠人，其中自有妙处。"

于是，朝廷广招天下匠人，有功者许赏官职，请旨遵行。结果不及八个月，1456艘船竟然大功告成。报告永乐皇帝后，不料龙颜大怒，以为欺君。时钦天监刘诚意道是天神帮忙，七日有天神下来。

七日后，宝船厂已是单层摆下了"九张金漆桌子"，永乐皇帝亲自到场。结果第九张桌子上竟然出现神匠鲁班，于是龙颜大悦。

《西洋记》尽管有幻想夸大的一面，但一时倒成了郑和下西洋的权威著作，然而，九桅之说是夸大无疑的。在世界帆船史上，航海帆船从未有九桅的记录，在16世纪前从未有超过五桅的。

辛元欧认为，《西洋记》中处处有九，桅想用九根，等待天神下凡要用九张椅子差台，郑和下西洋的经折儿要放在九龙金案上，实际上九字已被当作一种极限的象征。罗懋登取最大的郑和宝船为九桅，也是有他的深意的，无非是说明郑和宝船之大，不论桅和锚都进入了极限。

科技篇

郑和时代科技成就领先世界

郑和时代科技成就达到了一个顶峰——郑一钧说，郑和船队的科技成就，主要体现在造船术和航海术两个方面，这在明朝都到了登峰造极的地步。

据郑一钧考证，郑和当时建造的超大型宝船长 140 多米，宽 57 米，是史无前例的。这并不仅仅是为了显示中国的富强，主要是为了适应装载下西洋应用物资和海外贸易货物的需要。当时的海外贸易是由国家垄断的，并且主要由郑和下西洋来进行。以一支船队来负担一个富强的大国与众多海外国家的贸易，其海洋货运量之大，是可想而知的。为此，郑和下西洋重点发展超大型船舶，使船队海洋货运量大幅度增加。

郑一钧称，关于郑和宝船的尺寸问题，一直是学术界研究者争议的焦点。有学者认为，这样的木船，即使在现代也造不出来，更不要说 600 年前了。而郑一钧则坚持认为，不能因为今人造不出来就否定历史，明代的造船技术从秦汉以来持续发展，经过 2000 多年不断的积累，在郑和时代实现了突破性的飞跃。

这种巨型船坞，莫说中国历史上亘古未有，在当时世界上也是首屈一指、无与伦比的，它是中世纪中国造船业在全世界遥遥领先的明证。郑一钧指出，郑和船队装载货物的宝船，是一种福船船型的宝船，很适宜装载大批货物。郑和宝船每艘的载重量，可达数千吨；整个船队的运载量，则是以若干万吨计了。郑和船队拥有极其强大的海洋交通运输能力，完全能够胜任明帝国大力发展海外贸易的使命，是当时海洋经济能获得空前发展的一个先决条件，也是一个了不起的成就。

郑和船队先进的航海技术在当时世界上也是独领风骚的，郑一钧介绍，其天文航海术与汉代以来单纯的占星法不同，已由海上对星象的占验发展为一整套"牵星过洋"的航海术。同时，对罗盘的应用也已大大超出了以往指示南北方向的范围，发展为主要用于测定针路，依靠罗盘指向确定行船的方位、航速、航距和路线，并选择确定最佳的航线。郑和船队还把航海天文学与导航仪器罗盘的应用结合起来，不仅克服了各自的局限性，而且大大提高了航行方位的精确程度。而西方的航海家们，一直到 15 世纪末还是靠观察南半球可见的南极星同测定星宿高度的其他简单仪器来定航行方位的。郑和船队驶往南亚以西的航程，往返里程在 10 万余里以上，以绕赤道一周约 4 万公里计算，比绕赤道一周里程还多。能多次持续完成这样长的航路，没有先进的航海技术是根本不可能的。

15 世纪初，是中国人称雄海上的时代，这是全世界公认的事实。郑一钧说，明朝航海技术，是汉、唐、宋、元以来航海技术一脉相传和不断发扬光大的结果。郑一钧无比振奋地说，元明时期远洋航运的发展经历了历史上最辉煌的时期，如郑和七下西洋起锚地太仓刘家港当时就是中国最大的港口，号称"六国码头""天下第一港"。"如果一直按照郑和的路子走下去，现在的中国无疑是世界上最强大的国家。"郑一钧又不无感叹地说。

《郑和航海图》比同期西方海图更先进

《郑和航海图》是 15 世纪以前人类留下的唯一一部包括亚非两洲在内的航海图。权威人士评价说，该图不仅是研究郑和下西洋和中西交通史的重要图籍，而且在世界地图学、地理学史和航海史上也占有重要的地位。

著名海图专家朱鉴秋介绍说，《郑和航海图》对船队所经过的太平洋、印度洋地区水陆分布特点的描写，就准确性而言，在那时应视为先进水平。即便同当时有代表性的海图——波特兰海图相比较，它也有许多长处，为后者所不及。

朱鉴秋接着说，13 世纪末到 14 世纪初，由于西方帆船航海贸易的不断发展，便诞生了航海使用的地图——波特兰海图，这种海图在欧洲出现后，在十四五世纪数量增加，使用也比较广泛，但内容及形式却变化不大。

朱鉴秋认为，15 世纪时欧洲航海主要用波特兰海图，它代表了西方国家的海图发展水平。《郑和航海图》与同期西方海图比较，也就是与 15 世纪的波特兰海图比较要先进。

朱鉴秋从三个方面进行了比较：

首先，是制图的范围。《郑和航海图》全面反映了郑和下西洋所经区域的地理概貌，制图范围是当时中国所绘地图中范围最广的，从中国东南沿海直至非洲东岸。而波特兰图范围主要在地中海及大西洋沿岸，不及《郑和航海图》范围广阔。

其次，是图幅内容、表示方法及精确程度。《郑和航海图》的内容丰富，主要表示有：大陆岸线、岛屿、浅滩、礁石、港口、江河口，沿海的城镇、山峰，陆地上可做航行目标的宝塔、寺庙、桥梁、旗杆等地物，还详细注记地理名称和地物，并包括了航海需要的诸如航线、针路、航道、牵星数据等各种要素，十分完备。而波特兰海图在这方面却要逊色得多，有的内容绘得过于夸大，不符合实际。

最后，在实用性上，《郑和航海图》的针路注记胜过了波特兰海图。在使用时，可以按图上表示的有关图形结合测定深度等方法确定船位；图上的针路注记是实践的总结，是实际的航向，实用性很强。而波特兰海图虽然有实用性，但针路有偏差。

朱鉴秋总结道，《郑和航海图》是世界上现存最早的航海图集，是郑和七下西洋伟大航海成就的重要体现，也是对世界航海发展的极大贡献。

郑和下西洋宝罗盘以八卦命名

郑和下西洋船队的每艘船上，均配布罗盘，由 24 名官兵掌管航船的方向。这种罗盘的精确度很高，采用 24 个方向，各以天干地支与八卦五行命名，标记方位，这是当时最先进的航海技术。席龙飞说，自从公元前 3 世纪中国四大发明之一的指南针问世以来，很快便用于航海，到了明代，各项技术指标已经相当完整，因而为郑和下西洋开辟了航海史的新纪元。

据席龙飞考证，欧洲文字记载罗盘最早是 1190 年，阿拉伯文提到罗盘是 1232 年，中国则可推到春秋战国时期，《韩非子》《鬼谷子》中均有介绍。中国发展到有指针的司南，则在 7 世纪之前。没有罗盘，则不可能航海。欧洲从中国学会用舵与从中国学用罗盘时间相差仅隔几年。

席龙飞说，罗盘中的磁石指极性，中国古已知之。典籍记载，战国末年，中国就有"司南""指南"一类指示方向并可携带的仪器。人工磁性指南针，始见于沈括《梦溪笔谈》，其中有"水浮""指爪""盌唇""缕丝"四种方法。沈括成书于宋仁宗嘉祐八年（1063），比欧洲人（1492 年才发现）整整早了 420 余年。

席龙飞说，沈括所云"水浮法"，则为以后包括郑和下西洋在内所使用的水罗盘，即罗盘针的产生并应用奠定了基础。郑和船队是"斫木为盘，书刻于支之字，浮针于水，指向行舟"，用的正是水罗经，有天干、地支、八卦、五行配合而成，分有 24 个不同方位，如果再把缝针计算在内，一共 48 个方向，每一方位相当于现代罗盘的 15°，共 360°，这在古人航海中用以指导航向已颇为精确了。

席飞龙介绍说，郑和下西洋船队在使用罗盘时，还结合土办法，一种称为"盛水法"，即参考日月星辰的方位及风向潮流等因素，在罗盘中间放一个碗，碗里盛水，然后将鱼形磁针浮于水面，保持平衡，即能确定行船的方向及位置，另一种称为"指两间法"，由于方位角度固定，因此两个方位之间的度数也可取两者度数的一半。正是郑和的宝罗盘和"火长"们的正确掌握，才确保了郑和七下西洋船队安全、快速地远航。

郑和下西洋如何导航

郑和下西洋船队导航主要靠陆标导航和天文导航。

陆标导航是古代航海中沿岸航行常用的导航方法，《郑和航海图》上描绘的显著物标有 19 个，其中有庙宇、高塔、桥梁、卫所，等等，而利用山形导航则更为普遍。

陆地物标具有稳定、直观的特点，便于在视线范围以内及狭窄的航道中借以导航，简单实用，方便准确。郑和船队在从南京出发到苏门答腊的整个航行中，基本上是采用陆标导航。

天文导航是在船舶横渡大洋无地物可视时所采取的利用日、月、星辰导航的方法。《顺风相送》记载："永乐元年奉差前往西洋等国开诏。累次校正针路，牵星图样，海屿水势山形图一本。"

在这部书中载有"定日月出入宫昼夜长短局"、"观星法"及"定太阳出没歌"，歌诀写道："正九出乙没庚方，二八出龟没鸡场。三七出甲从辛没，四六生寅没犬芷。五月出艮归乾上，仲冬示巽没坤方。惟有十月十二月，出辰入申仔细详。"

这首歌诀所反映的不同月份太阳出没方位，与实际的太阳出没方位相差无几。

郑和下西洋航行具有高超的驶风技术

郑和下西洋船队在海洋中航行，因气象变化无常，船舶不能随风向而行，就必须有驾驶风向的技术。

为了能够利用风向，同时又摆脱随风所至的被动局面，郑和船队运用中国古代船民在长期航海实践中摸索出来的驶风法，即通过操纵帆脚索变换帆角的办法，同时配合尾舵与披水板，创造了八面驶风的驶风技术。

郑和船队的船帆是纵向硬帆，可以桅为轴，旋转方向。当风向来自船尾，便立横帆受风；当侧后来风，可以拉斜帆，帆面垂直于风的来向，船可照常前进；遇到斜逆风，或者逆风时，调整船帆迎风角度便可正常航行了。这时的船舶是呈"之"字形的曲折航线乘风前进的。

这样的驶风技术劳动强度是很大的，尤其是郑和宝船，没有二三百人，帆、舵是无法搬动的，可见其操作的难度、强度远比明代以前的帆船要大得多，也足以说明郑和船队航行驶风技术的高超。

郑和船队主要靠"更""托""针位"航行

郑和七下西洋有了确定航线的导航仪器，又如何在远洋航行中安全而又可靠地进行航行呢？郑和船队主要靠"更""托""针位"方法进行航行。

所谓"更"，即在标准航速下一更时间（2.4小时）所航行的里程。

中国古代航海船舶航行中是用更数多少作为航行距离的计时和计程单位的。从计时角度来说，每一昼夜为十更；从计程角度来说，每更有60里。因此更不只是计时单位，还包含航行的里程，即在标准航速时，单位时间的航程距离。将《郑和航海图》中部分地区的两地距离与现代海图的海里相比，按更数计算时，则每更航行距离通常为40里左右，即一更合今9至10海里。

所谓"托"，指两臂张开伸直的长度，两米左右。《东西洋考》记载："沉绳水底，打量某处水深几托。"又"方言长如两手分开为一托"。《郑和航海图》中的"打水托数"，就是按这一长度计算的。与今天航海中在使用铅锤测深，以"拓"来计算深度的方法是基本相符的。

所谓"针位"，指的是船舶用指南针来确定自身的航向、方位，它以航海途中可见的山、屿、澳、门（在海中两山相峙，其形如门）为天然标记，就像天文航海技术中利用星座为标记一样，准确地掌握到达其目的地的更数，就能确定其针位。针位确定后，再用罗盘测定精确的航路，保证航船安全而顺利地驶达目的地。

古代航海用的罗盘，以地支和部分天干、八卦（除去戊、己和震、离、坎、兑）合用，构成24个方位。这种罗盘的方位与现代360°的罗经相对应时，每一罗盘方位相当于现代罗经的15°，如癸为15°，丑为30°，艮为45°，这在《郑和航海图》中称为丹（与"单"字通用）针。同时，可用两个字表示方位，称为"缝针"，如子癸为 7.5°，癸为 22.5°。所以，这种罗盘在实用时可指示 48 个方向。船舶即按罗盘指示航向行驶。

郑和七下西洋创造的这一套航行方法，在当时的条件下应该说是很科学的，郑和船队的地文航海术在当时世界上也是处于领先地位的。

郑和下西洋创造并形成了"针位取海道"

郑和七下西洋的船队，在继承前人地文航海成就的基础上，创造并形成了一套有独创性的地文航海技术，即"针位取海道"。黄省曾所著的《西洋朝贡典录》中概括为："海行之法，以六十里为更，以托避礁浅，以针位取海道。"

所谓地文航海技术，就是以航海图为依据，运用航海罗盘、计程仪、探测仪等航海仪器，按航海图、针路簿所记沿途各地的针路、里程、海水深度、海底地质等导航，确保沿着正常的航线航行。

郑和船队运用指南针已超出指示方向的范围，主要用于测定针路，"针位取海道"。

针路，即航海时用罗盘指向等方法所确定的航行线路。郑和船队所使用的罗盘是一种水罗盘，又叫指南浮针。浮针下附有一个木制的方向盘，盘上刻有 24 个方位。两者结合起来，就成为一种既能指示方向，又能确定方位的罗盘，用它来测定针路。

这种以罗经确定航向，用一定航程来推算船位，辅以测探来判断航路的方法，在今天仍是沿岸航行时经常使用的定位手段。

《郑和航海图》究竟成于何时

近百年来，被中外学者称为研究中国古代航海史、地图史、中外交通史的珍贵文献《郑和航海图》，究竟成于何时，史料未曾记载。

郑和伟大航海活动的有关技术文献濒于灭绝，唯一幸存于世的只有当时所用的一份海图，被明代茅元仪辑入《武备志》中，后人称为《郑和航海图》，1961年经向达由中华书局刊行。

《武备志》一书作于明朝天启年间（1621—1627），对于航海图的绘制时间未做确切记载，茅元仪认为该图为郑和远航船队的遗物，对照明人祝允明《前闻记》所记的下西洋航行经历，该图与郑和下西洋的情况基本相符，故可以确认是郑和船队下西洋期间使用的航海图志。

《郑和航海图》之首页绘有南京静海寺，该寺筑于洪熙元年（1425），是郑和出使回国后为宣示"平靖海外"所建，可见该图应成于是年之后。专家考证，郑和最后一次出使西洋是宣德五年（1430）至宣德八年（1433），并曾分遣其船队由古里前往天方（今麦加），而图中却未注明该国，该图显然是绘于郑和第七次下西洋之前。此时正当郑和六次下西洋之后，永乐皇帝驾崩，郑和被迫停止下西洋，出任南京守备六年（1425—1430），该图很可能是在这一时期绘制成的。

《郑和航海图》是中国最早的针路海图

《郑和航海图》现存《武备志》中，全称是《自宝船厂开船从龙江关出水直抵外国诸番图》。图上表现的针路、航程、地理等内容，与郑和船队最后一次下西洋的情况相符合。这是中国最早的针路海图，在中国地图学史上独占鳌头。

自太仓去忽鲁谟斯，共载针路 56 条，由忽鲁谟斯回太仓，有针路 53 条。还绘有沿海岸的山峰、河流、港湾、居民点和岛礁沙滩，在某些地方还绘有城垣、官署、庙宇、宝塔、桥梁等。这些地理内容与航海有密切关系，有的可做陆标导航，港湾可供船只停泊，而礁石沙滩在航行时需要回避。

图中收录地名 500 多个，其中外国地名约占 3/5，超过《岭外代答》《诸蕃志》和《岛夷志略》，这说明，大面积远航使中国对东非地理的认识较前有了进步。

郑和以前，人们对中国西沙群岛、南沙群岛、东沙群岛和中沙群岛的认识不很明确，未能做出区别，常常笼统地称呼"长沙、石塘数万里"或"千里长沙、万里石塘"。《郑和航海图》则做了明确的区别："石塘"指西沙群岛，"万生（里）石塘屿"指南沙群岛，"石星石塘"指东沙群岛和中沙群岛。在画法上也有区别："石塘"与"万里石塘屿"均做岛礁状，而"石星石塘"以小圈与略大圈交替表示，很可能反映水中的暗沙。可见，郑和航行也促进了人们对中国南海诸岛的深入认识。

《针位篇》是郑和航行时详细记录航程中罗盘针所指方位的书，相当于一本航海手册，很有用，可惜早已失传。

郑和宝图是世界上现存最早的航海图集

郑和宝图即《郑和航海图》，是明人茅元仪于 1621 年辑录的《武备志》中的《自宝船厂开船从龙江关出水直抵外国诸番图》。因其名冗长，后人便称为《郑和航海图》。

原图呈一字形长卷，收入《武备志》时改为书本式，自左而右，有序一页，图面 20 页，最后附"过洋牵星图"二页，是郑和在继承前人航海经验的基础上，以郑和船队的远航实践为依据，经过整理加工而绘制的。

航海专家认为，《郑和航海图》是世界上现存最早的航海图集，是郑和七下西洋的伟大航海成就的重要体现，是对世界航海发展的极大贡献。

航海图所绘航线以南京为起点，沿江而下，出海后沿海岸南下，沿中南半岛、马来半岛海岸，穿越马六甲海峡，经锡兰山到达淄山国，由此分为两条航线：一条横渡印度洋到非洲东岸，另一条从淄山国横渡阿拉伯忽鲁谟斯。

航海图所绘物标 航海图对山岳、岛屿、桥梁、寺院、城市等物标，是采用中国传统的山水立体写景式绘制，形象直观，在航行中易于辨认。图中对主要国家和州、县等则用方框醒目标出，以示其重要。图上共绘记 530 多个记名，包括了亚非海岸和 30 多个国家和地区。往返航线各 50 多条，航线旁标的线路、更数等导航定位数据，更有实用价值。航海图充分展示了当时中国海船远航丰富的经验和相当完善的技术水平。

航海图所绘要素 该航海图属于针路图系统，是专供航海之用的专业海图，绘制了安全航海的基本要素，如突出标明航行的针路（航向）和更数（航程）；定位导航所需的显著目标均画成对景图，以便于识别定位；转向点的位置和测深定位的水深数均用文字和数据注明。

航海图所绘地形　　航海图主要根据两岸物标进行定位和导航，所以图上对两岸的地形、地图描绘得特别详细。如自太仓至苏门答腊以至印度半岛的东西海岸，主要是沿岸和近海航行，除用罗经导航外，并以山头、岛屿为目标。因此，图上绘有显著山峰和地物，并在主要航线上注记针位、更数的说明，以保证航行的安全。

航海图所绘图幅　　航海图上的方位不是以上北下南绘制的，而是突出以航线为主，整个航线是从右向左联贯的，由于这些航线原来的向位是不同的，因此图幅的方位亦随之而异。如南京至太仓航线，原是自西向东，而图上绘成从右至左，图幅方位就成为右西左东，上南下北；又如出长江口后沿大陆海岸的航线基本是由北向南，但图上的航线还是由右而左绘出，所以图幅方位又成为右北左南，上西下东。这样绘制的航海图，其图幅方位虽不统一，但便于在航行中使用。

根据当时的制图技术水平，《郑和航海图》不可能按数学投影方法和经纬坐标以及一定的比例绘制，而是以航海的实用性为特点，突出导航、定位所需的基本要素，具有较高的实用价值。该图集不仅对指导当时和以后的古代航海具有重要意义，而且对后人研究中国古代航海史和亚非航线的开辟，起到了重要作用。

英国科学家李约瑟在《中国科技史》一书中指出："关于中国航海图的精确性问题，米尔斯（Mills）和布莱格登（Blagdon）曾做了仔细的研究，他们二人都很熟悉整个马来半岛的海岸线，而他们对中国航海图的精确性做出了很高的评价。此外，马尔德（Mulder）最近还从领航员的角度研究了这些资料。在这些图上遇有海岛的地方，一般都绘有外线和内线，有时还为往程和返程分别画出了供选择的航线。"误差一般不超过 5°，这对于 1425 年的舵工来说，可以认为是极好的了。

《郑和航海图》约成于洪熙元年至宣德五年间。共 24 页，包括茅元仪序一页，图 20 页，《过洋牵星图》二页（四幅），空白一页。该图制作于郑和第六次下西洋之后，全图以南京为起点，最远至非洲东岸的慢八撒。图中标明了包括船队航线所到达国家和地区的名称方位以及注有针路的航线。可作为导航的陆上物标，如塔、寺庙、桥梁，航道远近、深度，以及航行的方向牵星高度，对何处有礁石或浅滩，也都一一说明。

此外，由于从印度洋往非洲地区的航程远离陆地，必须以天文导航，故航海图另附四幅"过洋牵星图"，以表示航行至不同地区星体的变化。图中列举自太仓至忽鲁谟斯的针路（以指南针标明方向的航线）共 56 条，由忽鲁谟斯回太仓的针路共 53 条；在图中郑和船队所经之地，均有命名。图中 500 多个地名中，外国地名约 300 个。

15 世纪以前，中国关于亚非两洲的地理图籍，以《郑和航海图》最为详尽。该图在描绘亚非沿海各地形势，以及在认识海洋和掌握航海术等方面，在当时都达到了较高的科学水平。该图不仅是研究郑和下西洋和中西交通史的重要图籍，在世界地图学、地理学史和航海史上，也占有重要的地位。

随同郑和出使的马欢、费信、巩珍等人，各自把他们的海外见闻整理成著作，马欢著《瀛涯胜览》，费信著《星槎胜览》，巩珍著《西洋番国志》，记载了所到各国的情况，增进了中国人民对亚非许多国家人民的生活、风俗习惯以及生产等各方面的了解，丰富了中国人民的世界知识。

郑和下西洋创造了"过洋牵星"航海技术

郑和七下西洋创造了世界航海史上的奇迹，完成了极其艰难复杂而又史无前例的航行，仅靠观测星辰和指南针是远远不够的。郑和的船队要在浩瀚无边的海洋中航行，涉及航海中的导航问题。那么，郑和靠什么导航呢？对郑和航海技术颇有研究的林苳对此做了解答。

林苳指出，郑和船队要开辟新的航线，就必须靠新的技术，他把航海天文学与导航仪器罗盘的应用有机地结合起来，大大提高了测定航行方位的精确程度。不仅如此，七下西洋还促进了郑和船队天文航海技术的发展，这就是后来形成的一套行之有效的"过洋牵星"的航海技术。

所谓"过洋牵星"，是指用牵星板测量所在地的星辰高度，然后计算出该处的地理纬度，以此测定船只的具体航向。林苳介绍说，牵星术的主要工具是牵星板，牵星板是测量星体距水平线高度的仪器，其原理相当于当今的六分仪。通过牵星板测量星体高度，可以找到船舶在海上的位置。牵星板共有大小 12 块正方形木板，以一条绳贯穿在木板的中心，观察者一手持板，手臂向前伸直；另一手持住绳端置于眼前。此时，眼看方板上下边缘，将下边缘与水平线取平，上边缘与被测的星体重合，然后根据所用之板属于几指，便得出星辰高度的指数。

据林苳考证，《武备志》中收录的《郑和航海图》及所附四幅"过洋牵星图"，即古里往忽鲁谟斯过洋牵星图；锡兰山回苏门答腊过洋牵星图；龙涎屿往锡兰山过洋牵星图；忽鲁谟斯回古里过洋牵星图。虽说只有四幅图，但足以看出郑和船队在远洋航行中如何解决正确判断船舶位置与方向，准确确定航线等一系列重大技术问题，从而为后世留下了中国最早、最具体、最完备的关于牵星术的记载。

林苳举例说，郑和船队在横渡孟加拉湾和印度洋时，由于海域辽阔，水天相接，没有陆上物标可循，只有依靠罗经和天体导航。在七下西洋中，郑和船队以"过洋牵星图"为依据，"惟观日月升坠，以辨东西，星斗高低，度量远近"，结果收到了"牵星为准，所实无差，保得无虞"的出奇效果。这种航海技术是郑和船队继承中国古代天体测量方面所取得的成就，创造性地应用于航海，从而形成的一种自成体系的先进航海技术，从而使中国当时天文航海技术达到了相当高的水平，这个水平代表了 15 世纪初天文导航的世界水平。

文化篇

郑和航海时期是中国古代海洋文化的最高峰

　　以郑和航海为代表的明代中期海洋文化的发展是中国古代海洋文化的最高峰，它为人们提供了一个透视中国古代海洋文化盛貌的历史窗口。赵纪军、杜秀娟认为，郑和下西洋所推行的"柔远"政策，造就了盛极一时的东方海洋文明。

　　从 1405 年至 1433 年，郑和率领大规模的船队远涉重洋，翻开了中国古代西洋文化新的一页。从其发展的历程来看，郑和时期的海洋文化承接了汉唐以来的海洋文化传统，并在此基础上进一步发扬光大。就出海人员、舰队规模、航行里程和执行使命来看，郑和航行涉及政治、经济、经贸、文化和军事等不同领域，涵盖了海洋文化的各个方面。

　　从时间上看，郑和下西洋历时 28 年之久，并一直保持了世界领先的纪录。从空间跨度来看，郑和下西洋横跨印度洋，足迹遍及东南亚、南亚、西亚及东非 30 余国，航程 10 万余里，打通了中西交通的重要航道，发展了同亚非各国的友好关系，促进了中外经济贸易联系，构成了一个相对独立的海洋文化发展阶段，达到了中国古代海洋文化的巅峰。

　　明代中期，中国进入了封建专制主义中央集权时代。为适应这一要求，海洋文化较以往发生了很大变化，主要体现在以下几个方面：

　　首先，在政治上建立了以藩属为主要特征的海权关系。明代藩属政治的建立与郑和下西洋是紧密联系在一起的。郑和出使南洋、西洋，沟通了中国同这些国家和地区的联系，使藩属政治得以顺利实施。这些藩国的使臣正是乘坐郑和船队的宝船，才得以穿越波涛无际的大海，往来完成使命。而在以往，由于缺乏这种大规模航海活动，当然不可能出现藩属政治。

其次，在经济上大力推行官营国家贸易，海外贸易主要交给远洋船队来执行。郑和船队是明代中期海外贸易的主要执行者。商品主要由宫营匠局提供，包括瓷器、丝绸、金银、漆器、麝香、樟脑、干鲜果品等。这些商品单目不是随意开列的，它是在认真总结唐宋以来海外贸易的特点和规律的基础上提出的。正是这样，郑和宝船才深受各国欢迎。

再次，在军事上奉行有限干涉政策。海洋文化离不开一定的军事行动，但是纯粹的军事行动又对海洋文化的形成产生消极后果。从郑和时期的海洋文化实践来看，明王朝所采取的几次有限军事行动，其效果是十分明显的。

最后，在文化上实施儒回并举策略。在郑和时代的海洋文化范围内，主要有两种文化系统，一种是以明王朝为代表的儒家文化系统，朝鲜、日本、安南等国认可并接受了这种文化传统；另一种文化系统，是以伊斯兰教为代表的回教系统，在东南亚和西亚一些国家十分流行。

针对这种文化特点，郑和采取了儒回并举策略。对那些已接受儒家思想的国家，就按儒家思想进行处理；对那些已接受伊斯兰教的国家，则尊重他们的风俗，以回教同他们交往。郑和的这种做法，既尊重了当地的风俗信仰，又把先进的儒家思想带了过去，促进了儒释道与伊斯兰教相互融合，也使这些国家和地区的人民把郑和真正作为朋友看待，从而缩短了相互之间的距离，减少了敌意和仇视，在宗主国和藩国间建立了一种民主和平等的文化精神。这是明代中期海洋文化与其他文化类型和发展阶段的不同之所在。

所以，无论郑和在下西洋途中敬奉妈祖也好，还是笃信回教也好，都是从海洋文化的策略性出发来展开的。至于郑和与回教的关系，实际上是"入乡随俗"，目的在于引起这些国家的共鸣，得到他们的支持和帮助，保证海洋文化持久、稳定地延续下去。

在东方海洋文化中，也曾有攻伐杀戮的历史记录，由于它不符合中国文化，尤其是东方海洋文化的内涵，因而能够得到及时的控制和中断。东方海洋文化也得以继续沿着它的预定轨迹，乘风破浪，发展到郑和时代的最高峰。尽管由于种种原因，这种文化最终走上下坡路并被西方海洋文化所阻断，但是郑和及其开辟的明代中期海洋文化的鼎盛时代，将永远闪耀着璀璨的光芒。

郑和下西洋所到国家一度掀起"中国文化热"

郑和下西洋是中外文化交流中的盛事，这一时期，郑和将明朝先进的物质文化与精神文化带到了亚非各国，成为中外文化交流的使者。周镇荣说，西洋各国感受到中华文化的精美与恢宏，掀起了一股"中国文化热"。

周镇荣是东南亚华裔中屈指可数的收藏大家，他的个人收藏馆，仿佛是中国文化的殿堂，中国的奇石、瓷器、书画、报章、书籍乃至茶壶、酒具、烟标，林林总总，数以万计，许多资料极为珍贵。

郑和下西洋使中国的建筑文化登上西洋各国的殿堂，周镇荣说，泰国的礼拜寺、马六甲殿宇等富丽堂皇的建筑，均为郑和下西洋时所建。在印尼三宝垄有一些名为"三宝垄式"房舍，其屋顶与中国房舍的屋顶有类似之处。印尼原住民居住这种"三宝垄式"房舍，表明他们对中国风格的建筑的认可。很明显，这些建筑物中都融入了鲜明的中国建筑艺术风格，对西洋各国的影响极为深远。

一些专家学者认为，郑和下西洋把丝瓷文化、服饰文化、饮食文化、货币文化等中国悠久灿烂的文化瑰宝传播到西洋各国，引起了西洋各国的极大兴趣，争相学习，纷纷效仿。

西洋各国把郑和下西洋看成是"海上丝瓷之路"，郑和带到西洋各国的中国物品，最多、最精美、最受欢迎、影响最深远的就是中国的丝绸和瓷器。蚕丝的传入，促成了西洋各国丝绸加工业的形成；中国的瓷器和制瓷技术传到亚非各国，促成西亚的制瓷有了质的飞跃。

郑和下西洋使西洋各国吸收了中国的服饰特点，一些国王仿效中国皇帝，也为自己装点神圣的光环。同时，影响了普通民众，最终在西洋各国"生根"。尤其是马来西亚妇女，"所服之有袖短衫，与宽大之裤、玻璃珠、各色礼帽、雨衣、履底等类皆由中国传入"。

郑和使团向西洋各国输入了大批精美的瓷器，中国的饮食文化促使西洋人改变饮食习俗，也加速了他们向文明饮食迈进的步伐，原来以蕉叶盛食的一些西洋地区的人民，逐渐开始使用青花瓷器用餐，用茶具品茶。

中国的货币文化加快了西洋各国向近代迈进。中国的铜钱大量流入西洋各国，并且在市场上广泛流通，使西洋一些国家摆脱了长期使用海贝等自然物为货币的境况，促进了西洋各国商品经济的完备和发展。在印尼巴厘岛，至今家家户户有收藏中国铜钱的习惯。

此外，郑和下西洋使中国的语言文字、诗词歌赋、科举礼仪、民俗文化，包括岁时节日、民间婚娶、丧葬文化等也不同程度地影响了西洋各国，在郑和下西洋后，西洋各国经历了一个裂变、更新的过程，600年来一直在沿袭。

为什么说郑和下西洋形成了太仓兼容开放的文化特征

郑和七下西洋在太仓起锚，促使太仓崛起，吸引了各方人士到太仓聚居，推进了文化交流，形成了太仓兼容并蓄、开拓开放的地域文化特征。太仓市政府领导曾自豪地说，600 年后的太仓"以港兴市""以港强市"，打造东方大港，继承并得益于郑和的开放意识和探险精神。

太仓市政府领导曾审视郑和下西洋在太仓起锚的历史，得出这样的结论：大江大海的交汇之处，不仅是人类文明的主要发源地，同时历史也必将选择这些地方作为一个国家、一个地区经济社会发展的最终"起飞"点。但要起飞好，必须大力弘扬勇于探索、敢冒风险的郑和精神，倡导兼容并蓄、开放创新的港口文化。

世界公认的 15 世纪初伟大的航海家郑和，以其"敢为天下先"的开放意识和大无畏的英雄气概，从太仓走向了蓝色的海洋，开辟了举世无双的海上丝绸之路，在推动和促进人类文明的同时，带动了太仓区域经济社会的发展。郑和下西洋的伟大壮举告诉我们，港口兴，城市兴，社会也兴。反之，一旦港口关闭萎缩，城市就会衰落，社会发展就会停滞不前。

郑和"敢为天下先"的开放意识，600 年来影响了多少代太仓人，积淀下了开放性的人文精神和传统。这可从 20 世纪初太仓人得风气之先，大批有识之士漂洋过海，留学海外，涌现出如"中国居里夫人"吴健雄、"中国新舞蹈创始人"吴晓邦、百岁画家朱屺瞻等在各个领域独领风骚的泰斗、大师中得到最好的印证。太仓市政府领导曾表示，面对浩瀚壮观、变化多端、能量巨大、奥妙无穷的大海，太仓人要始终不渝地传承郑和"敢为天下先"的开放意识，以此来激励太仓人为太仓港的振兴发展，为太仓建设现代化的港口城市而拼搏奋进。

郑和使中华建筑文化登上泰国殿堂

泰图的许多金碧辉煌的宏伟建筑，如大皇宫的玉佛寺、古都大城三宝公庙等，都具有中式建筑风格特征。对中国建筑文化造诣很深的段立生说，郑和下西洋使中国建筑文化登上泰国殿堂。

段立生考证，中国历代王朝尤其是明朝郑和下西洋，与泰国或使节互访，或商贸往来，或移民迁徙，到明清时期形成了华人移居泰国的高潮，形成了一个庞大的华人社会。而中国建筑文化正是作为华人社区形成的一个重要标志出现在泰国。

段立生断言，天妃庙即妈祖庙也是郑和下西洋后所建。明朝永乐年间，海神天妃因保佑郑和下西洋有功，受到明朝皇帝加封。明末清初，随着移民大批向泰国及南洋迁徙，天妃庙的建筑文化也传到泰国等地。可以说，天妃庙与大海有着密切的渊源关系，故人们特别崇拜与航海有关的神祇。

曼谷的中式建筑继承了中国古代建筑的艺术特色，既有实用价值，又兼具观赏价值。段立生介绍说，其结构分为中国南方的庭院式和殿宇式两大类，屋顶采用中国传统的大屋顶式样，以显示其端庄凝重；其变化离不开中国传统式样的屋顶，屋檐高挑起，覆以琉璃瓦，屋脊上饰以彩陶烧制的龙凤花卉，再配以雕梁画栋、金龙盘柱，成为具有观赏价值的艺术杰作。

段立生评价说，泰国的中式建筑毫不例外地打上了中国文化的印记，一个建筑物就是一座小型的中国古代文化艺术的展览馆。曼谷的有些中式建筑，引入中国的园林文化，培植草坪，开池挖湖，叠石堆山，种花植树，不仅美化了环境，还可供游人休憩。大多建筑都能看到中国式样的石刻、木雕、绘画、刺绣等工艺精品。在一些年代久远的中式建筑物里，还能看到保存的中国工艺品的原件，是当年从中国带来的。这些年新建的中式寺庙，各种建筑材料及装饰品，都是泰国本地仿制的，虽不如原件惟妙惟肖，却融合了中泰两种文化的特点。

有趣的是，中式建筑还给泰国的饮食文化带来了影响，几乎在每一座中式建筑物前面的空地上，都摆满了各式各样的中式小食摊，有潮州风味的粿条、甜粽、鱼肚汤，也有著名的海南鸡饭和福建鱼蛋、肉圆、虾饺等。中式美食文化与中式建筑文化相得益彰，已普遍地被泰国人接受。

文莱河岸发现中国瓷器道

在文莱处处能见到中国的历史文化遗迹。曾应邀多次出访文莱的杨新华描述说，在文莱河一支流两岸边的哥达巴都，发现长达两公里的中国瓷器道，有大量的瓷片、陶片、器具，不少瓷片上有画花装饰，器底有中文墨书，器具有执壶、罐、碗、酒杯等，还出土了为数众多的开元通宝、圣宋元宝、大观通宝、宣和通宝等中国铜钱等。此外，在文莱附近海域还打捞出大量明代沉船上的青花瓷器等物。该瓷器道的面积相当大，其规模让人叹为观止。

据杨新华介绍，中国瓷器道遗址属于文莱旧首都的范围之内，宽度 100 米左右，一直延伸到河里，深度约一米，每走一步都能踩到瓷器。该瓷器道是 2004 年初文莱在拓宽文莱河支流桑底河时发现的，文莱考古人员将该遗址初步确定为由中国移民留下的宋代文化遗址。南京考古专家闻讯后赶到现场，发现这些瓷器碎片大部分都是中国宋代瓷器，几乎囊括了瓷器所有种类和器形，有些残片上还刻有"某某记"这样的汉字落款。专家在现场还发现了许多明代青花瓷的残片，证明明代时曾有人源源不断地补充新王朝的瓷器，而明代时文莱的一位国王曾搭乘郑和宝船访问中国。

分布这么密集又这么绵长的瓷器遗迹在中国都没有发现过。文莱苏丹国当时还处于部落时代，没有统一的国家，且到如今还不会烧制瓷器，当时为何需要如此大规模的瓷器？这些瓷器会是郑和带去的吗？碎片为何在河两岸均匀分布长达两公里？这些都是待解的谜。杨新华分析说，有一点可以肯定，就是这条瓷器遗址道路的创造者是中国人，这个发现对研究中文两国友好交往史具有重要意义。

文莱曾有个华人村，但被大火烧毁了，如今在原来的华人村旁边兴建了一个"水村"，当地的华人都到里面做生意。杨新华在文莱了解到，一家法国石油公司还在文莱以北 60 公里的海底发现过沉船，经考证可能是前往文莱的中国商船遇海难沉没在此。目前，已发掘出的文物有 1 万多件完好无损，其中主要是民窑出产的青花瓷、陶罐、铜手镯、琉璃彩珠，至于这艘船是否与郑和船队有关还是个谜团。

致力于研究中国与文莱交往史的杨新华称，文莱与中国的文化交往源远流长，到郑和下西洋时交往达到高潮。明永乐六年（1408），当时的渤泥国国王麻那惹加那曾访问中国，后染疾去世葬于南京南郊乌龟山麓。地处南洋加里曼丹岛北部的文莱国发现中国瓷器道，共有文物 5 万余件，现陈列在文莱的国家博物馆，这将是郑和下西洋时期中国与文莱友好往来的有力佐证。

"郑和群雕"的形态出自《西洋记》插图

福建长乐出土的"郑和群雕",是以明代郑和为首的下西洋诸官员为原型的群体塑像,为明代后期的艺术作品,也是长乐作为郑和船队下西洋驻泊港的历史见证。当地专家认为,出于对郑和崇高威望的深远影响的纪念,当地士绅与群众共同发起制作"郑和群雕",供奉为神,是很符合中华传统文化和当地民心情绪的。

"郑和群雕"按"天妃灵应之记"碑文最后具名者的排列:正使太监郑和、王景弘,副使太监李兴、朱良、周满、洪保、杨真、张达、吴忠,都指挥朱真、王衍11人制作。这组群雕现存大塑像七尊,小塑像三尊,共十尊,其中九尊均着明朝太监服饰,面部与身材有太监特征,姿势与神态有官员气息,栩栩如生,与碑文具名的官员人数基本相近。

下西洋群臣的排列、层次、坐立、前后、安置均体现了主次正副有序,身份规格有别的特点。其中郑和人像右侧的一尊立像,不同于其他太监形象,有些像阿拉伯人或中国西北地区的少数民族。专家认为是"远人"或"番人",象征郑和下西洋航海活动与域外友好互通。

刘如仲提供的明代太监典型图像及万历年间罗懋登著《西洋记》书中的几幅插图,如"大明国统兵大元帅""元帅鞠躬复朝命""宝船经过罗解图""南洋土著人向郑和贡献文物"等图中的郑和形象,与"郑和群雕"中郑和等人的形态颇为相似。

万明引用《西洋记》第四十六回中对"郑和群雕"下的主像的描述:"头上戴一顶嵌金三山帽,身上穿一领簇新蟒龙袍,腰里系一条玲珑白玉带,脚上穿一双文武皇朝靴",还引用明人王圻《三才图绘》、刘若愚《酌中志》卷十九《内臣服饰纪略》等记载的太监服饰制度，都可验证"郑和群雕"主像为下西洋总兵太监郑和。

专家认为，长乐土出的"郑和群雕"的制作时间与罗懋登《西洋记》大体同为万历年间，当时倭寇为患，人们更加怀念郑和下西洋带来的文化昌盛、经济繁荣、国富民安的盛况，企望郑和保护，再现太平盛世，因而该文物有着重要的纪念价值。同时，"郑和群雕"中的郑和是至今中国发现的唯一呈现明代造型艺术风格和雕塑彩绘的郑和塑像，又具有重大的历史学术和艺术观赏价值。

《西洋记》取材于郑和下西洋

明万历二十五年（1597），首部取材于郑和七下西洋的通俗小说《西洋记》问世，尽管这是一部历史小说，但由于它为明代作品，其中不少记载多依史实，并可与史书相互印证，因此具有较高的历史研究价值。

《西洋记》的作者罗懋登，字登之，号二南里人。据专家考证，罗懋登当是明万历年间的落第文人，里居不明，但从小说中所用的俗语分析，可能为陕西籍人，或流寓南京的寓公。《西洋记》的初刻，就是在南京的三山街，这个地方曾是书贾荟萃之地。他除了著有《西洋记》外，还写过《香山记》，并曾注释过邱浚的《投笔记》，又曾替高明的《琵琶记》和传施惠的《拜月记》及《西厢记》做过音释。

《西洋记》全名《三宝太监西洋记通俗演义》，别名《三宝开港西洋记》。全书分 20 卷，每卷五回，共 100 回。这部长篇通俗小说通过对郑和下西洋故事的演义，展开人、神、魔之间的种种矛盾冲突，表现了正义与邪恶的斗争。按照鲁迅对中国古代白话小说的分类法，它与《西游记》一样应归于"神魔小说"一类。

据向达、赵景深等人考证，同郑和一起下西洋的马欢（字宗道，浙江会稽人）写的《瀛涯胜览》，费信（字公晓，江苏太仓人）写的《星槎胜览》，巩珍（号养素生，江苏南京人）写的《西洋番国志》，为作者的创作提供了史实基础。奇幻丰富的想象，诙谐幽默的风格，千奇百怪的故事，以及书中历史、人文、地理、军事、宗教、生产、生活、医学、民俗、文学、语言等五花八门的知识，形成了这部小说富有趣味性和知识性的鲜明特点，使其成为明代"神魔小说"的代表作之一，鲁迅把它列为《西游记》《封神演义》之后的第三部"神魔小说"。

《西洋记》的诞生有着深刻的历史背景，明朝末年政府的腐败无能，国防危机的日趋严重，是罗懋登创作这部历史小说的起因。他怀念郑和下西洋的盛事和壮举，以抒发思古之幽情。

《西洋记》记叙的郑和航海故事情节是符合历史事实的。张华、夏维中认为，如果把《西洋记》中有浪漫主义色彩的神魔部分去掉，与有关史料记载相比较，就不难发现它的参考价值。

《西洋记》对郑和下西洋目的的记载，符合明成祖"宣德化而柔远人"的对外政策，对郑和船队及朝贡贸易的记载也和史料如出一辙，有关记事具有相当的可靠性。

"麒麟"是郑和下西洋牵回中国的吗

明永乐十三年（1415），东非麻林国因郑和使团的来访，遣使牵着一只"麒麟"（长颈鹿）来到中国，向永乐皇帝进献。郑一钧称，此事在当时被认为是体现了明初对海外诸国外交方针已初步实现的重大事件。

郑一钧介绍说，"麒麟"在非洲只是寻常动物，在中国却千载难逢，且中国之古视麒麟为瑞兽，赋予神秘色彩，据说只有太平盛世才会出现。更何况这"麒麟"是当时视为位于"际天极地"之远方国家麻林所献，是明王朝声威与德望远扬四海的象征，所以，当麻林国使者来献"麒麟"之际，整个明朝宫廷都轰动了。

在麻林国使者进京那天，明成祖朱棣亲往奉天门主持欢迎仪式，文武群臣竞相祝贺："陛下圣德广大，被及远夷。"诏翰林学士沈度写了一篇《瑞应麒麟颂》，此文以工笔小楷抄在图上，又命宫廷画师画下"麒麟"图像。600年过去了，这张《明人画麒麟图》仍然完好地收藏在台北故宫博物院的画库中，为所贡"麒麟"留下最真实的记录。大臣夏元吉写了一篇《麒麟赋》中描绘道："主骨神异，灵毛莹洁，霞明龙首，去拥凤臆。星眸眩兮昆耀，龟文灿兮煜熠。牛尾拂兮生风，麇身动兮散雪，蹴马啼兮香尘接腕，耸肉角兮玉山贯额。"

麻林贡献"麒麟"所受到的重视，难免激起一阵"麒麟"热。郑和的船队除了发动各国前来贡献，更不遗余力地自行搜购。郑和第五次出使回程时，忽鲁谟斯的使者带来了"麒麟"，永乐十九年（1421），郑和六下西洋，这次未能发动外国贡献"麒麟"，但从阿丹（今亚丁）买到一只，于永乐二十年带回中国，郑和的第七次出使，再次买回一只"麒麟"。

献"麒麟"是中非传统友谊最好的见证，郑一钧认为，从"麒麟"可以看到中国与非洲诸国间的传统友谊源远流长，郑和下西洋把中国与非洲各国间的传统友谊发展到一个新的阶段。麻林国遣使来中国贡献"麒麟"，是郑和下西洋所取得的一个重大成就，显示出郑和使团首次对东非沿岸国家所进行的访问取得了圆满的成功。其时正值永乐朝鼎盛时期，郑和使团对东非诸国的成功访问，成为明朝强盛时在海外关系上取得重大进展的重要标志。

郑和船队还有仪仗队

郑和船队的海上威慑，是以海上强大的实力为后盾，以威武之师、雄壮之师、和平之师求得"不战而屈人之兵"之功效。

郑和船队的海上力量无疑为世界上第一流的，那个时代，船队的庞大、士兵的众多、武器的精良、士气的高涨，是强大的标志。

在郑和船队中，还有一支威武雄壮的仪仗队，其成员是由当时舟师中的官校、旗军、勇士、力士等组成。这在《明史·兵志》中都有详细的记载。

仪仗队的任务是壮声威、扬国威。郑和船队每到一国登陆时，这支仪仗队便行使其职能。其"服饰灿烂"，"乐师为云"，彩旗飘扬，刀光剑影，给人以心理上的威慑，使之望而生畏。

这支仪仗队表明了郑和船队的海上威慑不只是一种物质行为，同时是一种意志表达的思维行为，其奥妙在于充分利用郑和船队的直观显实力、快速机动能力、较强的打击能力，把海上实战与心理战巧妙地融为一体，不仅宣扬了明朝的强盛，震慑了敌对势力，而且避免了武力冲突，维护了海上和平。

南京郑和文化是如何形成的

南京郑和文化的形成，是与当时南京的都城地位分不开的。范金民、刘迎胜说，郑和下西洋时代南京是都城。其时的中国还保持着持续发展的势头，一定程度上是世界特别是东方世界的中心，南京实际上是国际大都市。

范金民、刘迎胜考证说，南京是郑和下西洋的始发地，同时是郑和使团所需物质的生产地。南京郑和文化的形成，是郑和在南京长期活动的直接产物。郑和自侍事燕王朱棣，跟从起兵有功，累升至内官监太监，后担任南京守备。自永乐初年直到宣德八年的 30 年间，除了出海远航，郑和基本上在南京度过，南京成为郑和建功立业和长期居住的第二故乡。南京郑和文化的诸多内容，就是郑和在南京活动的珍贵记录。

范金民、刘迎胜举例说，南京龙江宝船厂是明代最大的造船厂，不但是建造郑和下西洋宝船的大型船厂，也是收藏下西洋所得宝物的地方；南京大报恩寺是由郑和于第六次下西洋回南京后督造完工的；南京静海寺及其残碑成为明初郑和大规模远航活动的见证；南京天妃宫因郑和下西洋首航归来而建，使南京的宗教文化因此更加丰富；南京渤泥国国王墓构成中国对外友好的重要篇章，也成为南京郑和文化的璀璨明珠。还有郑和墓、郑和府邸、净觉寺等，无不闪耀着南京郑和文化的光彩。

南京孕育了郑和文化，同时，郑和文化也极大地丰富了南京文化，凸显了南京城市文化特色。范金民、刘迎胜概括说，第一，南京郑和文化区别于其他地域文化的是走向海洋，面向世界文明，是长时间、大规模、远距离的郑和七下西洋而形成的；第二，充分体现了睦邻友好，和平交流，影响了中国和世界的文化进程；第三，无论是体势巍然的宝船还是举世无双的大报恩寺琉璃塔，都展示了南京郑和文化的气势宏伟，美轮美奂；第四，在于它的独一无二，无与伦比；第五，在于它的兼容并蓄，开拓进取，敢为天下先。

范金民、刘迎胜指出，郑和精神在激励和影响着每一位中华儿女。郑和文化是南京不可多得的宝贵财富，必将得到发扬光大，激励南京人民奋发向上、开拓进取、创新创造。

郑和下西洋使中国成为"礼品王国"

郑和船队给所经过的国家带去大量的中国瓷器、铜器、铁器、金银和各种精美的丝绸、罗纱、锦绮、纻丝等丝织品，同时换回了亚非各国的许多特产，如胡椒、象牙、宝石、染料、药材、硫黄、香料、椰子以及长颈鹿、狮子、鸵鸟、金钱豹等稀贵动物，广泛地促进了中国与亚非国家的经济交流，使中国成为"礼品王国"。

郑和船队每到一地，都以友好的态度交流所带的货物，从事平等贸易。同时了解当地的风俗习惯，尊重当地人民。如在古里，他们依照当地习惯，交易时在众人面前拍掌为定，"或贵或贱，再不悔改"。给那里人民留下良好的印象。

第三次出使到斯里兰卡时，还把大批金银供器、彩妆、织锦宝幡等施舍给岛上的寺院，并建立石碑留念。所到之处，受到各国人民的欢迎。如婆罗洲人民，"凡见中国人去其国，甚为爱敬，有醉者则扶归家寝宿，以礼待之，如故"。直到今天，索马里、坦桑尼亚等国，还把当地出土的明代瓷器，作为同中国人民传统友谊的象征。

郑和的船队负有友好往来的任务，带去大量礼品，沿途拜访各国、各地的头目。比如船队到达第一站占城时，当地国王听说大明天子的特使到来时，十分高兴，骑着大象，身穿五彩礼服，头戴锦花金冠，带领群臣前往码头迎接郑和一行。当郑和递上国书时，更是受宠若惊，以国宾之礼相待，到其他地方，郑和也同样受到隆重欢迎，除互赠礼品外，还进行贸易，以中国的土特产换回药材、香料、宝石、染料以及虎、狮等珍稀动物。

郑和下西洋影响了海外的茶风

郑和七次下西洋，所到之处，加强了中国和各国之间的往来，发展了包括茶叶在内的中国大批货物和各国货物之间的交换，扩大了中国茶叶的输出量和茶种外传的地域范围，对东南亚和东非的饮茶风俗起了推动作用。

在明朝以前的古籍资料中，很少发现记载中国茶叶出口的。而明朝以后的文字资料，才不断地出现并影响了海外的茶风，海外有关亚非各国饮茶的风尚习俗时有记叙，以后也逐渐有了种茶、制茶的行业。

据说这个"茶文化"，也是随郑和七次下西洋由中国传到海外去的。英语的"茶"字，写成"Tea"，就是根据中国福建方言"茶"字的读音译过去的。郑和船队有不少福建人，而福建人自古以来就有饮茶、品茶的习惯。有些福建人后来就留在东南亚没有回来，成为明朝以后的一代福建华侨。就是这些福建华侨跟随郑和下西洋，把中国饮茶的习惯和种茶、制茶的技术带到了东南亚各国，把中国的"茶文化"传播到海外。

同时，波斯（今伊朗）商人、西欧人东来航海旅行，加上传教士的中西交往，把中国茶叶传往西方，为后来中国茶叶大量输入欧洲做了宣传和舆论准备。

郑和是建筑工程专家吗

众所周知，郑和是伟大的航海家，但他在建筑上也很有造诣，这就鲜为人知了。孙宗文说，郑和是内官监太监，主要负责宫廷、塔寺、陵墓等工程方面的事务。天长日久的过问，加上他的天赋和钻研，在建筑方面不断有所建树，堪称是一位建筑工程专家。

孙宗文介绍说，郑和出访西洋各国时，抽空在当地建筑中国式的城池、庙宇、寺塔，把中国的建筑艺术介绍到海外去。在马六甲山峰就有一座三宝城，充满中国文化的韵味。马六甲建造王宫时第一次使用的砖瓦，是郑和船队从福建载运过去的，砖瓦泥工也同随而去。于是，马六甲人也学会了制砖做瓦、建造房屋的技术。在泰国等地有郑和建的三宝寺塔等建筑遗迹。

郑和每次出海，都十分留心观察西洋诸国各具特色的建筑风格和雕刻艺术，并善于借鉴其精华，引进国内来。如福建闽侯著名的雪峰寺，是中国佛教历史上颇具影响的禅寺。在明朝永乐中期，郑和从南洋携来两座瓦塔，安放在这座寺庙前。该塔早已毁坏，遗址尚在。

郑和六下西洋之后，明成祖朱棣已死，航海停了下来，郑和只能发挥他在建筑上的才华了。大报恩寺为明代南京名刹，位于中华门外一里的古长干里，即今长干桥东南，雨花路东侧。该寺前身为天禧寺。郑和在下西洋停滞期间驻守南京，曾奉敕负责主持修缮南京皇宫和续建大报恩寺琉璃工程，该琉璃塔光彩璀璨，蜚声中外，成为中国佛教文化的一朵奇葩。

据郑一钧介绍，永乐十年（1412）明成祖以纪念明太祖和马皇后为名，实际上是为了纪念他的生母硕妃，下令在天禧寺旧址之上兴建大报恩寺和九级琉璃宝塔。整个工程用了 16 年，征调军匠夫役 10 万多人，所费钱粮折银近 250 万两。

　　大报恩寺琉璃塔从动工起，直到 16 年后的宣德三年仍未完工，于是郑和受宣德皇帝之命主持续建。该寺建筑占地面积周长九里十三步，整体建筑群施工精细，先钉满粗大木桩，然后纵火焚烧，变成木炭，再用铁轮石滚压夯实，以保证地基的抗压力。木炭上加铺一层朱砂，可防湿杀虫。寺内建筑以天王殿和大雄宝殿（即硕妃殿）为主体，共有殿阁 20 余座，画廊 118 处，经房 38 间。

　　郑一钧评价说，大报恩寺琉璃塔建筑极其完美，集明代以前中国建筑艺术精华于一身，其中以大雄宝殿和四天王殿最为壮观，下墙、石坛及栏杆，都用汉白玉砌成，雕镂得非常别致。整个建筑群殿阁重重，宏伟壮观，精巧绝伦，世间无比。

　　琉璃塔原建于大报恩寺内，位于硕妃殿之后，八面九级，高三十二丈九尺四寸九分，全部用白石和五色琉璃瓷砖砌成。白瓷砖嵌于塔的外壁，每块瓷片中央都有一尊金刚佛像，塔上下有镀金佛像千万尊，每一尊佛像用十块琉璃砖拼成；每层塔楼均用五色琉璃构件，其中黄绿相间的拱门上，飞天、雷神、狮子、白象、花卉等图案，色彩绚丽；每层塔心，昼夜点燃"长明灯"，入夜灯光十里可见；八个角都垂挂风铃，风吹铃响，远近皆闻。此塔是当时南京最高的建筑，登上塔顶，钟山、大江尽收眼底。为明代南京的标志，被誉为中世纪世界七大奇观之一。

　　琉璃塔的结构复杂，除贯顶的大木刹柱外，则不施寸木，各项预制构件众多，琉璃釉色绚丽多姿，构件烧制和现场施工费工费时，难度极大。郑和遵旨必须限时完成，任务十分艰巨。相传琉璃砖一式三份，依序编号，一份建塔，两份埋在地下备用。全塔上下浑然一体，金碧辉煌，"高出天表，数十里外可望见"。永乐时，"国外蛮夷，重译至者，百有余国，见报恩塔，必顶礼赞叹而去，谓四大部洲所无也"。但琉璃塔已毁于太平天国时期。

　　郑和充分发挥主持修缮建筑工程的卓越才能，带领 1 万多名下西洋的官军投入建塔工程，使整个工程进展迅速，竟在 1428 年六月十六日奇迹般地完成了。这座琉璃塔在建筑工艺和建筑材料上，比以往有较大的发展，既承先，又创新，表现出高超的技术水平。清乾隆皇帝曾偕同皇太后数下江南，看了南京大报恩寺的琉璃塔和杭州的六和塔，赞不绝口。乾隆年间，在皇太后的旨意下，在承德避暑山庄也仿照了一座永佑寺塔。

大报恩寺琉璃塔在当时便以其宏伟壮丽，令海外各国赞叹不已，认为是举世无双的。它的完美建筑还影响到欧洲。《造园史纲》中提及："法国路易十四仿南京琉璃塔，于 1670 年在凡尔赛建造富有中国情调的蓝白瓷宫。"

然而，最酷似琉璃塔的莫过于晚它十年左右建造的南京牛首山的弘觉寺塔，简直是琉璃塔的一个缩影，不同的是它是用普通青砖造的七级浮屠。郑和还奉命修缮南京宫殿等建筑营建的项目，体现出他非凡的建筑才华。

什么是郑和精神

云南大学、云南社科院的一些专家普遍认为，郑和作为一位伟大的航海家，600年来受到包括故乡云南各族人民在内的全球华人的尊承和敬仰，除了郑和七下西洋的航海壮举表现出来的各方面业绩外，很重要的一点是他作为东方人伟大的人格力量和种种卓越精神，内容极为丰富。概括起来，表现在以下几个方面：

忍辱负重，献身国家。郑和出身名门，一生虽然离奇而又艰难，但他对祖国却充满着深沉而又真挚的热爱。他幼年蒙受战乱，成为明军俘虏，惨遭阉割之刑，在他幼小的心灵蒙上了一层永远挥之不去的阴影。然而，他从34岁起，就奉命七下西洋，将宝贵的青春和一生献给了祖国的航海事业，这正是郑和忍辱负重、不计前恨、顾全大局、献身国家的高尚人格魅力。

英勇顽强，不屈不挠。当郑和走进茫茫大海，面对长距离海上航行危险随时可能降临，面对穷凶极恶的倭寇、海盗的挑衅和袭击，以及各种疾病所造成的威胁时，他历经磨难，几乎每一次都经历了无数的惊涛骇浪，狂风暴雨，但郑和勇敢地屹立在潮头，把东方男子高大伟岸、气吞山河的人格魅力留存在他驰骋28年所到过的沿途各国，为中国人赢得了骄傲。

勇于开拓，征服海洋。郑和七下西洋行程在10万里以上，遍及亚非30多个国家和地区，其航程之远，在当时世界上绝无仅有。郑和的分船队已绕过厄加勒斯角、好望角，进入大西洋深入西南非洲沿岸，向东则由爪哇越过赤道进入太平洋。中国人在这广阔的海域上航行，是郑和船队对人类文明所做的一项开拓性的贡献。郑和不愧是世界上最早的洲际航海家，是人类征服海洋的先驱者和开拓者。

坚定不移，勇往直前。当永乐皇帝驾崩，朝廷对郑和下西洋的功劳始终没有明确肯定时，郑和在南京苦守了六年，始终"位卑不敢忘忧国"。当明宣宗再次下决心准备下西洋时，郑和已年过六旬，老骥伏枥，死而后已，欣然领旨，再度出洋，在大海里走完了人生的最后旅程。不难想象，一位年过花甲的老人，站在船头，指挥船队，是一个何等壮观的场面。

云南少数民族学者称，郑和作为一名回族人，为了中华的辉煌，最终回归大海的怀抱，绘就了一幅何等壮烈的画卷。郑和的一生，把中国封建社会存在的皇权和宰割，把西洋各地存在的野蛮和险恶，统统隐藏到内心深处，站在船头昂首挺胸，劈风斩浪，勇往直前，创造了中华的辉煌、世界的奇迹。这需要多大的勇气和人格的力量，他是少数民族的骄傲。

郑和是中国与亚非国家经济文化交流的使者

香港陈文兴说，郑和七下西洋先后到过 30 多个国家和地区，与这些到访的国家和人民进行了非常广泛的接触，为推动中国与亚非国家和地区的经济文化交流做出了十分重要的贡献。在南洋等地，有颇多地名冠以"中国"二字，例如北婆罗洲的中国河、中国寡妇峰，拉恩布岛的中国河等，这些名称是郑和七下西洋留下的文化印记。

陈文兴还讲述了许多有趣的事例：

郑和教占城人种出一年三熟的稻米，又将中国的药物、种子在这里下种，甚至教占城人做豆腐。由于占城常常涨水，民居常被水淹，郑和便教他们建造四只脚的房屋。此外，占城国王也向郑和请教铸钱技术，使占城铸出本国的货币。

暹罗（今泰国）人本晓种稻米，郑和教以梯田耕作，种出量多质佳的米；又教人不用矿盐，改用碘质较少的海盐；传入重腿功的拳术，发展为泰拳；又在暹罗发现坚硬的紫檀木，运回中国用以造船。明代时的满剌加乃蛮荒之地，于是郑和便提供农具，开井引水，教民耕种，并教导当地人建屋。郑和教导这两地人民建屋和耕种，取回如金银香、降香、沉香、黄蜡等防疫性的焚烧香料。郑和更传授印尼苏门答腊人弈棋（围棋）及皮影戏。

郑和教导锡兰人饮茶，教导印度人纺织；又因印度天气炎热，易生疲疴，郑和便教当地人刮痧，引病外出，此后这方法便在印度流行。此外，榜葛剌国（孟加拉）向郑和进贡"麒麟"，郑和带回中国，举国欢腾。郑和又从印度带回与佛教有关的艺术品，如"进献香雕缎裹漆观音圣像之尊"。在锡兰，"王宫侧有佛牙精舍，饰以众宝，晖光赫奕，累世相传，敬礼不衰"。郑和出使时迎请佛牙归国。

阿拉伯人向郑和的随员医生学习诊脉方法和药理，并用阿拉伯文著述成书，其后辗转传入欧洲。郑和则从当地带回"回青"，使中国制瓷技术得以改进，制成明代的青花瓷。此外，更将玻璃制的眼镜、玻璃瓶，甚至烧制玻璃的工人一起带回中国，明代北非等地的土人，仍过着原始生活，郑和教他们种茶、种稻、种棉、种草药、提蚕、造帆船，甚至在草屋外加屏障防兽等。有趣的是，郑和随员的牙医，不用钳子，只用三只手指在坏牙地方握紧，运用气功，大喝一声，牙齿就被拔掉。这曾名震北非。

陈文兴说，郑和在印尼留下不少遗迹和传说，同时把中国的故事、传说介绍给印尼人民，又把包括印尼在内的各国文化介绍给中国人民。在印尼巴厘岛巴都尔村纪念郑和厨师的庙里，至今还保存着刻写了中国传说的铜铸香炉，绣着黄龙的三角旗和中国明朝的铜钱，这都是中国文化的一部分，中国的建筑艺术传到西洋各国，也与郑和大有关系，在印尼三宝垄有一些名为"三宝垄式"房舍，其屋顶与中国房舍的屋顶有类似之处。印尼原住民居住这种"三宝垄式"房舍，表明他们对中国风格的建筑给予应有的评价。

郑和出使西洋时，一方面，把中国的佛教建筑技术传到国外，曾帮助暹罗建造三宝塔和西塔；另一方面，在真腊和吴哥，郑和考察其古寺建筑风格和布局，为回国后修建南京大报恩寺创造了条件，其琉璃宝塔受到海内外人士高度赞赏。郑和还把国外寺塔建筑移植到中国来。福建闽侯凤凰山南苑的雪峰寺（又名崇圣寺），明永乐年间郑和曾从南洋携来瓦塔两座，安置在寺前。现塔虽不复存在，但原址尚在。

陈文兴介绍说，郑和下西洋时还注意观察佛教绘画艺术，把西洋各国的佛教美术传到中国来。比较著名的纪念品是陈列在南京静海寺的"水陆罗汉像"，这幅带有浓厚宗教色彩的艺术品，直到明万历年间仍珍藏完好。中国的"陶瓷文化""丝绸文化"也随着郑和下西洋广泛地传播到亚非各国。

苏州才子冯梦龙、祝允明能为孟席斯佐证吗

英国人孟席斯对中国明代郑和航海的研究引起全球的震惊。他所持的郑和船队是人类第一支环球航行并首先到达南美洲的船队这一见解，虽然是一种推测，但不无道理。有学者考证认为，孟席斯面对的最大难题是缺乏支持他的结论的文献资料，而明代苏州才子留下的资料，似乎能为孟席斯的见解提供重要佐证。

一则见明朝冯梦龙（1574—1646）《智囊》一书中记载。明英宗天顺年间（1457—1464），英宗（朱祁镇）好宝玩，有宦官出主意说，30年前宣宗宣德年间（宣德五年，1430年）曾派遣三宝太监出使西洋，获得无数珍奇宝玩。英宗就令宦官到兵部去查找三宝太监当年到西洋的海上线路图。兵部侍郎刘大夏得知，就把有关资料找出，偷偷藏起来，使宦官找不到这些资料。兵部尚书项忠要追查文书的下落。刘大夏就对项忠说：当年下西洋花费了几十万两，军民死了数万人，是当年的弊政，那些文书应当销毁，以除"病根"，项忠听从了刘大夏。

《智囊》所记的史实是可信的。从这则记载可知，郑和确实留下了航海图和其他航海资料，而他最后一次（宣德年间）航海的海图等资料被刘大夏从兵部偷走了，而且几乎可以肯定被他销毁了。

另一则见明朝祝允明（1461—1527）所撰《野记》，所记不长，内容如下："正德辛未岁（1511年），巴喇西国遣使臣沙地白入贡，言其国在南海，甚远。始领其王命，在洋舶行凡四年半，被风飘至西澜海面，舶坏，唯存一脚艇。又在洋飘风八日，至得吉零国（今孟加拉北部），住十一个月。又往地名秘得（今不丹）住八个月，乃遵路行二十六日至暹罗国。以情白王，王赐日给，又与妇女四人，住彼又四年。至今年五月，才附番，人奈林船入广。其所贡：木闸六枚、内金叶表文、祖母绿一块、珊瑚树四株、玻璃瓶四把、玻璃盏四个及玛瑙珠、胡

里丹。"

这则记载与郑和航海无直接关系。其中值得注意的是巴喇西国。在参与郑和航海的马欢、费信所著的《瀛涯胜览》和《星槎胜览》中，均不见"巴喇西"。使臣沙地白说其国"在南海"，而不是在西洋。计算一下单程航行时间，他用了五年多，比郑和船队航行到东非再返回的时间还要多一点。可见这"巴喇西"极远，离中国的距离相当于中国到东非距离的两倍以上，这就应该是美洲了。而"巴喇西"应该就是巴西。这就可以解释为什么沙地白说其国在"南海"，而不是"西洋"了，因为巴西在南半球，到中国来是向北航行。至此，可以得到一个结论：早在1511年，南美洲印第安人就已航行到了亚洲，到达锡兰、泰国、中国，巴西就已同中国有了外交联系。

巴喇西使臣沙地白是受巴喇西国王派遣，出使中国的，带有国书（即金叶表文）和贡品，是一次正式的外交活动。他途中曾滞留多国，历时十来年，最终到达中国递交国书，可见出使的目的地是中国。就是说在公元1500年以前巴喇西国就已经知道中国，并且有与中国交好的强烈愿望，而且已掌握到中国去的航海线路，当然还具备了相当发达的造船和航海技术。西方的航海家哥伦布虽然于1492年到达了美洲，但他没有到过中国，不可能使巴喇西产生与中国交往的愿望。唯一可能的解释就是：在公元1500年以前中国人已到达过南美洲，到达了巴喇西，带去了国书和瓷器等礼品，当然还有航海图，并与巴喇西友好交往。那么，在15世纪能到达美洲的，只有郑和指挥的船队，也只有他的船队能代表明王朝往各国"开读赏赐"，而他最后一次航行是1430年出发的。15世纪到16世纪初，西方殖民者还没有大举入侵南美洲，南美洲还完全是印第安人的天下。巴喇西是印第安人的大国，物产非常丰富，已有相当发达的文明，这使得它有能力进行环球性的航海。

祝允明的记载为孟席斯的见解提供了重要佐证，问题的另一半是找到直接证据，尽管很难，但仍有蛛丝马迹可寻。研究郑和航海的有关史料时，有两点值得注意：一、即使是最详细的《瀛涯胜览》和《星槎胜览》，也不是郑和航行的全部记录，有很多活动在已知的文献中并没有记载。因此，不能认为没有记录的就没有发生过；二、郑和航行并不是船队所有船只都一起行动，而是经常派出分队到一些国家去活动，有几次船队被飓风吹散，有些船就失踪了，祝允明在另一部书《前闻记》中摘录了有关宣德五年郑和第七次航行的一些情况，可惜他没有全部照录，只是"漫记其概"。在《瀛涯胜览》和《星槎胜览》中也经常说到分往某国的事。至于船队飘散，也有记载，刘大夏就说宣德年间那次航行死了数万人。其实并不是都死了，有失踪的，有些船漂航到美洲的可能性是存在的。明朝的文献档案，尽管散失了不少，但留存到今天的仍然浩如烟海，整理出来的只是很少一部分，丰富的明朝文献中，有可能埋藏着有关中国人到达美洲的记载。但要整理、研究全部明朝文献档案，按现在的整理速度，据专家估计还要 100 多年。

郑和下西洋发展了妈祖文化

台湾刘达才认为，郑和下西洋得到妈祖的庇护保佑，妈祖的神位随郑和下西洋漂洋过海，扮演了重要的角色，同时郑和下西洋也发展了妈祖文化。

妈祖是宋朝人，她孝道济世的海上救灾救难的博爱精神，广受民间崇仰和爱戴，她的传奇故事，中国沿海各地民众更是耳熟能详，是为海峡两岸所敬仰的守护航海的女神，已有上千年的历史。从宋、元、明三朝，历代都有诰封，被尊称为天上圣母。

刘达才说，由于台湾先民是渡海来的，得到妈祖的庇护最多，故妈祖庙宇在台湾到处可见，且奉祀最盛。奉祀妈祖之庙称"妈祖庙"或"天后宫"。历传以福建莆田湄洲岛妈祖庙、天津天后宫和台湾北港妈祖庙为三大祖庙。每年妈祖诞辰，台湾岛上民众进香绕境，出现争相跪拜、万人空巷的盛况。

刘达才说，民间流传妈祖圣绩的故事甚多，相传妈祖对郑和下西洋有莫大的功劳。郑和每次出航前，必率官兵祭拜妈祖，每条船上供奉妈祖神位。郑和为感念妈祖的恩泽，每次从西洋返回均上奏朝廷予以褒扬诰封。郑和下西洋期间，郑和曾立有三块石碑，海峡两岸许多学者考证认为，这三块石碑的确是研究郑和与妈祖文化的第一手资料。碑文记载的内容相当确实、合理，可信度很高。

刘达才称，妈祖的圣绩和救灾救难的博爱精神，形成了妈祖文化，也就成了海峡两岸及港澳同胞共同弘扬的海洋文化，在华人地区广为民间大众认同的信仰。在世界海洋的历史上，妈祖庇护保佑郑和下西洋，郑和下西洋又发展了妈祖文化，应该也是一段佳话。

郑和下西洋船上栽种蔬菜和生姜

台湾营养专家章乐绮考证，郑和下西洋2.8万余人的船队的食物，除不易腐烂变质的晒干腌渍的果菜、肉类和水产以外，还在船上栽种蔬菜、生姜和养殖禽畜。

在"洪涛接天，巨浪如山"的大洋大海航行两三年，2.8万余人能吃到蔬菜吗？章乐绮依据明朝初年马欢所著《瀛涯胜览》，考证郑和船队携带上船的食物，除了盐、酱、茶、酒及饮用水之外，还包括较不易变质的干货，如米、麦等谷物、豆类，晒干、腌渍等处理过的果菜、肉类和水产等，出海以后，生鲜水产可就地捕钓，养在船舱，部分蔬菜及禽畜在船上栽种养殖，而且有专人负责种植，大量的新鲜蔬果、肉类及饮用水等上岸时补给。

《瀛涯胜览》记述，郑和船队沿途有多种蔬菜可以食用，包括各种瓜类、茄子、胡萝卜等耐存放的蔬菜，葱、姜、蒜、韭等辛香调味料。叶菜类只提到芥菜一种。水果主要是热带水果，像椰子、榴莲、山竹等。

新鲜的蔬菜、水果含有丰富的维生素，一旦缺乏就会引起坏血病等疾病。由于船员众多，蔬菜的自然生长不能满足全体船员的需要，郑和就下令让每艘船只都储备一桶桶的泡菜，来解决缺少新鲜蔬菜的问题。这种经过加工处理的泡菜富含抗坏血病素，还可以长久保持不变质。因此，每到一地，郑和就让人上岸采买各种鲜果、蔬菜，以提供船员食用，把多余的蔬菜精制成泡菜，以备长久离岸食用。

如今被称为海洋中的保健蔬菜的紫菜，在当时也已经被广泛食用，紫菜不仅营养与药用价值高，而且可口，容易消化，所含维生素十分丰富，还含有较多的钙、磷、铁等无机盐类和多种氨基酸，味特鲜美，有甘露醇、鱼松味和甜味。郑和在当时可能还不一定了解紫菜的营养保健功效，但他让船员经常食用，起到了清热、补胃、利水肿的奇特效果。

据《台湾府志》及《凤山县志》记载，郑和第七次下西洋返航时，曾在沿途停靠并种植生姜。郑和种植生姜不仅解决了船员的食用，抵御风寒，而且给各地送去先进的生产、生活用品，传播了中国先进的生产技术，所谓"导以礼义，变其夷习"。

郑和船队人员吃什么

郑和率领庞大的船队七下西洋，每次航行长达二三年，人数多达二万七八千人，如此庞大的队伍如何解决吃饭问题呢？当时随郑和下西洋的马欢、巩珍等人做了记录。

郑和船队的主食以米、麦为主，可用以做粥、饭的豆类、黍、稷、粟等次之。米、谷在郑和远航所经之地多有生产，如中南半岛、爪哇岛、苏门答腊岛及印度半岛等地，但一些热带地区却"无大小二麦"。阿拉伯半岛兼产米、麦，古里、忽鲁谟斯虽有麦贩售，然并非该地出产。船队所经之地，部分地区米、麦全无，到达这些地区的船员可能不免口腹受苦。

船队的动物性蛋白质的来源，主要包括畜肉、禽肉、水产及奶酿等，马欢记述的地区都位于海岸线上，或在沿海溯流而上的河岸边，居民通常以渔为业。中国人摄取的肉类一般以猪、鸡为主，而回教徒忌吃猪肉。郑和船队所到之地，除中南半岛、印度半岛、锡兰等地，多信奉回教，故食用禽畜肉类，舍猪、牛，而就鸡、羊。猪的记录只见于占城、那孤儿、榜葛剌，以及中国人聚居的爪哇、旧港，比较特别的是古里还有鹿、兔，祖法儿有骆驼肉。乳类及奶酪较不普及，只见于苏门答腊、锡兰及古里。

郑和船队食谱中蔬菜种类繁多，各式各样的水果提供了丰富的维生素 C。马欢有关食物的记述中，以蔬果种类最为繁多，依类别归纳有三大类，包括：瓜类（冬瓜、黄瓜、菜瓜、小瓜、葫芦）、茄子、萝卜、胡萝卜等，这些都是耐存放的菜蔬，推估是带上船的主要菜色；另一类为葱、姜、蒜、胡荽、韭、薤等辛香菜类，是用于调味或烹调用佐料。

至于中国饮食中重要的叶菜类，在中南半岛等四季草木常青之地，应该生产有各样品种，但马欢的《瀛涯胜览》中却只提到芥菜一种，大概由于芥菜的生产以长江流域及南方各省较多，是会稽人士马欢所熟悉，不仅可供新鲜食用，且可腌制成酸菜、雪里蕻、梅干菜等，其他叶菜类未尽可供加工之用。

水果类在爪哇、马来半岛及印度半岛等地区主要为椰子、芭蕉、甘蔗、西瓜等，还有一些是热带特产的水果，马欢对这些陌生的水果做了翔实逼真的描述，色香味历历如现，这些水果至今仍盛产食用，他并且注意到在这些地区"无桃李"的现象。

在干旱沙漠型气候的阿拉伯半岛，生产的是另一类水果，主要有石榴、花红、西瓜、甜瓜以及晒干而成的椰枣与葡萄干等。马欢所称的"果"尚不止水果，还包括种子、坚果类的松子、杏仁、核桃等，这些都出产在阿拉伯半岛，可提供蛋白质与脂肪，其营养价值异于水果提供维生素 C 及纤维质的功能。

调味品方面，忽鲁谟斯盛产岩盐，锡兰、古里以椰制糖，沿途均未曾提及醋及茶，郑和船队饮食融合"东洋""西洋"各种风味，促进了东西饮食的交流。曾随郑和远航的巩珍在《西洋番国志》所附的敕书中，对郑和船队出洋调味品和佐料准备有如下之记载："下西洋去的内官合用盐、酱、茶、酒、油、烛等件，照人数依例关支。——永乐十九年十月十六日。"

郑和船队行经之地多在热带，即使在冬季腊月，温度也多高于 20℃，为持续预防食物腐败变质，载运上船的食物除可趁新鲜食用者外，大多必须是经得起存放。明初之时食品加工方法，已能处理保鲜期短暂的食物，如将肉类、水产、蔬菜以盐、酱、醋、酒糟腌制，或烟熏、晒干；将水果曝晒制成果脯，或以蜜、糖渍，或用火焙。因此携带上船的食物，除了盐、酱、茶、酒及饮用水之外，应当包括不易变质的米、麦等谷物、豆类，还有加工处理过的果菜、肉类、水产以及醋、蜜、糖等调料。

郑和船队出海之后，除了库存食物，水产类可就地捕钓，并在船舱中以活水养殖；家禽类可在船上畜养；蔬菜亦可在船上栽种，按 14 世纪上半叶北非丹吉尔旅行家伊本·白图泰在《游记》中的描写，当时往来印度洋的中国船只，其船员常在木盆中栽种蔬菜、生姜，提供日常食材。然而船上的产量毕竟有限，大量的新鲜蔬果、肉类及饮用水，势必待上岸时补给，尤其是不可或缺的淡水，正如巩珍在《西洋番国志》的自序中所述："缺其食饮，则劳闲弗胜，况海水卤咸，不可入口，皆于附近川泽及滨海港湾，汲汲淡水。水船载运，积贮仓粮舟者，以备用度，斯乃觅急之务，不可暂弛。"

郑和船队人丁众多，督导饮食制备、调度食勤庶务人力、靠岸时补给采购以及食品保鲜贮存等，皆需庞大的管理作业；而保障粮食供应以维持数万船员健康的体魄，方得完成七次长程远航的。

榴莲是郑和命名的吗

榴莲虽其貌不扬，但剥开果皮，那一瓣瓣黄色果肉香味浓郁，久久不散，让人难以忘怀。原籍福建的柯先生号称"榴莲博士"，对榴莲颇有研究。他说，此果是郑和下西洋时命名的，榴莲与流连同音，华人吃了，对祖国流连忘返。

柯先生介绍说，明朝三宝太监郑和率船队三下南洋，由于出海时间太长，许多船员都归心似箭。有一天，郑和在岸上发现一堆奇果，开始大家不知何物，都不敢吃，郑和拾得数个同大伙一起品尝，岂料多数船员称赞不已，竟把思家的念头一时淡化了，有人问郑和，"这种果叫什么名字"，他随口答道："流连。"以后人们将它转化为"榴莲"。

榴莲是驰名的优质佳果，产自东南亚诸国。柯先生说，近年来，马来西亚、泰国大力发展该品种，产量逐年上升。榴莲，属木棉科常绿乔木，树高 15 至 20 米。叶片长圆，顶端较尖，聚伞花序，花色淡黄，果实是球大小，果皮坚实，密生三角形刺，果肉是由假种皮的肉包组成，肉色淡黄，黏性多汁，酥软味甜，吃起来有雪糕的口感。榴莲果肉中含淀粉 11%，糖分 13%，蛋白质 3%，还有多种维生素等，营养相当丰富。一个榴莲顶三只鸡，柯先生说，马来西亚、泰国人病后，妇女产后均以榴莲补养身子，当地人都视其为"热带果王"。

柯先生说，对榴莲的味道是存在争议的，有人赞美它滑似奶膏，齿颊留香，垂涎欲滴，爱之如命。有人感觉它臭如猫屎，不堪入鼻，绕道而行。据《海岛逸志》记载，榴莲树如洋桃，实大如柚，剖之，内颗颗如鸡蛋，色白如核，其香浓不堪；妇人嗜之，华人且掩鼻而过焉。

榴莲周身是宝，榴莲果壳煮骨头汤是很好的滋补品，据说其果核的营养价值和药用价值更是了得，被产地人视为珍宝。有些高级官员出国访问都要带榴莲作为高尚的礼品。马来西亚、泰国曾有这样一句民谚:"榴莲出,沙笼脱。"意思是姑娘们宁愿脱掉裙子卖掉也要饱尝一顿榴莲。

榴莲的品种有金忱、甲仑和青尼等,尤以金忱品质最好,最为名贵。购买榴莲时一定要先问清品种,不要用金忱的价买了甲仑或青尼。成熟后自然裂口的榴莲,时间不能太久,当嗅闻时有一股酒精味时,一定是变了质的,千万不要购买。马来西亚生的榴莲采摘后放不熟,一定要自然成熟,马来西亚人榴莲当菜吃,但不能下酒,否则会中毒。

未开口的榴莲,不成熟的有一股青草味,成熟的散发出榴莲固有的香气。当购买了未成熟的榴莲,回家用报纸包住,点燃报纸,待燃完后再另用报纸包好,放在温暖处,两天后能闻到香味证明已经成熟,想吃时提起来在地上轻摔,摔出裂口,从裂口处撬开即可食用。初吃者可用软物塞住鼻子,只找口中的感觉,千万不要嗅闻其味,三四次后再大胆地嗅闻,那时会感到只有醉人的芳香。榴莲虽好,但一次不可多吃,因其丰富的营养,肠胃无法完全吸收时,将会上火。

鱼翅的吃法源于郑和船队

中国是一个烹饪大国，中华文化中的美食文化也是世界独具特色的。郑和下西洋之后，又大大地丰富了中国美食文化的内涵。原籍福建的泰国华侨陈先生说，据陈存仁《津津有味谭》记载，鱼翅的吃法是随三宝太监郑和下西洋的福建人引来的。

当地学者考证古籍资料，元明以前，确无鱼翅之类海产品的记录。到了明代中叶李时珍《本草纲目》中才发现有鱼翅的记述。李时珍（1518—1593）生活的时间比郑和（1371—1435）生活的时间迟 100 多年。李时珍已有可能将郑和下西洋时所携带而归的鱼翅之类海产品及其食用方法记录下来。查李时珍《本草纲目》中说，鱼翅"味并肥美，南人珍之"。此之所谓"南人"，实际上就是指福建人。相传郑和下西洋时船队经过东南亚海域，因为粮食不足，船员便在途经的海岛上捡拾当地土人丢弃的鱼翅，煮熟后用以充饥，感觉颇为爽口，从此鱼翅便成了华人饮食的重要组成部分。

中国人吃鱼翅有确切历史记载的是在明朝，这也佐证了鱼翅的吃法是随三宝太监郑和下西洋的福建人引来的说法。在史书中发现了明熹宗的常用食谱，其中就有一道用鱼翅、燕窝、鲜虾、蛤蜊等十几种原料烩成的"一品锅"，而鱼翅被列为八珍之一，也始于明清。明清水陆八珍分别是：海参、鱼翅、鱼脆骨、鱼肚、燕窝、熊掌、鹿筋、蛤士蟆，既列为八珍，鱼翅当然身价倍增了，中国人兴吃鱼翅之风则在清乾隆年间，官宦之家，豪门宴请，都少不了鱼翅佳肴。

郑和是中国第一个吃燕窝的人吗

马六甲是燕窝王国，一位在此地出生的华人林局绅曾说，中国第一个吃燕窝的人竟是明朝航海家郑和。

林局绅是马六甲研究郑和的资深专家，他说，郑和的远洋船队在海上遇到了大风暴，停泊在马来群岛的一个荒岛处，食物紧缺，无意中发现了在断石峭壁上的燕窝。于是郑和就命令部属采撷，洗净后用清水炖煮，用以充饥。数日后，船员个个脸色红润，中气颇足。回国时，郑和带了一些燕窝献给永乐皇帝。从此，燕窝成了朝拜皇帝的贡品。

郑和到过的马来西亚、印尼、泰国等国海岸，均是燕窝的主产地。林局绅介绍说，燕窝价值连城，马来西亚争筑"燕巢"，播放燕子叫声的录音带，吸引燕子筑巢。有文字记载可查证，燕窝输入中国大约在17世纪后期，每年有12.5万磅约400只燕窝从爪哇的巴达维亚（现称雅加达）运往中国。这与郑和七下西洋经过的国家和时间是吻合的。

史学家多认为郑和当时已经将燕窝及东南亚烹食燕窝的方法带入中国，能佐证郑和传入燕窝一说的，还有明神宗万历十七年（1589）有关燕窝关税的记载，燕窝之税银，上等100斤税银为一两，中等货七钱，下等货两钱。由此可推断，当时的燕窝贸易系统相当成熟。

燕窝，又称燕菜，为雨燕科鸟类金丝燕及多种同属燕类用唾液或口（衔）小鱼加唾液或羽绒融唾液等混凝筑结的窠巢，是亚洲金丝燕辛勤建造的精华，是东南亚一带被人们推崇的滋补极品。世界上可食的鸟窝，恐怕只有燕窝一种。燕窝上席，均为头菜。

《岭南杂记》说燕窝入席不迟于唐代。唐杜甫有诗云："海燕无家苦，争（衔）

白小鱼。却供人采石，未卜尔安居……大官求这物，早献上林书。"可见那时燕窝已是大官之食了。大官，即大官令，是掌管御食的官员。生于南宋，长于元朝，卒于明初的海宁 106 岁寿星贾铭，献给明太祖朱元璋的《饮食须知》一书中，就有"燕窝，味甘平，黄黑霉烂者有毒，勿食"的记载。如此说来，在郑和下西洋前就有人吃过燕窝，明《宛署杂记》中提到大宴中已有燕窝，说明明朝南北方官府大宴已用此作为名菜了。

然而，即便郑和不是中国第一个吃燕窝的人，但郑和及他率领的船队成员在下西洋的途中吃过燕窝，并将燕窝进贡明朝皇帝，这种可能还是存在的。林局绅自信地说，郑和是在断石峭壁上发现燕窝的，这符合燕窝的产地，每年雨季来临以前，从亚洲大陆南飞越冬的金丝燕飞抵南中国海和印度尼西亚的一些荒岛上建巢产卵，来年孵化幼鸟，飞返北国。

燕窝多产于悬崖绝壁顶端，任何天敌野兽都够不到的地方，采撷极为不易。人们可以想象，郑和庞大的远洋船队为了解决食物，在马来群岛荒无人烟的岛上采撷燕窝的艰难情景。那荒岛上的悬崖经过潮涨潮落，风吹浪打，犹如光滑利剑，一般人根本不可能攀越，况且，金丝燕在生存进化中也越学越精，与生命赌博。

攀岩壁采燕窝是险而又险的劳作，采撷攀登于悬崖峭壁之间，犹如猴子踏空穴、扒缝隙，有时则借助绳索如荡秋千于峡谷之中，举手投足，扣人心弦，一旦失足，坠入深壑，即粉身碎骨。从郑和船队成员采撷燕窝，可以看出百折不挠、勇于探险的郑和精神。

郑和下西洋把中国民俗文化融入异域

在泰国，中国民俗文化的遗风仍在沿袭，如舞龙舞狮，剪纸猜谜，吟诗作对，品茶听戏，郑和所到之地 600 年后还在演绎中国江南一带的民风民俗。正如泰国的学者所说，郑和下西洋时期，把中国民俗文化融入异域，"导以礼仪，变其夷习"，对于西洋各国跨入文明时代的门槛，起到了催生作用。

泰国郑和研究专家陈闻称，郑和下西洋开通了中外交通的海路通道，也开通了中外社会民俗的融合之路。随郑和下西洋的一部分文人学士留在泰国，居住在三宝佛寺对岸的华人社区，开设私塾教学，创导当地人举办庙会，酬神演戏，播下了华夏文化的种子。人们在庙会上说说唱唱，猜谜绘画，习俗相沿，蔚然成风。

陈闻考证，泰文史籍中有郑和随员在泰国大城京都华人社区首创私塾教学，传播民俗文化的记载。华文书籍报章记载则更多："有城池宫室、田畜市列，与江淮风俗不异。"郑和留在泰国的文人学士，大都来自江浙一带，他们通过歌谣、顺口溜等方式，在华人社区传播中国民俗文化，当地泰人也深受影响。泰文书中有"林姑娘万里寻兄"等动人史实，这些郑和时代的文人墨客对当时泰国民俗文化确实起到了孕育作用。可以肯定地说，西洋国家日常的社会生活习俗受到了江淮风俗的影响是显而易见的。

郑和下西洋使西洋国家无法逃脱中国语言文化巨大的同化魔力，"国语颇似广东乡谈音韵"。这种语言文化的同化，促进了其他民俗文化的变迁，琉球国民"能习读中国书，好古画铜器，作诗效唐体"。安南国"常有文学之人，则往习学艺，编买经传诸书，并抄取礼仪官制内外文武职与其刑律制度，将回本国，一一仿行。因此，风俗文章字样书写衣裳制度，并科举学校官制朝仪礼乐教化，翕然可观"。

各国形成了一种仰慕华夏、尊敬华人的习俗。华人醉酒卧于道，多有当地土人扶送回家，当地有些妇女以结交男性华人为荣。

中国的婚丧习俗也逐渐被西洋各国人民所接受和袭用。民间嫁娶，必请印上永乐朝所赐的兽形图案，婚礼仪式也模仿中国的传统习俗。中国入棺为葬的习俗对西洋人影响很大，并对西洋各国丧葬制度的变革起到了推动作用。

郑和下西洋还把历法带到西洋各国，同时中国的岁时节日也随之传入西洋，使西洋人民在岁时观念上有了很大的改变，并对西洋各国民俗文化的革新起到了推波助澜的作用。

海内外学者认为，郑和下西洋把中国民俗文化融入异域，表现在众多层面，渗透到千家万户，影响了几个世纪，为东南亚及人类社会的文明做出了不可磨灭的贡献。

印尼巴厘岛民族村的形成受到郑和的影响

印尼巴厘岛民族村，有着浓浓的印尼民族风情，同时留下了郑和下西洋的深深印记。当地华侨说，巴厘岛民族村的形成受到郑和下西洋的影响。

在方圆 500 平方公里的巴厘岛民族村，除了用印尼文书写的标牌和当地独有的风情外，古色古香的民宅，街上开的石雕、木雕、家具、瓷器、织衣、工艺品、绘画等店铺，与郑和七下西洋的起锚地古城苏州和太仓极为相似。

巴厘岛民族村几乎都是中国明代的佛教建筑风格，民族村的人士称，郑和七下西洋把中国的佛教建筑艺术传播到印尼，不仅印尼三宝垄的民宅有不少是中国明式风格的，在巴厘岛也同样。郑和下西洋把中国的"建筑文化""陶瓷文化""丝绸文化"广泛地传播到亚非各国，600 年来影响了多少代巴厘岛人。

在蜡染村，穿着蓝印花布的印尼人在迎接海外游客，他们的衣着与苏州甪直古镇的水乡服饰如出一辙；一台台老式的纺纱机前，印尼姑娘正在织布。蜡染村的布商说，郑和下西洋给我们带来了中国的丝绸，还教会了我们纺织印染。

在巴厘岛第二大根雕馆，许多艺术品与中国文化有关。据根雕馆工作人员介绍，如来佛、观世音等佛教根雕，都是当年郑和把佛教文化带到印尼的结晶，还有苏州的花窗、檀香木、用中国古铜钱做成的佛像、青蛙身上雕的中国古铜钱，以及"年年有鱼"等工艺品，在这里都能看到。

据介绍，在巴厘岛民族村的石雕馆、藤编作坊，工匠们雕刻和编制的技术也是郑和下西洋时传授来的。在家具作坊，木工们打造的家具都是明式的，主要出口日本和台湾地区。

中国的金银饰品，随着郑和下西洋馈赠各国君主，银饰工艺品也流传到了印尼民间。在巴厘岛民俗村的银饰博览馆，中国的龙、苏扇和各种有中国文化特色的银饰品琳琅满目，尤其令人注目的是用银制成的郑和下西洋宝船，制作十分精美。

银店老板说，郑和下西洋开通海上贸易，给我们巴厘岛带来了繁荣，同时使我们学会了中国制银的精湛工艺，我们制作郑和银宝船，是为了纪念郑和这位伟大的航海家。

郑和默许士卒与西洋妇女通婚

走在马六甲老街，当地郑和研究人士汤先生指着一家大门敞开的富贵家庭说，这就是"峇峇娘惹"的家。"什么叫峇峇娘惹？"有人不解地问道。汤先生回答说，他们是郑和下西洋时默许士卒与西洋妇女通婚的结晶，生下的男性后代就称为"峇峇"，女性后代则称"娘惹"。

汤先生说，郑和自己是太监，不能结婚成家，但他对船队的士卒婚姻却十分关心。在七下西洋中，郑和采取默许士卒与西洋妇女通婚的政策，也默许他们永远留在那里居住。为什么是默许而不是同意呢？因为中国大明法律不允许，郑和不能公然违抗，只能采取默许的办法。在郑和的默许下，这些士卒成为西洋早期的华侨，在那里繁衍后代，并为以后来到西洋谋生的中国人创造了有利的条件。所以，郑和及其船队在东南亚一带的影响不仅有物为证，而且留下了后人。"峇峇娘惹"就是最著名的族群，有人称他们为"土生华人"或"海峡华人"。

据汤先生考证，郑和率船队下西洋与马六甲王国成功地建立起政治和经济的联系，他的一部分随行人员留在了当地，这些人定居后与当地的马来族或其他民族的妇女通婚，为马六甲塑造了"峇峇娘惹"新生代。如今，"峇峇娘惹"的聚集区主要集中在马来西亚的马六甲、槟城以及新加坡。

"峇峇娘惹"的长相与华人有所不同，皮肤较黑，但穿着都很考究，住宅也很豪华，家用摆设中西结合，有老式红木镶玳瑁或贝壳的家具，也有中式传统的雕花大床。汤先生介绍说，"峇峇娘惹"虽然远离中国本土，却继承了中华民族的文化传统，注重仁义孝道，讲究长幼有序，在文化习俗方面十分"中国化"，婚丧嫁娶的风俗和中国传统的礼仪也很相似。几百年过去了，这些在当地出生的混血儿大部分已不会说汉语，他们讲的是一种综合中国福建方言与马来语的混合式语言。他们是南洋一带的富人，靠着华人祖先留下的产业，操纵着马六甲海峡一带的贸易海运，过着丰衣足食的安逸生活。

据当地人介绍，郑和默许士卒与西洋妇女通婚，不仅随行人员高兴，也深受当地人的欢迎。当地法律给华人与当地人通婚大开方便之门，还给华人许多特权，包括杀人不偿命权，鼓励华人留居西洋。暹罗女子更是把嫁给华人看成是很体面很光荣的事，暹罗王国对华人与泰人通婚不但不加以限制，还采取鼓励政策。因此，一批批华人迁居泰国，安居乐业，繁衍生息。

海内外学者称，郑和默许士卒与西洋妇女通婚之举有着积极的意义，有助于推动华侨大规模移居和开发东南亚。自郑和下西洋以后，移居南洋的华侨逐渐增多，到 16 世纪，华侨足迹已遍布东南亚各国，人数约 10 万之众，他们凭借中国先进的生产技术和文化，与当地人民一道相互依存，同舟共济，开发东南亚，对东南亚各国的社会进步和经济繁荣起到了极其重要的作用。

麻将是郑和下西洋时发明的吗

麻将是中国人发明的一种娱乐工具，深受国人喜爱，几乎无人不晓，但麻将的发明与郑和七下西洋有关，这恐怕鲜为人知。太仓人介绍了麻将发明的两个来历。

一个来历是，太仓是朝廷的粮仓，粮食多了麻雀就多，许多士兵整日整夜守粮仓，枯燥乏味，有人就用泥巴打麻雀，太仓方言管麻雀叫麻将，打中了叫"红中"，打不中叫"白板"，打多了叫"一束"；把麻雀拎在桶里烧来吃，叫"一筒"；风来了麻雀飞走了，叫"东南西北风"；把麻雀卖了叫"发财"。

有人在看粮仓时在地上用泥土做成长方形的泥牌，取名"麻将"，并把上述的名称标在麻将牌上，麻将就这样发明了。后来太仓成为郑和下西洋的起锚地，郑和招募了许多太仓人随船，于是，麻将就在船上打开了。

另一个来历是，郑和下西洋长年在海上航行，许多将士因海上生活单调枯燥和思乡之苦，精神萎靡不振，甚至积郁成疾。郑和创造发明了一种新的娱乐工具，给将士们解除烦闷，这种娱乐工具既制作简单，又好学易懂，还能容纳多人同时参与。他就地取材，利用船上现有的毛竹做成竹牌，刻上文字图案，再制定游戏规则，放在吃饭的方桌上就能供四人同时娱乐。

由"中、发、白、风、索、万"等标记共 136 张牌组成的麻将，游戏时排列组合，变化多，妙趣无穷。郑和在文字图案的确定上也动了一番脑筋，大多与航海知识有关："红中"表示太阳、天晴；"白板"表示白昼；一至九索表示桅杆绳索的序号；一至九万表示航程里数；"发"字表示出发起航。

明朝时的船只以风为动力，所以出海航行的人最关心的事情就是辨别刮什么风，所以这种竹牌游戏即有"东、南、西、北"风四张牌；船在海上航行，淡水是必不可少的，而装水的器具当时叫竹筒，放在船舱常常排列成行，一直要排到九行，于是在麻将里便有一至九筒的名目；长年的海上航行，人们感受最深切的是季节冷暖的变化，干脆就刻上"春桃""夏荷""秋菊""冬梅"四朵花来代表一年四季……

郑和发明的这种新式竹牌娱乐工具，普通士兵一学就会，很快就在将士中推广开来，郁闷和思乡的烦恼也就随着麻将声消失了。从此，麻将由海上传到陆地，打法也不断花样翻新，逐渐成了中国人家喻户晓、喜闻乐见的主要娱乐工具之一，而且在东南亚各国也很盛行，经久不衰。

太仓人普遍认为，虽然麻将发明的来历只是民间传说，但与郑和起锚地太仓及郑和下西洋有关，多少还是有根据的。

郑和下西洋促进了中国医学的国际交流

在郑和时代，全球有三个医学体系，欧洲医学的分支阿拉伯医学已经衰落，印度医学无成就，唯有中国医学处于鼎盛时期，"中国医学远远领先于世界医学"。颜夏梅对中国和国际医学颇有研究，她说，郑和下西洋促进了中国医学的国际交流。

颜夏梅介绍说，根据《郑和家谱》《瀛涯胜览》记载，郑和七下西洋船队配有医官、医士180余名，约平均150名官兵有一名医官或医士。

明朝军队中每10万人配有医生14名，水师及海船中在此前尚未见有编配医生的记载。随郑和七下西洋的医官、医士的来源，一是明太医院派出；二是从民间良医中应征招募，他们的医术较高。

据《嘉兴府志》载，医官"陈以诚善诗画，尤精医，永乐间，应选隶太医院，累从中使郑和往西洋诸国，归擢医判"。匡愚，医士，常熟人，出身世代医家，永乐三年至七年曾随郑和三次下西洋。从中可见，郑和船队编配的医务人员数量多，医术精，是可以胜任海上医务工作的，船队的医务是得到特别加强的。

郑和凭借当时世界领先的中医药学，完成了远洋航海的医务保障任务，船队没有发生大规模的传染病和坏血病。

与此相反，在郑和下西洋之后，15至18世纪，西欧各国和俄国海军在远洋航海中都因"舰船热"和"海洋坏血病"的流行造成大量减员。

郑和七下西洋期间，为促进中外医学交流做了有益的探索。郑和船队的医务人员除了为出使人员防病治病以外，还为所到达的西洋各国居民防病治病，传授医学知识，以此作为和平外交的手段之一。

同时，郑和船队的医务人员还参与番药的国际贸易。郑和下西洋朝贡贸易中从国外输入的主要商品是番药，即包括各种各样食用调味品、颜料和药材等。

香药的真伪和品质的鉴别要有专门技术，因此，郑和船队的医官、医士就同时负有药材的鉴定、调查、采集和购买等任务。

永乐年间，西洋朝贡采购的药物有犀角、羚羊角、丁香、乳香、没药、木别子等29种以上。还吸收各国有效的医药知识，如燕窝就是当时传入中国的。船队也带了中国本土的麝香、大黄、茯苓、肉桂、姜等中药与西洋各国进行交换和赏赐，有的也用于船队疾病的防治，促进了中国医药的国际交流。

郑和下西洋船队卫生条件达到很高水准

明朝自洪武元年至永乐二十二年是国力鼎盛时期，朝廷对出使人员的待遇从优，保证给养。太仓郑和研究专家陆静波经考证，认为郑和七下西洋船队的生活卫生条件在当时达到了相当高的水准。

郑和七下西洋每次都从太仓刘家港出发。刘家港是当时中国主要的航海基地，号称"六国码头"和"皇帝的粮仓"，腹地广阔，物产丰富，又是南粮北调的中转地，出使官兵的粮秣给养都能在此补足配齐，保证了船队物资的充足供应。

郑和船队配备有医生、医士180名，这是中国古代关于海船编配航海船医的最早记载。按总出航人数，平均达到每150名船员配有一名医务人员，这一数量是史无前例的，可见郑和船队十分重视庞大海员群体的健康与安全。

用水船专门存贮淡水是郑和船队的一项创造，此前中外任何一支船队只在船上用水柜、水筒（桶）盛装淡水，未见配备多艘水船随行。郑和船队还在沿途停泊地挖井取水，今南洋尚遗有三宝井。在热带海洋航行中，充足的淡水有利于船员保持体力和肠道传染病的预防。

郑和船队的食品供应十分充足，船队的粮船携带两年的食粮，在沿途西洋各国"登岸市易"，补充新鲜蔬菜、水果。郑和船队在马来半岛上的马六甲设有"官厂"，使马六甲港成为郑和船队的海外补给基地。

船上官兵"茶叶依列关给"，船员普遍饮茶，客观上起到了预防坏血病的作用。根据现代研究，茶叶富含维生素 C，新鲜绿茶预防坏血病的效果与柠檬相似，每人每天饮茶 3 至 5 杯就可以防止坏血病的发生。

郑和船队的生活居住条件在当时也首屈一指。明代造船业已发展到中国古代造船业的顶峰，尤其是郑和船队所使用的船只合乎航海卫生的要求。经对泉州出土的郑和宝船考证，中、大型船有三四层甲板，分设住舱、食品舱、淡水舱和厨房等。即使是中、小型船也是船员居住二三层，马匹畜之底层，宾客舱厅设在高处，华丽舒适。由于郑和船队多在热带、亚热带海域航行，天气炎热而且潮湿，出航一次又都长达两年，因此，在造船设计上就十分重视自然采光与自然通风，这比同时期和之后的西方船舶的卫生条件要优越得多。

专家称，郑和船队生活卫生条件是当时中国经济实力、科学技术、医药卫生水平的具体体现，更是船队赖以正常航行的物质基础。

番药是郑和下西洋从"番国"引进的

如今中国的"番茄""番芋""番瓜",凡是带"番"字的,大都离不开郑和下西洋从"番国"引进的品种,"番药"也是如此。陈亚昌对番药颇有研究,他认为在郑和下西洋所进行的贸易中,对番药贸易和采办占有极为重要的地位,也必然是郑和下西洋的任务之一。

陈亚昌称,所谓番药,指的是进口的中药,在国外不一定都是治病的药。中国早在西汉张骞出使西域就开始采用番药了,唐宋元时期,番药贸易不断发展。但到了明初,由于长时期实行海禁,导致番药奇缺,中国市场对番药的需求量日趋增加。因此,郑和七下西洋派出大量医生和士兵开展番药贸易和直接采制番药,解决了番药奇缺的问题,同时,番药也成为郑和船队的主要贸易,成为明政府的"摇钱树"。

陈亚昌介绍说,番药主要分为两大类:一类是香药,如胡椒、没药、木香、乳香、豆蔻、沉香、安息香、脑香、苏合香、丁香等,是民间大量需要的;另一类是中常用药或特效药,如大风子、荜澄茄、硫黄、犀角、羚羊等。

郑和下西洋采办番药,主要有三条途径:一是分头去各沿海大码头进行国际贸易;二是入山用原始的物物交换方式进行贸易;三是直接入山采药。

要采办大批的番药,必须有鉴别中药的专门知识,熟悉每味药物的色、香、味、形,于是,郑和船队的180余名医生、医士有了用武之地。但是,采办番药又是一项极其艰苦复杂的差事,除了在各国沿海码头进行贸易外,还要上山采药。开采硫黄会遇到火山爆发,还会遇上山上的"野人",十分危险,要有相当数量的防卫人员跟随,医务人员鉴别,真是万千武士采药忙。他们曾在彭亨的山上采集过草药、矿物,在淄山采过珊瑚,从海中捞过龙涎香。

在南洋各国的热带雨林气候的荒山野岭中，或暑气蒸人，酷热难熬；或狂风大作，暴雨如注，在这种令人难以想象的环境里采药，简直让人无法承受。采药后，还有搬运、保管、加工、处理等烦琐工作要做，炮制成药的方法实行蒸、煮、熔、煅、泡、浸、晒等诸多工序，保管时又要严格防潮、防霉、防虫、防走气等，万不能马虎。

最令医士们头疼的是药物鉴别极为困难，如鉴别龙涎香的真假，取一钱放在口中，要含整整一夜，取出后清洗，其重不变，经晒干后，其重依然不变，然后用银簪烧热插入其中，再抽出来见龙涎丝不断的，才是真货，其辛苦溢于言表。

陈亚昌感慨地说，随郑和下西洋的医官、医士，一部分人要为病人看病护理，一部分人要入山采药，还有一部分人要去市场鉴别药物，并要保管和加工药物，其辛苦是可想而知的。也正是因为这批医官、医士艰苦卓绝的工作，才使郑和能够圆满完成远航这一使命。

郑和船队是如何防止坏血病的

西欧在 15 世纪至 19 世纪航海探险或海外贸易的远洋航行资料中，不乏坏血病导致船员死亡的记载，而郑和船队在七下西洋中这方面的记载却鲜见。章乐绮解开了其中的谜。

章乐绮说，远洋航行中最容易发生的营养疾病就是维生素 C 缺乏引起的坏血病。郑和船队在 15 世纪有七次远洋航行，每次航程二至四年，人数高达二万七八千之众，在食物储存措施不足与医学科技未尽发达的时代，庞大的船队却奇迹般地克服了维生素 C 缺乏引起的坏血病。

15 世纪初冷藏低温处理设施有限，灭菌制罐、真空包装等食品加工技术尚未问世。章乐绮介绍说，远洋船队可携带上船的食物，除水、酒及少数较为耐放的新鲜蔬果之外，其余则必须是可久藏且不易变质的干货类，如米面谷类、坚果、干豆、咸菜、咸肉、咸鱼、干果、茶叶以及调味料、油料、酱料等食品。

章乐绮认为，从营养的角度而言，郑和船队的饮食供应若是分量充足，虽可达到求饱与基本热量、蛋白质的需要，但经腌渍或晒干的肉类与果菜中的水溶性维生素多已流失，且其余食品原本维生素 C 含量甚微，似不易达到人体需求量，势必需要另外的补充途径，否则很难预防坏血病的发生。

章乐绮对有学者认为郑和船队维生素 C 的来源是靠摄取咸菜、干果、泡茶和中药材的调剂持不同观点。他认为此类食物经干燥腌渍或加热处理，维生素 C 几乎丧失殆尽。因此必须由新鲜蔬果提供维生素 C 等营养素，恐怕除了在船上栽种、养殖外，不足部分还得依赖船队靠岸时设法及时补给。

章乐绮将郑和船队与西欧远洋船队的饮食做了一番比较：西欧远洋船队出海的口粮甚为单调贫乏，仅供应少量咸肉、干豆、面包、燕麦粥与大量的酒类，不仅热量、蛋白质及各种维生素均显不足，而且酒类还增加人体对维生素 C 的需求量。况且远洋船队在长时间的航行中，若不能及时补给新鲜蔬果，导致长期匮乏，会造成不可逆转的严重营养不良之后果。而郑和船队主要航行在热带地区，沿途草木常青，蔬果丰盛，且多沿岸而行，在靠岸时适时有维生素 C 延续性的补充，这应当是防止坏血病的主要因素。

明朝初年马欢所著的《瀛涯胜览》记述，郑和船队沿途有多种蔬菜可以食用，包括种瓜类、茄子、胡萝卜等耐存放的蔬菜，葱、姜、蒜、韭等辛香调味菜，叶菜类只提到芥菜一种，水果主要是热带水果，像椰子、榴莲、山竹等。

章乐绮依据《瀛涯胜览》考证郑和船队携带上船的食物，认为郑和下西洋二万七八千人船队的食物，除不易腐烂变质的晒干腌渍的果菜、肉类和水产以外，还在船上栽种蔬菜和养殖禽畜。

除了盐、酱、茶、酒及饮用水之外，还包括较不易变质的干货，如米、麦等谷物、豆类，晒干、腌渍等处理过的果菜、肉类和水产等。出海以后，生鲜水产可就地捕钓，养在船舱，部分蔬菜及禽畜在船上栽种养殖，大量的新鲜蔬果、肉类及饮用水等上岸时补给。

郑和下西洋执行的是明成祖"厚往薄来"方针

以"礼仪之邦"闻名于世的中国，在国际交往中常常不计得失，为建立友好关系慷慨解囊不足为奇。有明一代，"厚往薄来"的中国外交原则一以贯之，这是明太祖朱元璋制定的。

《明太祖实录》记载："上谓中书省臣曰：'西洋琐里，世称远番，涉海而来，难计年月。其朝贡无论疏数，厚往薄来可也。'"

明成祖朱棣，不但继承了洪武时期"厚往"的衣钵，而且青出于蓝而胜于蓝，规格越来越高，赏赐越来越重。他增加了国宴次数、赏赐数量，告别宴就是他下令增加的，对国家元首来访，派专使迎送、赐宴。郑和七下西洋在对外贸易中，完全执行明成祖"厚往薄来"的方针，这一方针没有完全实行互惠互利的贸易准则，只是部分地平等互利。

在贸易活动中，时常所出数十万，所取不及一二，就连外国人都说："他们（指中国）卖得这样便宜，以致我们只好做出这样的想法，要不是他们国家生产这些东西不需要劳动力，那便是弄到这些东西不要本钱。"

专家认为，"厚往薄来"，在经济上造成国家的大量支出，政府财政负担日趋沉重，使得郑和下西洋缺少雄厚的经济基础和经济动力。这种严重违背商品经济等价交换原则的行为，自然会影响国家的正常发展。因而，到了成化年间，便有人强烈反对郑和下西洋的举措，认为："三保下西洋，费钱粮数十万，军民死且万计，纵得奇宝回来，于国何益！"

郑和下西洋开展的商贸活动，虽然可以从中得到不少宝贵的经验，但从中应吸取历史教训。

经贸篇

"海上丝绸之路"超过"陆上丝绸之路"

汉代古丝绸之路的开拓者张骞向异域国王奉上的礼物是丝绸，那神奇的丝绸惊动了世界，从此之后丝绸产品源源流向西方，人们把这一交流通道赞誉为"丝绸之路"。

在纪念郑和下西洋 600 周年之际，海内外许多专家学者认为，郑和的"海上丝绸之路"，是对张骞的"陆上丝绸之路"的发展，尤其是经济贸易的迅速发展，超过了传统的骑着骆驼在沙漠中行进的"陆上丝绸之路"。

范金民是明清经济史的专家，也是研究郑和与江南丝绸的专家，著有《江南丝绸研究》《明代江南兴盛的官营织造业》《贸易丝绸的历史考察》等专著。他认为，郑和"海上丝绸之路"促进了苏州为中心的官营丝绸业的发展。

考古学家罗真宗说，郑和下西洋，每到一地都以中国的丝绸换取当地的特产或馈赠当地国王，以美丽的丝绸为纽带，与亚洲各国进行经济文化交流。

东南亚的郑和研究学者认为，郑和"海上丝绸之路"改善了海外人民的穿衣问题，东南亚各国人民都喜欢穿中国的丝绸制作的筒裙，直到今天仍然如此。更重要的是中国蚕丝的传入，促进了东南亚国家丝织品工业的发展。郑和下西洋使中国和亚非各国之间的"海上丝绸之路"得以畅通，把中国和亚非各国之间的国际贸易推进到一个新的发展阶段。

文物专家陈平认为，郑和的"海上丝绸之路"传播了中国的丝绸文化，是继"陆上丝绸之路"后对人类进步的又一个伟大的贡献，有着不可磨灭的深远影响。

在被誉为"日出万匹，衣被天下"的绸都江苏省吴江盛泽，有一家中国最大的东方丝绸市场，该市场负责人曾介绍说，目前中国的丝绸产量占世界总产量的八成左右，而盛泽是目前中国最大的绸都，丝绸价格的波动将影响全球的丝绸价格浮动。盛泽丝绸业的兴盛也得益于郑和的"海上丝绸之路"。郑和七下西洋从苏州太仓起锚，带到海外的主要商品是苏州的丝绸。可以说，没有郑和的"海上丝绸之路"，也就没有盛泽如今丝绸业的繁荣。

巴厘岛中国古钱币是郑和留下的吗

被誉为天堂的美丽小岛——印尼巴厘岛，600 年前郑和下西洋时曾到过这里，岛上的中国古钱币如今还比比皆是，当地华侨称这是郑和下西洋时留下的。

在巴厘岛久负盛名的海神庙前一家华人饭店里，当地华侨拿出了几串中国古铜钱，引为自豪地说，这是祖上传下来的。在一户印尼村民的家里，看到他家供奉的神灵前，供着一盘中国古铜钱。在巴厘岛民宅旁建的一座座神灵台，一串串中国古铜钱挂在两边，风吹来发出叮叮当当的响声。

余影梅是祖籍广东梅县的第三代华侨，她谈道，据她的祖上说，中国古钱币是郑和到巴厘岛做海上贸易时带来的，当地国王和臣民把郑和当成财神，家家户户供中国古钱币，一直延续至今。

印尼学者罗索谈到巴厘岛巴都尔村纪念郑和厨师的庙里，至今还保存着刻写中国传说的铜铸香炉，绣着黄龙的三角旗和中国明朝的铜钱，这些都是中国文化的一部分。

赫鲁·黑里斯第约诺也印证了此事："五个世纪前郑和舰队从中国带来的瓷器、丝织品、铜制家庭生活用品和铜钱等，至今还能在巴厘一些地方见到。"他还说在巴厘寺庙的祈祷仪式中，人们沿用的铜钱，相传是郑和下西洋时留下的。

关于巴厘岛的古钱币一事，宋庆龄曾在新中国成立初期的一次全国人大常委会会议上所作的《访问印度尼西亚的报告》中指出："在巴厘岛上我们发现比别处较多的中国、印度尼西亚历史上文化交流的事实。我们国内已不易看到的铜钱，在巴厘岛上家家都能找到。这种铜钱被停止流通还是不久的事情。现在人们把铜钱结成一串一串的吊起来当作宗教仪式上不可缺少的神器。在一家银器店里我们发现一串串的铜钱有开元年号的，有万历年号的。"

巴厘首府巴塘印（尼）中友好协会等团体在 20 世纪 50 年代给当地中华总商会赠送礼品时，一位代表说："当你们到达中国以后，看到了中国古老的铜钱，请你们不要忘记，这些东西你们的祖先很早就已带到了巴厘，并且已经在巴厘生了根，将世世代代地传下去。"

中国青花瓷出口应归功郑和吗

600年前郑和下西洋来到巴厘岛，带来了中国的瓷器，深受巴厘岛人和华侨的喜爱，把它当作地位和身份的象征。收藏瓷器的大都为政府官员和做生意的有钱人，把它当作古董，爱不释手。而一般的居民买不起中国瓷器，只好买当地人烧制的瓷器，比起中国的瓷器来自然要逊色许多。

巴厘岛民族文化村的一位收藏者对中国瓷器颇有研究。他告诉记者，明代中叶始，中国的青花瓷尤其是福建的德化古青瓷大量外销，深受亚非各国的喜爱，这与郑和下西洋有着密切的关系。就像丝绸曾推动了陆上的商路，瓷器同样也成为郑和下西洋海上商路的原动力。

巴厘岛的华侨商人黄先生专门经营古董和工艺品，他家收藏的瓷器之多可以办展览。他说，青花瓷是中国传统的陶瓷装饰品之一，不乏珍贵艺术品，至今仍被海内外收藏家珍视，并以明代的德化窑白瓷为最。德化青花瓷出口海外，应归功于郑和。

黄先生说，据考证，明代永乐、宣德年间，郑和七下西洋，带回色泽浓艳的进口料"苏泥""渤青"，使瓷器青花的烧制有了很大进步。同时，郑和船队带到亚非各国的青花瓷器数量极多，开拓了中国瓷器广泛的外销门路。亚非各国先后发现的德化青花瓷器，多有"成化年制"的款式，就是最好的明证。

印尼雅加达博物馆的藏品青花碗，碗外绘有五个圆圈，每个圈中间均写有阿拉伯字，碗底有"成化年制"的字样。据考证，这是当年伊斯兰国家买主的定制品。经专家鉴定，在中国西沙群岛先后出土的牵牛纹青花碟、盘、碗，云龙纹青花碗和盘，云龙火珠纹青花碗，城楼纹、佛手纹、寿字纹青花碗及半寿字纹青花盘，均为德化窑产品。自古以来，西沙及南海诸岛即为中国版图，为中国与西洋各国交通贸易往来必经之地。大量德化瓷器在西沙群岛发现，应是郑和七下西洋随带瓷器或德化外销瓷器途经西沙的遗留物。

德化青花瓷器的品种甚多，其胎体坚白细腻，釉色或幽清淡雅，或明快浓艳。青花纹饰题材众多，花样百出，既有山水人物，又有花卉鸟兽，运笔自然奔放，令人见而生爱。各种器皿中底部都有款识，最常见的是商号名称，如"顺兴""宝兴""瑞兴""万利"等；亦有以画代款识的，如小兔、秋叶、双鱼、火焰等；还有年号款识，如"成化年制"等。据中外有关文献记载，及历来亚非各国陆续发现的实物佐证，明代德化青花瓷对传播中国古代文化，促进中外人民的友好交往，起到了重要的作用。

爪哇首府三宝垄的繁荣是郑和带来的吗

三宝垄位于印尼中爪哇北部沿海，是中爪哇省的首府，面积为 360 多平方公里，人口 300 多万，为印尼第五大城市，是一个工商业发达的通商口岸和闻名于世的港口城市。

当地郑和研究专家柯东海介绍说，三宝垄 16 世纪开始出名，当时是块未开发之地，故未有地名，郑和到三宝垄后，当地土著与华侨为纪念他而名之。当地人一直认为，三宝垄城市是郑和下西洋来过之后，随即引来了许多华侨到这个地方谋生和定居，把该地开辟建设成为繁荣昌盛的海港商业城市的。

柯东海是祖籍福建莆田的第八代华侨，他的祖上很可能是随郑和下西洋来到三宝垄的。他听上几辈人说，当时三宝垄十分落后，耕地靠人拉，不会种粮食，是郑和教当地人学会了用牛耕地，学会了种稻谷、做面条。为让他的随从减少相思之苦，当地的红豆也是郑和从南国带来的，从此三宝垄人喜欢上了中国的"相思豆"。

在三宝垄的华人社区，当地华侨领袖和侨界知名人士介绍，这里是早期华侨的开垦地，是郑和下西洋形成了华人集中的社区，建成了颇具规模的唐人街；也是在郑和精神的激励下，多少代华人、华侨在这里拼搏创业，为三宝垄城市的繁荣做出了贡献。

当地的华人、华侨和其他居民对郑和十分敬重，因郑和当年是农历六月三十日在此登岸，迄今每年此日，当地都有盛会，成群结队前往三宝庙进香。非常有趣的是，这里求签的签诗虽用印尼文撰写，但所写的内容都是中国历史上的爱情故事。负责解签的人不是剃光头、身披黄色袈裟的僧侣，而是头戴宋谷帽的伊斯兰教徒。

在海外用中国人的称谓命名的城市十分少见，当地华人、华侨以三宝垄为自豪，是中国人繁荣了这座城市，绝无仅有的三宝垄记载着中华民族的伟大和走向世界的勇气与气魄。当地人在三宝庙设有三宝公神坛，另有郑和副手王景弘墓地及墓碑，以及郑和船队舵手王兴德墓地，尽管对墓地的定论尚有争议，但当地居民仍设立"船舡父"的神位来拜祭，这是对郑和等有名人士及其他无名水手的致敬。

郑和为何不要麻喏八歇国赔偿 6 万两黄金

三宝垄纪念郑和 600 周年活动组委会顾问曾讲述了郑和为何不要麻喏八歇国赔偿 6 万两黄金的故事。

永乐四年（1406）六月，郑和第一次下西洋，顺风南下，到达爪哇岛上的麻喏八歇国。爪哇古名阇婆，为南洋要冲，人口稠密，物产丰富，商业发达。

当时，这个国家的东王、西王，正在打内战。东王战败，其属地被西王的军队占领。郑和船队的人员上岸到集市上做生意，被占领军误认为是来援助东王的，被西王麻喏八歇王误杀，计 170 人。郑和部下的军官纷纷请战，说将士的血不能白流，急于向麻喏八歇国进行宣战，给以报复。

"爪哇事件"发生后，西王十分惧怕，派使者谢罪，要赔偿 6 万两黄金以赎罪。郑和第一次下西洋就出师不利，而且又无辜损失了 170 名将士，按常情必然会引发一场大规模的战斗。然而，郑和得知这是一场误杀，又鉴于西王诚惶诚恐，请罪受罚，于是禀明朝廷，化干戈为玉帛，和平处理这一事件。明王朝决定放弃对麻喏八歇国的赔偿要求，西王知道这件事后，十分感动，两国从此和睦相处。

爪哇岛三宝垄纪念郑和 600 周年活动组委会成员曾谈及此事，都十分敬佩，说郑和对各国不论强弱亲疏，平等对待，一视同仁，即使两国发生冲突，仍能保持极大的克制，委曲求全，以理服人，表现出对邻国的和平共处、睦邻友好的诚意，使中国和印尼两国人民的传统友谊源远流长，华人、华侨定居在这里也感到脸上有光，都以郑和为骄傲。

印尼的学者认为，郑和船队无疑是当时世界上最强大的海上特混舰队，是一支无敌舰队。而郑和七下西洋的 28 年中，真正意义上的对外战争仅有锡兰一次，而且是在被迫无奈的情况下的防卫性作战。郑和在处理"爪哇事件"中，不但不动用武力，而且不要赔偿，充分体现了郑和是传播和平的使者，他传播的是"以和为贵"的中国传统礼仪，以及"四海一家""天下为公"的中华文明。

马六甲再现郑和下西洋雄风

　　漫步在马六甲的街道上，能看到几乎所有店面都有华文名称，店里的销售人员会说汉语，人民币也能在当地流通。汤再民是民间郑和研究者，他说，马六甲市的华侨和中国血统的马来西亚籍人，占全市人口的百分之七十五，这里华人过春节的气氛比中国内地还浓厚，这是郑和到马六甲的遗风。这里的人对郑和也最为崇拜，在马六甲处处可看到郑和的影子，足以领略郑和当年的雄风。

　　马六甲是马来西亚最古老的城市，建于1403年，曾是满剌加王国的都城。马六甲海峡是世界上最长的海峡，是沟通印度洋与太平洋的交通要冲，郑和下西洋五次到马六甲。明朝还将汉丽宝公主嫁给马六甲苏丹国王为后，随公主而去的有500多位男女仆人，这也是马六甲华人对郑和崇拜的一个原因。

　　马六甲城内有一条三保街，沿着这条街径直往前走，便到了著名的三保庙，此庙是马六甲人为纪念郑和而建的，整个建筑飞檐翘角，红柱粉墙黛瓦，具有中式建筑风格。据说，这里所有建筑物的材料，哪怕是一砖一瓦都是从中国运来的。三保庙内香火一直很旺。庙门上绘有两个身披战袍、手执刀斧的将军画像，十分威武。门柱的两旁写着一副对联："五百年前留胜迹，四方界内显英灵。"庙内一尊戎装佩剑的郑和像，上挂"郑和三保公"匾幅，两旁排列着许多文官武将的神像，表达了马六甲人尤其是华人华侨对郑和的颂扬和缅怀。

　　三保庙旁有一口三宝井，相传是当年郑和挖的。井水清澈甘甜，被视作"圣水"，用三宝井水冲凉，能消灾祛病，人们争相喝从井里打来的水。

　　三保庙后不远处有一座三保山，又被称为"中国山"，是华裔先民最先落脚处。此处葬着15440名华裔先民，是除中国之外世界上最大的华人坟地。在荷兰统治时期，当地华人领袖李为经买下此处赠给青云亭作为华人公墓。郑和下西洋曾在这座山上扎营。如今,这座三保山仍属于马六甲的华人社团所有。马六甲200多万华裔每人都捐款,这座华族坟山终于保留至今,也保留下了华裔先民开荒建设马六甲的记录。华人们称三保山是一首生动的史诗,而郑和则是史诗中的主旋律。

在马六甲半山腰的荷兰红屋,开辟了郑和文物纪念廊。馆内保存着郑和下西洋时携带的印章、钱币等,还有一些史书典籍及图片、实物等,详细地介绍了郑和七下西洋及其与马六甲的历史关系。其中郑和船队模型,是由福建泉州海外交通史博物馆研制的。展示的文物大部分由马来西亚华裔文化团体及民间捐献,另一些则由博物馆搜集得来,其中一件比较珍贵的文物是明朝永乐皇帝赠给马六甲拜里米苏拉苏丹的印章,这个印章当时由郑和带到马六甲。在郑和文物纪念廊外矗立着穿官服、佩宝剑的栩栩如生、高大威武的郑和石像,各国游客到此游览都要在郑和石像前拍照留念,一睹中国伟大航海家的卓越风采。

郑和下西洋促进了东南亚各国的繁荣稳定

马来半岛上的马六甲，地处南洋与印度洋要冲，也是东南亚的一个商业中心。人们踏上马六甲，但见港口昌盛，城市繁华，商贸兴旺，夜景迷人。当地的民间郑和研究者汤在民告诉记者，马六甲在郑和下西洋时刚立国不久，万物待兴。郑和船队到达后，在此设立"官厂"，使这里很快成为贸易集散地，经济得以迅速发展。

汤在民考证，郑和船队曾在占城设立大本营，聘用海外华裔、占城国官员彭德庆帮助制订和实施中国与东南亚各国的贸易和经济计划；在印尼苏门答腊也设立"官厂"，中国的丝绸和瓷器在这里频繁交易；地处阿拉伯半岛和波斯湾一带的忽鲁谟斯，位于亚欧非三洲的中央地带，又是海上要冲，是郑和下西洋航线西部的贸易基地；处于东西方贸易福地的古里（今印度卡里卡特），是郑和实施东西方贸易的另一大本营。上述这些贸易基地在郑和下西洋期间呈现一片繁荣。

海内外学者认为，郑和下西洋符合东西方交通转向海洋的历史性转变，把中国和东南亚各国的政治经济交往推向了高峰，为东南亚地区的繁荣稳定做出了不可磨灭的贡献。处于东西海路交通要道上的东南亚地区，其经济发展离不开海上贸易，尤其是海上中转贸易。由于明初中国实行严厉的禁海政策，严重阻碍了中国包括东南亚在内的海外各国的商贸往来。郑和下西洋前夕，明朝已出现了"诸番国使臣，客旅不通"的状况，当时中国对海外的交通濒临断绝，引起了三佛齐国和南海不少国家的强烈不满。郑和下西洋打破了洪武年间的明室海禁政策，实行了开放政策，打通了中国和东南亚的海上贸易之路，不仅促进了东西方的交往，也为东南亚地区的繁荣稳定铺平了海上通道，郑和船队满载中国的丝绸、瓷器和大批精美物品源源不断运往东南亚各国，同时，当地盛产的香料也源源不断地运往中国，开拓了中国的香料市场。当时进入中国的货物有 160 多种，其中胡椒的进口量最大。印尼爪哇、旧港等地就是在这种影响下，"变成向东方香料群岛扩展的经贸基地"。

郑和在下西洋期间，沉重打击了东南亚地区的海盗活动，维护了南海交通要道的安定畅通；擒杀了图谋篡夺苏门答腊王位的苏干剌，稳固了王权，维护了东南亚地区的稳定；调解和缓和了东南亚各国之间的矛盾，如出色地调解了马六甲和邻国之间的尖锐矛盾和冲突，使之发展壮大，成为东南亚地区贸易繁荣、经济发达的强国。

海内外学者评价说，通过郑和七下西洋，把中国和东南亚各国的政治往来和经济交往推向了一个新的阶段，对东南亚地区的繁荣和稳定起到了十分重要的作用。

郑和下西洋在贸易上推行的是平等交易

在马六甲商业街，华人开的商店、商铺鳞次栉比，各种商品琳琅满目。这里的商品价格都明码标价，有中文和阿拉伯数字。林局坤介绍说，马六甲是东南亚的重要口岸和商业中心，每天来这里进行商贸交易的各国商人不计其数。这里的价格很公道，信誉也很好，这是 600 年前郑和下西洋到马六甲倡导的，他推行的平等贸易至今还传为美谈。

林局坤为马来西亚华人，长期在甲州大众银行任职。据他考证，受明成祖之准，郑和七下西洋出使各国广泛开展了商贸活动。郑和随行人员费信、马欢等所著的书中均有记载。郑和执行明成祖推行的与别国互通有无的经济政策，在七次下西洋的过程中，将中国的青花瓷器、麝香、茶叶、漆器、铜钱、绸绢、丝绵、金属器等输入亚非各国，换回珍宝、香料等共计 11 大类 191 种商品。

郑和船队每到一处，首先了解各国的货币、贸易手段，考察其度量衡换算及贸易方式或习惯。林局坤举例说，在越南，买卖交易使用七成淡金、非银子，中国青瓷盘碗、纻丝、绫绢等物品用淡金交易。在印尼爪哇，为货币正式交易，使用中国历代铅钱或铜钱交易。在锡兰，对中国麝香、纻丝、色绢、青瓷盘碗，用宝石珍珠交换，这是以货易货的交易方式。此外，在有些国家，则以中国的手工产品充当货币进行交易。

林局坤说，各国的度量衡不尽相同，郑和对此做了一番调查了解。如印尼爪哇"斤秤之法，每斤二十两，每两十六钱，每钱四姑邦"。柯枝国（今印度科钦）"论播荷说价，每一播荷该番秤二十五封剌，每封剌该番秤十斤，计秤十六斤"。在古里（今印度卡里卡特），买卖双方出掌定价为准，不得反悔。古里地闷，贸易则由妇女出面承担。由于郑和船队买卖公平，所以贸易活动开展得很顺利。

郑和船队尽量做到与各国贸易交往中的平等重信，如在古里，双方贸易，一旦达成协议，签订合同，"或贵或贱，再不悔改"。既不强买强卖，也不巧取豪夺，为各国树立了良好的榜样。一时间，印度洋成了中国和阿拉伯贸易的海洋，波斯湾、红海口成了沟通东西方商品的中转集散地。东方活跃的波斯商人、阿拉伯商人把中国丝绸、瓷器、南洋香料运到地中海东部，转运意大利北部，再转卖给欧洲。

林局坤称赞道，这种中外贸易的交流，不仅促进了中国明代瓷器制造业、纺织业、手工业、船舶业的迅速发展，使江南经济萌发了资本主义的"嫩芽"，而且对亚洲各国的政治、经济、文化都产生了深刻的影响，繁荣了国际的经贸活动。同时，国外产品输入中国，也刺激了中国国内的经济发展，中国所缺少的货物如胡椒由珍品变为常物。

红木是郑和带回中国的吗

红木中国国家标准的第一起草人杨家驹说，郑和七下西洋，曾到过越南、印度尼西亚的爪哇和苏门答腊、斯里兰卡、印度和非洲东海岸，给外国人带去了中国的丝绸和瓷器，而带回来的主要物品之一就是红木，因为红木分量重，正好做压舱之用。

杨家驹介绍说，红木一般生长在热带、亚热带雨林地区，即郑和七下西洋所到的东南亚、非洲等地区，以东南亚地区产的红木为最好。红木通过郑和七下西洋及海运的开放，从海外大量涌入中国。一些能工巧匠把木质坚硬、细腻、纹理好的红木，竞相制造出在坚固程度和美观实用等方面都超越了前代的家具、工艺品及园林建筑，从而促进了明及清代前期家具制造业的空前繁荣。

红木家具从年代上分为明式家具、清式家具和现代家具；从风格上分为苏式家具、广式家具、京式家具和甬式家具等流派。尤其是苏式红木家具表面用料整齐、纹理漂亮，保持了典雅的中国民族装饰风格及精湛的传统工艺。

明式家具的产生和发展，主要的地域范围在以苏州为中心的江南地区，这与苏州是郑和七下西洋的起锚地之一有着十分密切的关系。从传世家具实物以及文献记载中都可以看到，这一地区的明式家具持续着鲜明独特的风格。到清代前期，明式硬木家具在中国很多地方都有生产，但从产品上不难看出只有苏州地区的风格特点和工艺技术最具底蕴。这种风格鲜明的江南家具，受到广泛喜爱，人们把苏式家具看成明式家具的正宗，或称"苏做"。

纵观整个家具史，明末至清初这一段时间，苏式家具达到了登峰造极的地步，流传至今的许多明式家具实物，多数是清代早期苏州一带所生产的。随着社会的演变，又出现许多新品种，它们都是在明式家具基础上的变体，总体风格依然是高雅和典雅。在名扬天下的苏州古典园林里，至今还保存着许多精致的明式家具，成为世界文化遗产的一个重要组成部分。它的古典情怀和文化情结吸引了众多外籍人士。

时至今日，中国的红木仍百分之九十八以上依赖进口。国外多年的过量采伐，使珍贵的红木资源在逐年减少，因此国内红木供应较为紧张。

郑和下西洋形成了东南亚贸易圈

郑和七下西洋形成了东南亚贸易圈，对东南亚地区影响深远，意义重大。李金明说，从当时来看，郑和七下西洋是耗费了很多国家财富，但中国的对外交往和对外贸易历来多是从和平的角度出发，长远来看，中国同东南亚的关系就是从那时候建立起来的，中国同东南亚的贸易圈也是从那时开始的。

李金明是中国明代海外贸易史专家，他从 20 世纪 80 年代开始，把浩如烟海的百卷《明史录》从头到尾看了三遍。他指出，15 世纪，正是东南亚地区进入近代社会的开端，一个以马六甲为中心的具有区域性的贸易圈初步形成，依托的是马六甲王国的兴起，而马六甲王国的兴起得益于中国明朝政府的大力支持，具体得益于郑和下西洋中对明朝政府的对外方针政策的贯彻实施。

郑和下西洋前夕，整个东南亚地区还处于分裂局面，由于明初实行的禁海政策，使得东南亚地区经贸活动十分低落。作为沟通东西方海上通道并直接掌握东南亚经济命脉的马六甲海峡地区还尚未繁荣。李金明说，明朝政府对此把扶持重点放在马六甲国家，使之成为东南亚地区率先发展起来的新兴国家。郑和下西洋直接承担了扶持马六甲王国的历史重任，他率领庞大的中国船队，亲临马六甲地区，正式宣告马六甲王国的建立；先后五次到达马六甲地区，展开了频繁而密切的政治、经济外交，并选择该地区为船队库藏中心和集散地，经过艰苦卓绝的努力，终于出色地完成了明朝政府赋予的光荣使命。

李金明考证，在明朝政府的支持下，刚刚兴起的马六甲王国与明朝政府的朝贡贸易十分兴盛，带动了东南亚地区的商船贸易。尤其是到了 15 世纪下半叶，随着马六甲王国的兴起和中国私人海外贸易的高涨，彼此商船贸易达到了高潮，在沟通东西方海上贸易中发挥了重要的作用，不仅促进了东方中国和印度及印度以西穆斯林各国之间的商品交流，而且使东南亚各国中介贸易空前活跃。

马六甲逐渐成为贸易中心和东南亚地区一个发达繁荣的港口城市，在沟通东西方贸易的同时，不断加强了和东南亚内部各地的经济往来，这就又逐渐形成了东南亚贸易圈。在 15 世纪下半叶，马六甲几乎和东南亚内部各地都发生了直接和间接的经济交流与联系。作为这个贸易圈中心的马六甲，形成南北两条弧形航线，几乎和整个东南亚地区发生频繁的经贸往来。

李金明称，时至今日，东南亚人民尤其是马六甲地区，仍保留着纪念郑和的庙宇、碑刻，足以证明郑和下西洋对东南亚贸易圈的形成，具有不可估量的影响。

郑和下西洋曾在马六甲建立过官仓

为了纪念郑和下西洋 600 周年，新加坡和马来西亚的华人、华侨出资 3000 万元人民币，在马六甲郑和官仓遗址建立郑和文化馆。新加坡郑和研究专家陈达生称，该文化馆总面积 8000 平方米，共三个楼层，分郑和在中国、郑和在马六甲、郑和宝船三大部分，展出郑和下西洋所带的数百件瓷器、海产品、宝船模型等，还展示郑和船员生活场景，在古老的中国馆里开设茶馆和郑和纪念品中心，已于 2005 年 8 月 21 日正式对外开放。

郑和下西洋在马来西亚马六甲（古称满剌加）建立过官仓，在马六甲的河口，发现了几百只"郑和瓮"。陈达生介绍说，马六甲地处南洋与印度洋要冲，是东南亚的一个商业中心，也是东西洋水陆交通的枢纽，它是郑和船队开往东南亚以西地区的必经之地，郑和七下西洋曾五次到过马六甲。由于郑和船队庞大，每次出使西洋人数近 3 万，历时一年半以上，需装载大量粮食和其他货物。为了便于远航，需在远航途中建立一个固定的物资转运站。而当时中满两国关系又十分亲密，此地便成了郑和船队中转货物和候风停泊之要地。

据《西洋番国志》载，中国下西洋宝舡以此为外府，立排墙垣，设四门更鼓楼，内石立重城，盖造库藏完备。大型宝船已往占城、印尼爪哇等国，并分船暹罗等国回还舡只，俱于此国海滨驻泊。一应钱粮皆于库内存贮，各舡并聚，又分船次前往诸番买卖。陈达生指出，马六甲如此重要，郑和船队五次下西洋都在此驻扎就不难理解了。郑和在马六甲建立的官仓，即中转基地，对郑和下西洋起到十分重要的作用。

陈达生说，郑和船队以马来半岛和阿拉伯半岛为其在东西方的两个主要的贸易区，在这两个地区内，各建立有航海贸易基地。当船队前往各国时，将暂时用不上的钱粮货物存放其地，不但增加了船队的有效载荷，还可以避免船队物资在海难或意外事故中遭受更大的损失，而且可以根据需要随时从该仓库提取钱粮货物以供应用。同时，郑和船队将从齐地贸易来的"番货"暂存于该仓库内，可以进一步增强船队航海贸易的机动性，使船队能多次往返于马六甲与各国间进行贸易。这样，就能确保船队在"开洋回还"时满载而归，最大限度地完成远洋贸易的任务。

陈达生称，郑和船队在马来半岛和阿拉伯半岛建立航海贸易基地，对加强船队在东西方的贸易起到了重要的作用，并有助于贯通海上丝绸之路东西两端的贸易往来，有力地推动了海上交通运输事业的发展。

郑和下西洋是否给明朝带来经济利益

郑和七下西洋，长达 28 年时间，遍及 30 多个国家和地区，究竟给明朝带来多少货物？总值多少？这恐怕至今仍是一个谜。

郑和船队每次归国，都是满载奇珍异宝，所谓"明月之珠，鸦鹘之石，沉南龙速之香，麟师孔翠之奇，梅脑薇露之珍，珊瑚瑶琨之美，皆充舶而归"。

郑和船队带回大量黄金、白银，"故国用充足"。

郑和到亚非各国，与许多国家建立了朝贡贸易的通商关系，于是各国贡使来往频繁，贡品源源不断，珠玉、珍果、异香"充于后宫"。

郑和下西洋带回的货物，没有全部记载，也没有做过估计，一直是个未知数。但成化年间的一个统计数字却非常有价值，可用参考。成化九年（1473）九月癸丑，距郑和最后一次下西洋回国仅隔 39 年，"户部言，比者内承，运库太监林绣奏：本库自永乐年间至今，收贮各项金七十二万七千四百余两，银二千七十六万四百余两，累因赏赐，金尽无余，惟银二百四十万四千九百余两"。

尽管这个统计数字超过郑和下西洋所带回货物的总价值，但根据永乐、宣德、正统、景泰、天顺各个时期财政收支情况测算，国库中剩余的大部分金银是郑和所带回的可能是不争的事实。

明朝前期实行开放政策，给明政府带来巨大财富，有人推算至少黄金二三十万余两、白银千余两，仅这样的数字就大大超过了宋元时期市舶收入的十数倍，其他奇珍异宝还未列计算，但究竟多少，谁也说不清楚。

郑和下西洋带回的贡品有多少种类

郑和使船,史称宝船,其含义指的是在西洋获得的各类宝物源源不断地运回天朝,作为贡品。真可谓"藏山隐海之灵物,沉沙栖陆之伟宝"。根据《明会典》《明史》和郑和随员的著作记载,在亚非各国陆续通过郑和宝船运回国内的大批贡品,种类有珍宝、香料、药材、动物、植物五大类79项。

暹罗的白象:郑和在暹罗访问时,不仅收到暹罗国王赠送的白象,还有机会亲眼看到当地人驾驭着象队伐木和长途贩运。

锡兰国的珍珠:"海中有雪白浮沙一片,日月照其沙,光彩激滟,日有珍珠螺蚌集沙上。"

旧港的珍奇动物:"鹤顶鸟大如鸭,毛黑颈长,脑骨厚寸余,内黄外红,俱鲜丽可爱;火鸡大于鹤,颈亦过长,软红冠,锐嘴,毛如青羊毛,脚长,黑色爪甚利,能伤人腹致死,食炭,虽击之不死;冲鹿大如巨猪,高可三尺,短毛,猪喙,蹄亦如此,三跲,只啖草木,不近腥物。"

苏门答腊的龙涎香:"龙涎屿望之独峙南巫里洋之中,离苏门答腊西去一昼夜程,此屿浮滟海面,波激云腾,每至春间,群龙(指抹香鲸——引者注)来集,于上交戏而遗涎沫。番人拿驾独木舟,登此屿,采取而归。或风波,则人俱下海,一手附舟旁,一手楫水而得至岸。其龙涎初若脂胶,黑黄色,颇有鱼腥气,久则成大块。或大鱼腹中刺出,若斗大,亦觉鱼腥,焚之清香可爱。"

占城伽南香,价很高,另产"观音竹如藤,长丈八尺许,色如黑铁,每寸得二三节。犀角、象牙甚多。犀如水牛,大者八百斤,体无毛,黑色鳞甲,皮厚,蹄有三跲,独角在鼻端,长者可尺五寸,唯啖刺树叶条干木"。

满剌加龟龙:"其龙高四尺,四足,身皆鳞甲,露长牙,遇之则啮。由出黑虎，比常虎差，小毛，有暗花纹。产黄连香、乌木打魔香，此香乃树脂，坠地成，遇火即燃，国人以当灯及涂舟水不能入，明莹者若金箔。……厥产飞虎如猫，犬长毛，灰色肉，翅如蝙蝠，飞亦不远。"

祖法儿山驼鸡"匾颈，鸡身如雀，长三四尺，脚二指，毛如驼，行亦如驼，故唤驼鸡"。

明代香料是郑和下西洋贸易的主营商品

香料史称香药，包括各种颜料、药材、调味品等，是长期以来从海外输入中国的主要商品，也是郑和下西洋贸易的主营商品，更是朝贡贸易中不可或缺的品种。何平立说，香料历来是中国封建士大夫的嗜爱之物，也是皇宫贵族显要权贵的标志之物。为皇室宫廷和达官贵人服务并为封建朝廷垄断的朝贡贸易，势必将香料支为俸禄赏赐，充当国用。

何平立介绍说，香料在南洋地区非常丰富，种类很多，有奇南香、柏香、檀香等数十种，而且香料的味道、特点、功能各不相同。真腊出产的乌穑香，色白透明，香气清远，即使在盛夏时也不会融化。乌穑香本属于树脂，当地人有时在刮取之后，再用火烤，溢出松脂，等冬天来临凝结成块时收取。满剌加出产的打麻香也是上等的树脂，从树上流出后，没于土中，凝如松香，遇火就着，当地人挖出后做照明用具。苏门答腊的龙涎香出自海中，靠这片海域的地方因此得名龙涎屿。每到春天，龙涎屿外的洋面上，岛民们驾着独木舟到此采集，采来的龙涎香黑黄色，有些鱼腥味。时间一长凝成大块，经火一烧，气味清香幽远。

何平立分析说，郑和下西洋进行朝贡贸易的主要物品是香料贸易，这不仅是由朝贡贸易的封建性质所决定，而且是因历史传统与地理物产所决定的。其原因有三：

其一，郑和船队所到达的东南亚、印度洋沿岸、东非诸国在历史上均是香料产地。如印尼马鲁古群岛即称香料群岛；索马里素以香料之角著名；西亚红海、波斯湾一带则早已是闻名于古代的盛产香料之地。可以说，郑和所到达的这些国家和地区，均以香料为特产。

其二，明政府为了防止民众沟通海外和垄断香料贸易，严禁民间使用香料，以充溢国库的番香、番货,来维护高额利润与转嫁明政府财政危机。因此,所有海外诸国都进贡香料,贡物种类一半左右是香料,与中国贸易其货物也多为香料。

其三,香料贸易利润丰厚,价格均由明政府操纵控制,明政府用朝贡贸易得来的香料官俸折支外,还大量地赏赐折支,如征战出使返回、皇室大庆、官军节钱季服,等等,往往列于国用。这种折支次数最多、数量最巨的时期,正是永乐至宣德年间郑和七下西洋期间。

何平立认为,虽然郑和下西洋的朝贡贸易活动在明朝中期停止了,但是中国香料市场的大门却由此而打开。郑和下西洋不仅开拓了中国的香料贸易市场,加强了中国与海外的经济交流,而且因香料贸易活动,推动了东南亚华人移民与商业、宗教的发展,而华侨、商业与宗教三者相辅相成的作用关系又推动了东南亚社会文化的进步。

郑和在古里也有官厂

《郑和航海图》上标有两个官厂，一个在满剌加西北，另一个在苏门答腊东北。对这两个官厂，《瀛涯胜览》《西洋番国志》中均有描述，而郑和船队在古里也应该有官厂，汉语文献中尽管没有记载，但在葡语史料中却有记录。

曾在印度生活了几十年的历史学家戈雷亚在他的《印度传奇》中记载："他下令起造大房子，其中部分供人员居住。他命令代理商手下经营要有百人，随时准备执行任务。他给教堂及修士们也造了房子。所有房子外面有巨大的栅栏。……那里是华人在古里和如前所述在整个印度时的居所。当地人称它 chinacota，意即'中国人的堡垒'。"

古里"当巨海之要冲，去僧加密迩，亦西洋诸番之马头也"。从 11 世纪开始，中国船只便以印度马拉巴海岸的古里作为印度洋交通的枢纽和最大的寄泊港。

郑和七下西洋在印度洋上航行，也视古里为基地，往来的船只必须在东北季风朝内开赴古里，同时进行分遣航行，各赴阿拉伯半岛、忽鲁谟斯海峡和东非。

《名山藏·王亨记》甚至声称："郑和下番自古里始，西洋诸番之会也。"将古里作为向波斯湾、阿拉伯半岛及东非航行的基地和以货易货的延迟性来看，郑和船队在古里设官厂是极有可能的。

戈雷亚在书中所言的"居所"，可能便是等待分遣船队返回并等候贸易成交的陆上住处。马欢描绘的满剌加官厂"则立排栅，如城垣"，巩珍描绘的"立摆栅墙垣，设四门更鼓楼"，与戈雷亚描绘的古里"外面有巨大的栅栏"，如出一辙。

一位曾于 16 世纪初至中叶在印度生活过数十载的葡萄牙医生兼植物学家奥尔塔在《印度香药谈》中也记载："华人很早便在这一带航行了……他们在古里有一

个商站，今天还在。"

葡萄牙大航海家时代权威的王室编年史家巴罗斯在《亚洲旬年史之四》中也提及："当时华人航行印度海岸，因为香料贸易的缘故，他们在那里有自己的许多商站。"所说的"商站"，由于它具有官方性质，译成汉语最贴切的应为"官厂"。海外的许多资料可以表明，在 1412 年至 1422 年间，郑和官厂曾设在古里，后迁至满剌加。

郑和是一位伟大的儒商

在郑和故里云南省晋宁举办的第二届中华儒商国际论坛上，汤恩佳说："郑和不仅是伟大的航海家，也是明代一位伟人的儒商，我们学习的榜样。"同时宣称，郑和七下西洋，真实地实践着孔子儒家"仁者爱人""和为贵""以德服人""以礼待人""诚信为本"的思想。郑和虽以强大的明王朝为后盾，但并不以强凌弱，而是以强济弱，给所到之地人民带来的是和平的礼仪、丰富的物资，带来的是安宁与吉祥，而不是战争与流血，不是欺骗贸易，更不是强占土地。

汤恩佳说，郑和船队有大船 60 多艘，先后到达 30 多个国家和地区，最远到达红海和非洲东岸，开辟了 21 条远洋航线，总航程约 7 万海里。郑和船队每到一个国家和地区，都推行和平外交政策，向当地的国王赠送礼物，与各国建立友好关系。他们同当地官府和商人进行交易，双方互看货物，逐一议价。通过郑和数十年的外交活动，与亚非数十个国家缔结了友谊，增进了亚非人民的了解与沟通。

汤恩佳认为，郑和下西洋与哥伦布、麦哲伦等人的远洋航行目的完全不同，结果也迥异。哥伦布、麦哲伦等人的远洋航行为西方殖民强盗开辟了道路。历史上，西方殖民者为了夺取财富，每到一地宣称他们发现的地方属本国国王所有，大搞欺骗贸易，大量屠掠当地土著居民，从此"弱肉强食"成为国际社会中流行的强盗逻辑。汤恩佳呼吁，海内外企业界应以郑和为榜样，弘扬儒商精神。

白银大量流入中国与郑和下西洋有关吗

郑和下西洋之后，全球经济发展史上的一个显著现象是，海外的白银源源不断地大量流入中国，并一直持续到 1840 年鸦片战争前后。林文勋、吕昭义经过深入研究考证后认为，白银大量流入中国与郑和下西洋促进全球贸易体系的形成有着重要的关系。

中国经济史专家林文勋研究的《钱币制度——沟通中外关系的桥梁和纽带》，荣获第六届云南省社会科学优秀成果奖；吕昭义专攻南亚史。据他们考证，郑和下西洋是中国古代传统对外贸易的鼎盛阶段，它将中国古代的官方对外贸易推到了高峰，极大地提升了中国在西洋乃至整个海外的影响。在郑和下西洋的带动下，海上私人贸易禁而不衰，明王朝不得不废止海禁政策，使中国的海外贸易发展到一个新的阶段，这种盛况一直延续至清代。

他们认为，郑和下西洋还有效地促进了环球贸易体系的形成和发展，相继建立了东南亚贸易圈和西南贸易圈，既沟通了中国与上述国家和地区间的贸易，又与西欧市场发生紧密联系，从而成为中国连接欧洲市场的桥梁和纽带，此外，15世纪以来世界航海活动持续不断，导致殖民主义大量开采白银。同时，西方殖民主义从世界各地运输大量商品，仅从中国转销过去的商品数量就很大。

再从全球各国经济的发展来看，郑和下西洋时期及以后一个阶段，中国在农业、手工业以及生产技术等方面均处于世界领先地位，他们指出，经济的高度发展，决定了中国在全球贸易体系中的核心地位，突出表现在中国的各种商品大量销往海外，而且都是用白银购买中国商品。因此，白银就大量流入中国，这与郑和下西洋有着密切的关系。

他们论证，明代以及后来的清代，中国商品之所以能够大量地、持续不断地销往海外国家和地区，重要原因之一就是有白银的国际流动作为贸易的"润滑剂"。贡德·弗兰克《白银资本》一书中，从全球白银流动的角度得出结论：在1850年以前，亚洲是全球经济的中心，而中国又是亚洲的中心。

他们称，有明一代，正是中国白银货币日益发展并最终取得法定货币资格的重要时期，这与郑和下西洋促进全球贸易体系的形成是分不开的。海外白银的大量流入中国，是明代中国乃至以后相当长的一段时间经济发展的一大动力和源泉，它不仅对中国而且对世界经济的发展也起到了积极作用。

郑和下西洋推行的朝贡贸易是利还是弊

有人认为，郑和下西洋朝贡贸易是一种感情交流，并不能称为"贸易"或"交易方式"。但从明朝直接赏赐或委托郑和出面赏赐的物品品种之多、数量之巨、耗费之大来看，它早已超出了感情和礼节范畴，实质上是一种扭曲的或变相的贸易行为。也有人认为，贡赐贸易体现了一种藩属关系，主要是"以重利诱诸藩"，实现"万国来朝"。这种行为究竟是利还是弊？

杨兆钧介绍说，贡赐贸易是中国封建社会对外贸易发展的一种特殊贸易形式。中国以老大自居，认为与番人平等做买卖有失身份，所以一定要他们"臣属"进贡。商业在中国封建社会地位低下，所谓"士农工商"，商居各业之末。正常的对外贸易变形为纳贡和赏赐，正是中国对外贸易在特定历史条件下的产物。在整个郑和下西洋的过程中，其使团每到一处，都要首先向当地国王或酋长宣读诏敕，其次，必先对其王、妃、臣、僚等开读赏赐，赏赐的物品如金币、锦绮纱罗绫绢等。

纳贡、赏赐是一种特殊形式的对外贸易，也称贡赐贸易。贡赐贸易又分纳贡形式的进口贸易和赏赐形式的出口贸易。以赏赐形式表现的出口贸易也可分为两种，其一是郑和船队所到之处由郑和代表皇帝给予当地国王或酋长的赏赐；其二是外国国王或酋长派人到中国进贡，皇帝在纳贡后给予来者的赏赐。纳贡实际上就是接受进口，通常也分为两种情况：一是郑和所到之处宣传赏赐后各地国王或酋长随之给予船队带回的贡品；二是各国使臣到中国向皇帝直接进贡。

应当说，朝贡贸易在郑和下西洋中起到了积极的作用。杨兆钧分析说，贡赐贸易为中国开拓了广阔的海外市场，刺激了国内商品生产的增长，特别是促进了中国特产的丝绸、瓷器等业的急剧发展。同时，朝贡贸易也是一种中外文化大交流，中国丝绸文化、瓷器文化传诸海外，广大海外物产传入中国，使中华文明更加缤纷多彩。

针对"朝贡贸易供朝廷享受，得不偿失"的观点，杨兆钧持不同意见。他认为，至于郑和船队的朝贡贸易，明政府收到的也不都是奢侈品，更不能说郑和做的完全是赔本亏损的交易。郑和换回的珍奇异宝之类有的价值连城，有的成为中国国宝。即使在各国贡品及收购的物资里，也有大批可获利润的商品，仅胡椒一项就有近 20 倍的利润。可见朝贡贸易也是有利可图的。

杨兆钧还认为，郑和船队的朝贡贸易固然收到一大批奢侈品，但有一部分是广大人民的生活用品，如输入的人参、没药、乳香等，已成为中国珍贵的药材，回回青则成为制青花瓷中必不可少的颜料。郑和引进的动植物，其规模与影响都是空前的，充实了中国动植物的品种，大大增加了中国的财富，这是极其宝贵的。

郑和下西洋对东南亚贸易影响有多大

东南亚是中国山水相连的近邻，是最早与中国发生贸易往来的地区之一。从 15 世纪初开始的郑和七下西洋的大规模航海活动，在中国与东南亚贸易史上是一件大事，双方贸易在规模、范围、程度上都达到了空前的程度，并对以后中国与东南亚的贸易关系产生了深远影响。

申旭认为，郑和下西洋的目的从主观上说主要是政治性的而非经济性的，但是，从客观背景来看，郑和下西洋也有经济上的因素。宋元时期，中国的工商业得到了长足发展，中国与东南亚的贸易也形成了牢固的历史传统，这种关系是剪不断理还乱的。即使明王朝以法令形式实行海禁，贸易往来还是会以另一种形式出现，即民间贸易。而民间贸易对于政府的财政收入并无裨益，与其让老百姓搞，不如政府出面自己搞。因此，郑和下西洋的经济目的就在于官方垄断对外贸易。

申旭考证，郑和下西洋时期，中国与东南亚的贸易包括了朝贡贸易、官方贸易和私人贸易三种形式，对东南亚贸易起到了极大的推动作用，因此，明代成为古代中国与东南亚贸易的黄金时期。

取消有关限制，打开朝贡大门。郑和船队的重要使命之一，就是大力推行朝贡贸易。从史书记载来看，郑和船队每次下西洋，都运载着大量用于赏赐的钱财和礼物，如丝绸、瓷器之类，数额动辄数十万。通过朝贡贸易，郑和打开了局面，传统的丝瓷之路畅通无阻。这样，就为中国与东南亚经济交往的进一步发展创造了良好的环境和前提条件。事实上，在朝贡贸易的推动下，这一时期中国与东南亚的贸易也确实达到了空前的境地。

进行商品交换，促进官方贸易。郑和出使所携带货物中，除赠送品以外，还有一部分是用于与海外进行贸易交换的货物。另外，有时还在国外直接用钱购买。

购买的货物除了珍奇宝玩以外，比重最大的还是香料、药品等可投放国内市场，供应社会各阶层日用的物资。

出海经商增多，带动私人贸易。郑和下西洋广泛开展朝贡贸易和官方贸易，刺激了私人贸易越来越活跃，闽粤沿海商人不顾海禁森严，仍浮海到东南亚各地经商。1567 年海禁开放以后，出海经商的人增多，尤其是到泰国经商的人更多，以致逐渐形成一股当地不可忽视的势力。这一大批海外华人华侨后来成为东南亚经济发展的一支不可或缺的重要力量。

申旭估计，郑和下西洋使中国与东南亚贸易物资的种类和数量都有了很大的增加，当时传入中国的货物有 164 种，仅胡椒一项年达 5 万余包，相当于 17 世纪上半期从东方输入到欧洲的总数。而在这一时期，中国输入东南亚地区的物资数量也有很大增长，主要的出口商品是丝绸和瓷器。

申旭指出，郑和下西洋对明代中国与东南亚的贸易起到了巨大的推动作用。有明一代，中国成为东南亚最大的贸易伙伴，贸易额较高的年份达到白银 100 万两，这个数量与当时东南亚对外贸易的总额相差无几。在中国与东南亚的关系史上，郑和下西洋占有重要的地位，其功不可没。

龙涎香是郑和从"天方夜谭"传入中国的吗

郑和下西洋最远曾到达非洲东海岸，也曾进入亚丁湾，抵达"天方"（今阿拉伯圣城麦加）。台湾高级研究员龙村倪曾考证，这一地区在向明朝进贡的"方物"中，数见龙涎香，而阿拉伯海域自古就是龙涎香重要产地之一，也是阿拉伯地区一项重要的外贸商品。

龙涎香是一种名贵的动物香料，中国人相信那是"龙的唾液"。它产自抹香鲸，鲸鱼非鱼类，而是生活在海洋中的一种哺乳动物。抹香鲸体型巨大，是一种齿鲸类。雄性抹香鲸大者体长有近20公尺，善潜水，在捕食深海大乌贼时常可潜水1000公尺以下。雌性抹香鲸体型较小，也不产龙涎香。所以龙涎香唯一的来源就是雄性抹香鲸的消化道，而且多在进食大乌贼之后。

龙村倪介绍说，李时珍的《本草纲目》只附收"龙涎"，可能龙涎香过于珍贵，除王公贵族，极难一遇，常人自不易知，也非中国传统药品。龙涎香价比黄金，入药自也非同小可，在伊斯兰医方中是很独特的。在中药中以龙涎香入药的实少之又少，这与龙涎香特别珍贵，加上现代保护鲸类，列龙涎香为禁品也大有关系。

郑和下西洋时曾将龙涎香从"天方夜谭"传入中国，这在郑和随员的书中均有记载。巩珍《西洋番国志》记溜山、祖法儿、天方三国"出龙涎香，渔者溜中采得，状如浸沥青，嗅之不香，焚有鱼腥气。价高以银对易"。费信《星槎胜览》也记载龙涎屿"独然南立海中，波击云腾，每至春间，群龙所集，于上交戏，而遗涎沫……其龙涎初若脂胶，黑黄色，颇有鱼腥之气，久则成就上泥"。马欢《瀛涯胜览》记载了阿拉伯人用龙涎香的实况。

龙村倪经过考证认为，龙涎香在伊斯兰地区最为贵重，朝贡龙涎香之国皆在印度洋，主要产地在阿拉伯海周边及非洲东岸。在郑和航海年代，印度洋是龙涎香最大来源地，至今印度洋仍产龙涎香。

龙村倪证实，在 15 世纪初叶郑和下西洋年代，龙涎香作为一种特殊的贡品，大量地传入中国，不仅增加了中国人对龙涎香的认识和了解，而且增加了中国与伊斯兰文明的交流。中国史料中对龙涎香的记载不少，相关说明也大体正确，但龙涎香在中国所产生的效应仍不明白，至今仍是一个谜。

龙村倪最后说，1970 年国际签订禁止捕鲸条约后，抹香鲸也得到一定的保护，天然龙涎香减少，而被人造龙涎香取代。东西方由阿拉伯人手中取得龙涎香的历史已宣告结束，这也是人类文明的一个进步。

郑和开辟了"海上丝绸之路"战略航线

郑和下西洋是明朝承袭了元朝的大陆性战略的体现，也颇受宋朝的南向战略的影响。其动机除了宣传明朝国威，缔结邦交，开拓海上贸易，促进文化交流外，在军事上开辟了"海上丝绸之路"战略航线，企图以海上的远征军突破困境应变制敌。这是谢台喜对郑和下西洋战略问题的评说。

谢台喜考证，永乐时代国防战略思想及行动与洪武时代有极大的差别，朱棣对周边地区，无论西北或东南，都由守势战略改为攻势战略。郑和下西洋本为外交行动，属大战略的范围，包含外交、经贸、军事在内。所以，郑和下西洋应系一种攻势战略行动，与洪武时代的守势战略仅重海防完全相反。

明成祖为何要派郑和下西洋，这是一个非常值得深入研究的战略问题，谢台喜说，根据《明史》记载，明成祖的动机是"疑惠帝亡海外，欲踪迹之，且欲耀兵海外，示中国富强"。若果真如此，则未免小题大做，所以必然有更深入的战略考虑，否则不可能如此兴师动众。从战略观点看，这是一种"间接路线"，既有原始战略目的，也有长远战略目标。郑和打开"海上丝绸之路"战略通道，其战略意义是极其深远的。

谢台喜评价说，郑和是世界上最早越洋跨洲航海舰队的指挥官，其在航海史上的贡献，可说古今第一人，不仅将中国航海及海外交通史推上了制高点，而且其成就惊动了全世界，在战略上大大地催化了西方航海冒险家的未来。

谢台喜指出，郑和船队开辟的这条"海上丝绸之路"，不仅为亚太地区的经济发展与繁荣稳定带来极大的贡献，同时是一条在战略上重要无比的战略航线，自古至今各国都极为重视。

郑和下西洋促进了进料加工业

进料加工和以进养出口贸易如今已达到了相当的水平和规模，但这种贸易的作用，在郑和七下西洋时就已经显山露水了。郑和下西洋所携带的最主要的商品是中国的瓷器和丝绸。郑和下西洋最盛时期即永乐、宣德年间，这是中国制瓷业最发达的时期。进料加工在明代经济特别是对外贸易发展中已占有十分重要的地位。

据传，宣德时最受西洋诸国欢迎的青花瓷器，其青花原料是郑和七下西洋时带来的"苏泥""渤青"。"苏泥"产自苏门答剌，"渤青"来自加里曼丹。当时红极一时的"祭红"瓷器，据传是"以西洋红宝石为末"掺入烧制成的。据专家考证，中国著名的宣德炉，其原料就有来自暹罗的风磨铜、天方的卤砂、三佛齐的紫石、渤泥国的胭脂石等。

永乐、宣德年间，中国的官窑、民窑遍布大江南北，仅江西景德镇就有民窑900余座，工人数十万之众，可见所需的进口原料也十分可观。

郑和下西洋进出口商品有多少种类

郑和下西洋期间的主要出口商品是七大类 22 种。具体说来，见诸列名的有：

一、食品类：茶叶、橘子

二、日用品类：漆器、雨伞、丝绵、绸缎、湖丝、绸绢、纻丝

三、金银货币类：金、银、铜钱

四、工具类：铁鼎、铁铫、烧珠、金属制品

五、瓷器类：青花瓷器、青瓷盘碗

六、香料类：樟脑、麝香

七、建材类：琉璃瓦、普通房瓦

根据《明会典》《明史》以及《瀛涯胜览》等著作记载，郑和七下西洋时的进口商品有五金类 17 种，药品类 22 种，珍宝类 23 种，食品类 6 种，布类 51 种，香料类 29 种，用品类 8 种，木料类 3 种，颜料类 8 种，动植物类 19 种，原料类 6 种，合计 11 大类 192 种。

具体到品种，则见诸列名的大致有：

一、食品类：番盐、糖霜、椰子、米谷、豆类

二、珍宝类：象牙、犀角、玳瑁、玛瑙、鹤顶、珊瑚树、宝石、珍珠、大猫眼石、佛像等

三、日用品类：孔雀毛、翠羽、龟筒、白布、四洋布、木别子

四、香料、医药类：乳香、没药、安息香、芦荟、苏合油、木香、丁香、树香、片脑、龙涎香、血竭、蔷薇水、降真香

五、动植物类：鹦鹉、黑熊、黑猿、白鹿、狮子、"麒麟"（长颈鹿）、金钱豹、大西马、白鸠、长角马哈兽、六足龟、火鸡、驼蹄鸡（鸵鸟）、骆驼、麋里

羔兽、白象、海棠、五谷树、藿葡花

六、原料类：苏泥、渤青、风磨铜、紫石、胭脂石

七、木料类：沉香木、苏木、乌木

从郑和下西洋期间中西贸易的商品结构，至少可以看出以下几个主要特点：

进口品类多于出口品类，出口品类多为基本生活用品，而进口品类多为奢侈品。

土特产品的进出口占据了贸易商品结构的很大比重。这部分贸易有的延续到现在仍在进行。这说明由自然或地理优势造就的商品比较成本优势一直是推动商品贸易的动力之一，或者可以称为是最初的也是最久远的动力之一。

对外贸易的基本动力是互通有无，调剂余缺。

出口商品种类、规模超过历代水平。史书称郑和下西洋规模庞大的船队所载货物"堆积如山"，这在当时的世界是无与伦比的。

唐人街是郑和七下西洋形成的吗

马六甲大众银行创始人林先生说，唐宋以来中国沿海地区手工业和商业日益繁荣，到海外的中国人日益增多。流于海外的沿海人到当地后，大多数人愿意聚地而居，以便互相照应，并在聚居地摆摊设店，经营小餐馆、客栈、杂货铺，以"唐人""唐山客"自称，唐人街也就因此得名。但真正的唐人街并未形成。直到朱元璋统一中国建立明朝后，中国出现了强盛时期，并在明成祖时达到极点，真正的唐人街才出现，这和郑和七次下西洋有着密切的关系。

从1405年到1433年，郑和先后七次出使西洋，加强了中国和西洋各地的联系，扩大了国际贸易。其对"唐人"产生的巨大而深远的影响，则是人们没有想到的。林先生不无感慨地说，郑和的船队一到有"唐人"的国家，居住在这些国家的"唐人"便奔走相告，欣喜万分。他们的这种欣喜，是因为郑和带来的是强大的国威。郑和每到一个地方，先按国之礼节去拜访该国的国王，并送上携带的珍贵礼物，仅这些代表中国文化的珍贵礼物，就令所在国的国王、大臣、王公贵族刮目相看。当地人则更为郑和庞大的船队所折服，得知这些"唐人"的后面原来有这么一个强大的国家，因而对"唐人"不敢轻视，从而大大提高了"唐人"在国外的地位，促使了唐人街的形成。

在郑和下西洋不得已而用兵的三次战斗中，华人海盗陈祖义被抓，押回中国。林先生说，"唐人"中也有一部分败类，损坏了"唐人"的名誉，累及无辜。郑和抓获陈祖义，明成祖将陈祖义正法，正是维护了海外"唐人"的形象，为"唐人"正了名，为唐人街的形成树立了良好的形象。

林先生自豪地说，郑和七下西洋为"唐人"的海外贸易提供了中国货的品牌，这为唐人街的形成奠定了坚实的物质基础。郑和每到一个地方，便将带来的商品与当地人交易，中国的丝绸、瓷器等格外受到当地人的欢迎。这种交易虽然是以物易物，但正是他的"物"，成了中国货的代名词，因为郑和带的都是真正的高级国货，产生了品牌效应。对善于经商的"唐人"来说，无疑是在免费为其打出了无可替代的广告，打开了中国货在这些国家的市场，就拿马六甲来说，通过直接从中国进货，使得马六甲很快成为东南亚重要的经济、商业、贸易中心，马六甲的唐人街当时十分兴隆。

随着郑和下西洋，海上交通发达，国际贸易频繁，江、浙、闽、粤等地有大批民众移居西洋。据明代张燮的《东西洋考》记载，在爪哇、加里曼丹、菲律宾、马来半岛，有1000人乃至上万人的华侨。他们"往往久住不返，至长子孙"，比明代前，成倍增长。

林先生指出，早期的唐人街在郑和下西洋后逐渐正式形成，它是华裔经商与继承中华文化传统的产物，成为中国移民在海外活动的重要根据地。世界各地的唐人街，不论对所在国、与之关系密切的中国以及世界历史的发展，都起过极大的历史作用。

郑和下西洋促成华侨大规模迁居南洋

周镇荣称，郑和下西洋以后，中国华侨发展史进入了一个新的历史阶段。郑和下西洋打开了通往东南亚各地的海上交通，树立中国在海外的威望，为华侨参与开发东南亚创造了有利的条件，促使更多沿海居民远渡重洋，或捕鱼，或经商，并且留居当地没有回来，成为当地新一代华侨，从此海外华侨的数量急剧增加。

姚毅说，16 世纪时华侨聚居之处的泰国称之为"奶街"，相当于以后世界各地的唐人街。华人移民泰国后，在这块黄金半岛的沃土上，辛勤耕耘，艰苦创业，创下了光辉业绩，赢得了广大泰国人民的赞赏，给人们留下了对华人前辈所取得的丰功伟绩的美好回忆和崇敬之心。

泰国华裔学者考证，华侨大规模迁居南洋，带去了当时较为先进的生产工具和生产技术，与泰国人一起同甘共苦，共同努力，为加速东南亚一带的开发，为促进东南亚各国社会经济的发展和当地人民生活的改善做出了不可磨灭的贡献。如今，侨居泰国的华人准确的数字已无法统计，其大部分已先后成为华裔泰国人，泰国学术界给这部分华人以正式的名称是："含有中国血统的泰国人。"

海内外专家普遍认为，郑和下西洋之所以促成华侨大规模迁居南洋，是因为郑和把散在海外的为数众多的华侨和祖国紧密地连接在一起。从此，海外华侨感到有了靠山，有了后盾，使海外华侨在相当长的历史阶段，免于遭受外国的凌辱、屠杀，得以顺利地建家立业。所以郑和下西洋之后，中国的海外华侨的确经历了一段扬眉吐气、迅速发展的时期。

在东南亚一带至今仍保留着许多郑和的遗迹，华侨对郑和下西洋都引以为豪，郑和的光辉形象在华侨的心目中是永远不灭的。"三宝公""三宝大人"，自古以来就是华侨心目中神的化身。600 年来，郑和的名字几乎成了东南亚华人社会中祖国的代名词。

政治篇

郑和下西洋是孤立偶然的事件吗

600 年过去了，世界和中国都已发生了翻天覆地的变化，并且逐渐连成一体。当年郑和探寻的航线早已成为各国之间频繁往来的航线，他到达的国家和地区都已成为世界大家庭中的一员。尽管郑和与他的随员们早已是历史陈迹，但他们对人类的影响会永久存在，并超越了中国、亚洲和东非的范围。葛剑雄评析说，无论对中国还是对世界，郑和下西洋都不是一个孤立、偶然的事件，而是政治、经济、军事、文化、外交和科学技术发展的必然产物。

葛剑雄是历史学博士，著有《中国移民史》《中国历代疆域的变迁》《历史学是什么》等专著及论文百余篇。

这位资深的历史地理教授列举了从春秋时期到公元前 3 世纪中国沿海已日趋成熟的航线，以及汪大渊所著的《岛夷志略》等重要专著后说，郑和船队能在短时间内启航，并能持续多次，得益于长期积累的航海经验、技术和大批无名的航海家。郑和航海固然是中国乃至世界航海史上一次重大的飞跃，却是建立在长期、稳固的发展基础上的。

葛剑雄对中国移民史十分熟悉，他认为，郑和是蒙元时期外来移民的后裔，他的祖父和父亲都到过伊斯兰教的圣地麦加，因此他不但从小有机会了解阿拉伯地区和境外的知识，还具有汉族传统文化中所缺乏的外向观念，从这一意义上说，处于这样一个时代的郑和成为一位伟大的航海家，是时代的必然产物。

对郑和下西洋的规模，历来并无疑问，葛剑雄十分有把握地说，这充分显示了明初的国力强盛，哥伦布、麦哲伦等率领的船队根本无法望郑和项背，这反映了中国与其他国家整体实力的对比。因此，郑和下西洋是明朝初年国力强盛的集中表现。

葛剑雄介绍说，明朝初年，南方不仅提供了全国多数的粮食和物资，也是移民的主要输出地，到洪武二十六年（1393），中国人口已经恢复到了千万以上。在一个基本自给自足的农业社会，这意味着粮食和主要生活物资的产量也达到了相当的高度，这就为郑和下西洋准备了充足的物质基础。

在谈到明初丰富的人力资源时，葛剑雄肯定地说，这里还包含着一批训练有素的船工水手。当时明朝军队中从事航海的人员至少应在1万人以上，而散在民间的船户也不在少数。因此郑和要征集上万名船工，仅从军队中就能办到。即使连续出动，也能保证船队的正常替补和轮换。

葛剑雄指出，尽管郑和七下西洋耗费了巨大的物资和财富，但明初的经济和社会并未受到明显影响。与此同时，明朝正新建北京的皇宫，迁都北京，纂修《永乐大典》，出兵安南，明成祖多次亲征鞑靼、瓦剌，治理黄河水患，这些项目都要耗费巨资。这充分说明郑和七下西洋这一重大事件绝不是孤立的、偶然的。

七下西洋是郑和海权思想的尝试

郑和海权兴起于 15 世纪，当时人类的活动舞台开始从大陆转向海洋，刚刚拉开世界大航海时代的序幕。郑和的海权恰好处在世界传统社会和近代历史萌起的交叉口，是中国社会发展到一定阶段呈现出一种社会现象的体现。时平如是说。

这位长期致力于郑和海权思想研究，出版过多部郑和专著的郑和研究专家，对郑和的海权思想有独到的见解。他认为，郑和海权是永乐时期为适应对外开放新形势，进行海洋探索的一种尝试，试图把国家力量用于海洋。因此，郑和下西洋执行了国家战略意图，体现了国家的海洋利益，郑和的海权也就代表了明朝封建的"大一统"的利益。

时平说，跟随郑和下西洋的费信在《星槎胜览》中对郑和的海权思想做了明确的诠释："太宗文皇帝继统，文明之治格于四表，于是屡命正使太监郑和、王景弘、侯显等，开道九夷八蛮，钦赐玺书礼币，皇风清穆，覃被无疆，天之所覆，地之所载，莫不贡献臣服，三五之世，不是过矣。皇上嗣登大宝，诏止海舶及远征之役，盖以国家列圣相继，奕叶重光，治化隆盛，而远夷小丑，或梗皇化，则移师薄伐，使不忘备武，以巩固鸿基，为万世之宏规也。皇上恭默思道，端拱而治，守盈成之运，垂无穷之业，得时措之宜也。"

时平在谈到郑和海权思想核心时说，郑和下西洋是实现明成祖"华夷本一家"的封建"大一统"，这就是郑和海权的核心，郑和深知海洋对于国家之重要，是联系世界的纽带，可以构成统一的整体，是国家利益所在，应加强对海洋的控制和利用。海权不可一日失去，一旦丧失海权，不仅会丧失大量的财富，而且国家的安全将受到严重威胁。

时平介绍说，主张海权的明成祖死后，反对的大臣以诸种理由向新继位的明仁宗进言：废船队，绝海洋。郑和向明仁宗讲了一番肺腑之言："欲国家富强，不可置海洋于不顾。财富取之于海，危险亦来自于海……一旦他国之君夺得南洋，华夏危矣。我国船队战无不胜，可用之扩大经商，制伏异域，使其不敢觊觎南洋也。"

时平还列举了郑和海权思想在七下西洋中的具体体现：从郑和下西洋的活动来看，诏谕各国，大量赏赐，力图确立一种宗藩隶属关系，而实现和维护这一关系的正是郑和海权，广招使节，纳贡朝廷，把遣使颁诏和招使入朝直接结合起来，这是郑和"大一统"为核心的海权的具体表现形式；调解纠纷，平息矛盾，俨然把自己置于一个中央帝国的位置，实现明成祖"朕主宰天下"的责任，也是郑和海权的重要体现；朝贡贸易，厚往薄来，更使郑和海权在政治和经济上打上了封建"大一统"的印记；肃清海盗，制服异域，宣扬国威，建立一支强大的海上武装力量和航线要塞，实现"以海屏陆"的意图，是郑和海权在军事上的集中反映。

郑和的海权在最后一次海上远征后被扼杀了，时平不无感慨地说，明朝政府放弃了海权，使郑和告别了大海。几乎同一时期，葡萄牙人占领了马六甲海峡，控制了东西方海上贸易，称雄于世界。

在谈到郑和海权思想对后世的影响时，时平十分肯定地说，具有极其重要的影响。他强调，海权是海洋活动中极为重要的概念。中国正在走向世界，必须拥有强大的海权，必须拥有作为大国最起码的海权，这正需要弘扬郑和海权思想，这也是我们今天研究郑和的重要意义之所在。

郑和下西洋是为寻找失踪的建文帝吗

600 年前郑和下西洋的原因究竟是什么？海内外专家学者对这个问题一直持有不同意见，至今仍未定论。有的说是军事原因，为了"耀兵异域"，使海外诸国"宾服中国"；有的说是经济原因，为了发展海外贸易，换取海外珍宝；还有的则认为是政治原因，为了寻找逃亡海外的建文帝，以消除政治隐患。有人就此问题曾访问了范金民。

范金民主要从事明清史特别是明清社会经济史的研究和教学，研究成果颇丰。曾主持或单独承担国家社科基金课题，出版过《明清江南商业的发展》等专著，同时他又是郑和研究的知名专家，主编过《郑和与海洋》《走向海洋的中国人》和《睦邻友好的使者——郑和》等有关郑和研究的书籍。

范金民介绍说，燕王朱棣发动靖难之变，于 1402 年攻破南京城，"宫中火起，帝（建文）不知所终"。有的说："建文帝为僧遁去"，还有的说："成祖疑惠帝亡海外，欲踪迹之。"范文澜的《中国通史简编》、吴晗的《明初对外政策与郑和下西洋》等也认为，郑和下西洋除了经济方面因素外，还带着永乐帝的秘密使命，就是寻找建文帝的下落。

范金民认为，把促使明成祖朱棣下决心派其亲信郑和下西洋的主要原因归结为寻找建文帝这一说法过于牵强，理由有三：

其一，建文帝其人忠厚羸弱，被朱棣从帝位上赶下来后，即使逃到国外还会有什么能耐，这些情况朱棣应当明白。何必非得"活要见人，死要见尸"，三番五次派郑和率领庞大船队兴师动众出海寻找？

其二，建文帝是否逃出南京城也是一个有争议的问题。有不少迹象表明，建文帝在南京城被攻陷后已经死于大火。建文帝已死，这些年有关各地发现建文帝墓冢的报道屡见不鲜，前些年还听说过苏州郊区惊现建文帝墓一事，但后来证明都是讹传。

其三，郑和寻找建文帝缺乏充分的史实依据。《明史·郑和传》虽有记载，但即使《明史》也是处处矛盾，由于建文帝的下落无人知晓，《明史》的编撰者们就根据自己的看法来修正《明史》。因此，一部《明史》中，关于建文帝的记载，有许多自相矛盾的地方。今人认为郑和出使为寻找建文帝的说法，大多依据的是《明史》所载胡濙出访是为寻访建文帝，但胡濙在外密访实际上是为了观察民心向背，与寻找建文帝并无关系。

范金民对"耀兵异域"说也持存异议。他说，靖难成功后，明朝面临一个是否像朱元璋时被周邻各国承认或拥戴的问题，而自洪武末年以后海外很多国家长期并不来贡，不利于明朝发展对外关系，明成祖期待形成万国来朝的盛况；当时明朝的周边环境也不太安稳，海盗猖獗，海道不靖，不利于明朝将重点防护放在对付北元残余势力的大战略上。在这种情形下，明成祖派遣郑和出使西洋，剿灭海盗势力，清除不安定因素，宣布明朝已经"咸与维新"，封赏周邻各国，扶正祛邪，发展与各国的友好往来，欢迎各国前往明朝观赏进贡，这就不能说郑和到海外各国是为了"耀兵异域"。因为这与日后的西方殖民航海势力有着本质区别。

范金民还透露，近年来海内外探索郑和下西洋原因的角度有所改变，认为郑和下西洋的使命随时间的推移而有所不同。郑和第一次出使是为了安抚邻近小国，减轻异族异国对中国的侵扰压力，以后几次下西洋主要是为了发展对外关系，促进明朝与周边各国的正常友好往来。

郑和下西洋将中国的冠服和历法带到了国外

郑永涛经考证认为,郑和使团在出使海外各国时,必须要完成扬中华帝国之威的任务,这就决定了他们必然以天朝上国的使者自居,要求各国尊事中国。为此,他们把中国的冠服和历法带到了国外。

郑永涛介绍说,中国封建时代,冠服和历法历来是国家施政中最重要的措施。所谓"颁正朔,易服色",就是封建各朝的两件大事。郑和下西洋中,将中国历法带到了国外,"所至颁中华正朔,宣敷文教"。赐中国的冠服、印诰、金银、锦罗、娟绮等物,使海外诸国认识中华帝国的物华天宝。

据申时行等重修的《明会典》记载,在正统以前,即洪武至宣德年间,正值郑和下西洋之际,琉球、占城等海外国家"俱因朝贡,每国给予王历一本,民历十本"。"王历"与"民历"是明代的两种历法,都有历注,记载上至国家大事,下至民间生活的各项应行事宜,包括祭祀、施恩、封拜、冠弟、宴会、疗病、开渠、穿井、栽种、出行、动土、安葬、牧养等62项之多。

这两种历法的内容包括了中国的国家政治、社会生活、封建礼仪的各个方面,将其带到海外诸国,对当地进行引导,发展中国与海外国家的关系,其作用正如明成祖朱棣所希望的那样:"恒遣使宣敷教化于海外诸番国,导以礼仪,变其夷习。"

郑永涛引经据典地论证说,《明史》对占城国的记载是这样的:"不解朔望,但以月声为初,月晦为尽,不置润分,昼夜为十更。非日中不起,非夜分不卧,见月则饮酒歌舞为乐。"郑和使团来到之后,见到这种情景,遵明成祖之命,颁中华正朔,赠中华历法,在很大程度上改变了占城国的原始状态。

郑永涛认为,郑和下西洋将中国的冠服和历法带到国外,传播了中华先进文明，促进了东南亚诸国改革旧俗和野蛮落后的状况，提高文明程度，同时，在改变的过程中加深了对中华文明古国的认识与了解，逐步接受了中国和中国的文明。

何芳川也指出，颁中华正朔不是简单地赠送一本中国历法，实际上这"正朔"内容简洁、极为丰富，集中了中国人民历经千百年实践的结晶，是中华文明的集中体现。中华帝国正是力图透过"颁正朔"的活动，将中华文明流播四方。

梁启超为何写《祖国大航海家郑和传》

梁启超在《新民丛报》发表《祖国大航海家郑和传》迄今 100 多年了。在百年来的郑和研究中，学术界公认此文的发表"揭开了近代用科学方法研究郑和的序幕"。梁启超当时为何写郑和传呢？时平认为，主要原因有四：

首先，为了抒发自己的政治理想。20 世纪初，中国成为世界列强争夺的主要目标，清政府被迫开始了所谓的"新政"，试图通过一些改革的举措适应世界的新形势。与此同时，中国社会出现的新兴政治力量开始走向历史舞台，梁启超就是一位具有影响的领军人物。坚定的爱国主义信念，使他站在时代的前沿。他紧密结合自己的政治理想，赋予《祖国大航海家郑和传》鲜明的时代精神。

其次，为了向国民灌输新思想。梁启超在此传中赞扬"有史来，最光焰之时代"的郑和下西洋的辉煌业绩，"叹我大国民之气魄，询非他族所能儿也"，"国民气象之伟大"。目的是通过宣扬郑和下西洋的壮举，振奋民族精神，唤醒 20 世纪初全体国民的国家意识，号召国民以郑和为榜样，拯救国家，创造奇迹，立足世界。

其三，为了宣传开明专制式的君主立宪的政治主张。梁启超作为保皇派的主要代表人物，从国家主义思想角度积极鼓吹中国和平改革，实行开明专制，即君主立宪。他在此传中认为"成祖以雄才大略"，"乃思扬威德于域外"，"郑和之业，其主动者，实绝世英祖明成祖其人也"。言下之意，明王朝能出现郑和下西洋的壮举，清王朝为何不能重振昔日雄风？

其四，为了疾呼振兴国家海权。19 世纪末 20 世纪初，正逢马汉的海权论风靡全球，世界列强纷纷效法，大力扩张海权。宣传和振兴中国海权成为留日知识界当时的一个重要政治使命。《祖国大航海家郑和传》强烈地体现了这一时代特征的需要，并明显针对西方海权的扩张和中国海权的积弱，要以郑和创造的海上辉煌，激励当代中国人重振国家海权。

时平认为，梁启超的《祖国大航海家郑和传》，开郑和研究领域中西比较研究之先河，他从这一角度重新审视郑和下西洋事件，不仅赋予其鲜明的时代精神，更重要的是赋予其世界意义。当然，梁启超也逃脱不了历史的局限性，夹杂着封建正统观念和狭隘的民族主义意识，但总的来说，它仍不失为一篇富有鲜明时代特色的力作。

若没有郑和马六甲历史要改写

600 年前郑和七下西洋，竟有五次到马六甲，每次他都率领官兵驻扎在三宝山上。郑和船队驻扎在马六甲海域，没有占领马六甲一寸土地，甚至一芥不取，是名副其实的和平使者。郑和还护送马六甲苏丹祖孙三代朝贡往返，并对入侵的邻国军队进行调和，为马六甲王朝的安邦奠定了关键性的基础。

马六甲郑和研究专家林源瑞称，郑和在马六甲是家喻户晓的风云人物，作为一名华人，感到无比自豪，如果没有郑和的出现，马六甲的历史可能要改写。

林源瑞不无感慨地说，1409 年，郑和三下南洋时，特将一块由明成祖亲自命笔的"镇国山碑"颁赐马六甲国王作为护身符，此碑可以说是马六甲王朝立国的重要基石，也是明朝时中国和马来西亚两国建立邦交的重要见证。林源瑞在寓所翻出了几十年精心收集的图片和资料，如数家珍地说，郑和大军驻扎在马六甲海域，马六甲得到了明朝强大势力的庇护，这使得邻国劲敌不敢轻举妄动，从而为马六甲王朝奠定了关键性的基础，马六甲臣民过上安居乐业的美好日子。

马六甲海港也随之成为当时东西方贸易活动的主要商港、古代中印交通枢纽，马六甲王国很快成为东南亚经济繁荣的国家。林源瑞指出，当时，马六甲王国对明朝皇帝毕恭毕敬，对郑和更是感激得五体投地。马六甲人民不论是属于哪一民族、哪一宗教，都将郑和看作是对马六甲有莫大贡献的历史人物。

此间出版的《马来纪年》，对郑和在马六甲的功绩和遗迹有记载。马六甲现建有郑和展览厅，展现了郑和与马来西亚的渊源。明朝公主汉丽宝下嫁马六甲苏丹的故事，改编为歌剧，以华语、马来语和英语多次演出，深受欢迎。

林源瑞介绍说，《马六甲之声》发表过一篇有关三宝山历史的文章，反映苏丹国王统治时代，曾选择这座山作为明朝汉丽宝公主下榻之行宫，并命名为"中国山"。马六甲政府为了纪念郑和曾在三宝山一带驻扎大军，故有"郑和将军路"和"汉丽宝路"的命名。

当地人民对郑和顶礼膜拜，郑和在马六甲的事迹家喻户晓。如郑和发挥他军事家的才能，组织当地军民筑起了古城墙，建了东、南、西、北四座城门，晚上派人昼夜巡逻；制订一整套警卫制度，不仅扫除了城内的不安定因素，也有利于都城的保卫。郑和曾在马六甲三宝山麓设立官厂，囤放粮贫、货物，挖了三宝井，消灭了海盗陈祖义的侵扰，使马六甲王国很快成为东南亚经济繁荣的国家。从1984年起，马来西亚每年由各州轮流主办全国华人文化节，每届都由各州的领导人在文化节开幕的头一天齐集三宝山上举行升旗礼后，燃起圣火，并由青年团把火炬高高举起跑几十或几百公里回到本州，从而揭开这一届文化节的序幕。

马来西亚及马六甲州政府官员对郑和下西洋五次到马六甲给以充分肯定。1993年8月，马来西亚首相马哈蒂尔曾率领500人的工商代表团访问中国，在百忙中到西安大清真寺做礼拜。此寺的建修与郑和有密切关系，郑和与其高祖父赛典赤·赡思丁对此寺都有过贡献。郑和下西洋时特别请来的掌教哈三曾在该寺负责教务多年，当时他曾随郑和访问马六甲。1994年9月，马来西亚副首相访华时特访南京，参观郑和墓，向这位马中共仰的伟人致敬，且以毛笔留字纪念。

曾任马六甲首席部长拿督里莫哈末阿里感慨地说，在明朝伟大航海家郑和促成下，才使马六甲这个弹丸之地，得以和中国明朝建立稳固的外交关系，而且两国的关系历久不衰。他指出，郑和舰队下西洋到马六甲，可以说给马来西亚及马六甲人民带来了深远的影响，包括宗教、文学、贸易及外交关系，并且丰富了马六甲的多元文化。

林源瑞透露，马六甲首席部长及博物馆与议会官员曾访问中国南京郑和公园和郑和纪念馆，参观了各地的郑和纪念石碑，对郑和为马六甲所做的特殊贡献有了深一层的了解。如今马六甲政府与宗教官员已同意让郑和石像矗立在三宝山麓三宝井旁侧庭院内，同时批准在圣保罗山腰设立郑和纪念馆，这是中华民族和睦亲善的象征，也是中国和马来西亚友好关系的象征。

林源瑞表示，应该发掘与发扬曾为马六甲做出贡献的华裔先贤的丰功伟绩与骄人业绩，让郑和的光辉在 600 年后的今天闪烁，在三宝山上发出万丈光芒。

明朝政治体系限制了郑和下西洋吗

明朝派郑和下西洋一事，可谓中华文明临界荒芜地带时一次耀人的"绿意"。在这具有转折意义的历史时刻，明朝却错过了顺世界进步潮流而进的良机，而后的中国历史则是别有一番天地。郑和南下西洋的功绩可比之于汉代班超的西域远征，明成祖的南向战略也绝不逊于汉武帝的北向战略半分。

有学者认为，明成祖的南向战略后来不能执行下去，明帝国的财政也受影响而濒于破产。南向战略，即面向海洋或可为一个民族重新带来生机，明朝做了尝试，却失败了，这并不是战略的错误，而是缺乏支持这一战略所需的现代经济体系；也在于制度——一个庞大而无创造力的官僚政治体系，已妨碍了明朝刚刚开始的进步。

有学者指出，中华帝国政治体系以政治—文化取向为主，它不同于军事、经济取向的西方社会。它的意识形态认为：正当的文化与道德行为，能够自动地解决一切社会实际问题。这种政治—文化取向，导致了对军事—经济性目标如领土扩张、军事强盛和经济增长较少重视。

儒生阶层是传统文化的保存与传布者。这一阶层充当了教育和维护社会秩序的特殊角色，决定了他们对皇权的有限制约。由于他们倡言"王道"，就必然地限制统治者的对外扩张。明朝统治者与儒生的矛盾焦点乃在于此，且以统治者的最后妥协而告终——明朝最终放弃了海权。

令海内外学者深表遗憾的是，郑和最后一次海上远征后，明朝颁布了禁海令，彻底放弃了海上权益。过去的战船慢慢地腐烂，猎猎旌旗化作海风，有千余艘战舰的明帝国就这样告别了大海。几乎在同一时期，葡萄牙人占领了马六甲海峡，控制了东西方海上贸易，称雄于世界。

郑和下西洋是历史上中国实行对外开放政策的一次探索

郑和下西洋是明初实行对外开放政策的一次探索，它沟通了中西交通航道，发展了同亚非各国的友好交往，促进了中外文化交流和经济贸易，给明王朝带来了政治稳定，经济繁荣，国力强盛。

有学者认为，永乐年间，明成祖对洪武时期对外闭关锁国的政策进行调整，探索对外实行开放的可能性，郑和下西洋就是当时对外实行有限开放的历史产物。

从永乐三年至宣德八年（1405—1433），郑和率领大规模的贸易船队，携带大量的中国货品，在海外进行大规模的贸易活动。这一开放举动，震惊了西方，受到了亚洲各国的普遍欢迎。郑和宝船一到，当地轰动，纷纷前往交易，场面壮观。郑和船队归航时，带回了西洋各地土特产和手工艺品，乃至各种奇珍异宝。这些贸易来的大宗货物有的经过变卖，可供国家各项经费开支。

郑和使团对外开放的另一举措是在海外建立了三大贸易区，并设有大本营，贸易规模之大、贸易地点之多、贸易品种之广，在当时东西方贸易中创造了奇迹。贸易盛况前后持续了二三十年，获得了空前成功，这实际上是明初对外开放的探索和实践取得的巨大成功。

法国学者弗朗索瓦·德勃雷对中国这一对外开放的壮举给予了高度的评价：

"郑和的七十艘宝船载着三万余人开始了中国历史上的第一次海上远征，这次远征将使中华帝国向外部世界开放。……皇帝的旗帜飘扬在南洋各处，从菲律宾到印度，从爪哇到阿拉伯甚至到非洲的摩加迪沙。中国的商业获得巨大的发展，……正是这一时期，印度港口开始巨大的繁荣。"

郑和下西洋由于"向外部世界开放"，郑和的船队航海范围逐步扩大，在南洋，在印度洋沿岸，开辟了越来越多的海外市场。同时，这一明智的对外开放政策，也大大刺激了中国国内官私工业和民间手工业的迅速发展，以满足海外市场的需求。以江西景德镇为中心的瓷器业，以苏州为中心的丝织业，以松江为中心的棉织业，以芜湖为中心的漂染业都是在这一时期蓬勃兴起的，并且持续相当长的时间，有的至今仍成为江南一带的重要支柱产业。

有学者指出，尽管明代的对外开放是有限的，但仍取得了巨大的成就，并带来了国家的强盛，经济的繁荣，人民的富裕。然而，郑和下西洋之后，明王朝又严行了海禁政策，致使中国刚刚开启的开放大门又被紧紧地关闭起来。从明代中叶到鸦片战争，整整200年，中国历史又开始走向了衰落，在国际上大大落后于世界先进历史的潮流。历史告诫人们，对外开放是一个国家、一个民族生存发展的必由之路。

郑和下西洋是中国对外开放的里程碑

郑和下西洋是中国历史上对外开放的一个里程碑。陈显泗说，邓小平讲过："郑和下西洋还算是开放的。"一语抓住了郑和下西洋最本质的东西：对外开放。

陈显泗认为，郑和下西洋对人类的贡献之大、在世界上的影响之深，怎么说都不为过。但唯独开放才是它最核心的内涵，它不仅在人类历史上开了大规模对外开放的先河，尤为重要的是它以自己的光辉照亮了中国历史的另一面：封闭与关闭并不是中国历史的全部，中国自古以来是开放的。郑和下西洋不是孤立地、突然地发生的，如果没有数千年中国对外开放事业的积累，便不可能有郑和下西洋大规模的对外开放之举；如果没有这次浩浩荡荡对外开放行动的震撼，之后的对外开放就难以延续。

从夏代至明初，中国的国门是敞开的，秦汉以来中国基本是开放的，唐宋元也是开放的朝代。从丝绸之路到玄奘西天取经，"汉人""唐人"之名声威远播海外。陈显泗考证，明初有禁有开，开禁并存，实际上，明初所实行的禁海是"禁民下海"，明成祖以禁海而闻名于史，同时又以倡导支持郑和七下西洋，乃至对外开放而名垂青史。

最能表明中国古代对外开放的就是郑和下西洋之举，陈显泗说，在将近 30 年时间内，上百艘的巨型大船，数万名人员，一次又一次跨出国门，走向大海，同 30 多个国家交往，这就是开放，最为典型的开放。郑和下西洋的此次开放事件，无论其规模、行程、技术、影响，在中国古代对外开放历史上都是前无古人，后无来者。

陈显泗说，郑和船队以睦邻友好为己任，以全开放为目标，不进行武力征服，不抢占地盘，不掠夺财富，不建立殖民地，专事传播友谊，展开交流，进行贸易。

他们伸开双手，笑迎近邻与友邦，举友谊旗帜，当和平使者，做开放先锋。郑和下西洋的文明与开放，在世界上实属罕见。

陈显泗评价，郑和下西洋确为中国历史特别是开放史上少有的伟大壮举；在世界历史尤其是世界航海史上，也是开世人之先河，为他人所不及。郑和下西洋不仅在中国对外开放史上是一个里程碑，在世界航海史上同样是一个里程碑。

军
事
篇

郑和是运筹帷幄的军事家

郑和不仅是一位伟大的航海家、外交家，同时是一位具有战略眼光、运筹帷幄的军事家。海内外的文献资料和报纸杂志称郑和为"元帅""征西大元帅""将军""钦差总兵太监""海军大将""远征军司令""武将"等军事头衔。郑和担任正使与宝船船队的总指挥，这是中国历史上第一次将如此重要的军事指挥任务赋予一名太监。

郑和船队七下西洋的伟大壮举得以出色完成，在其诸多因素中，郑和非凡的军事才能是一个重要因素。孔令仁、马光汝等郑和研究专家认为，郑和船队强大的武装力量离不开郑和的出色统帅，而郑和军事统帅的才能是从少年时代跟随燕王朱棣时就开始培养了，他的军事生涯从燕王府开始，熟读兵法、史书，接触文才武略之士，所以得到了燕王朱棣的赏识。

据史料记载，"和有智力，知兵习战，帝甚倚信之"。燕王朱棣出巡或带兵打仗都把郑和带在身边，郑和处处显露出机智勇敢的军事家的胆略和才气。1399 年朱棣发动靖难之役，作为内侍的郑和积极参加了战斗，他转战南北，"起兵有功"，"出入战阵多建奇功"，为朱棣夺取皇位屡建战功。无怪乎，朱棣称帝后，郑和青云直上，官运亨通，一跃成为朱棣重用的内臣，得到明成祖赐姓的殊荣，并成为下西洋的特别使臣。

郑和下西洋处处体现了"军事化"，人员 2.78 万多人，其中 2 万左右为武装护航人员，都是从部队挑选出来的有军籍的；所有人员和船只都是按明代严格的军事编制组成的；船队，其中宝船为郑和的帅船；马船系快速水战与运输马匹等军需物资之用；坐船为军事指挥人员及幕僚乘坐；战船为武装护航和作战所用，整个船队是一支具有战斗力的"联合舰队"。

再看郑和指挥的三次较大的战役，三次都取得了决定性的胜利，更能看出郑和"运筹于帷幄之中，决胜于千里之外"的军事家的非凡才能。歼灭海盗陈祖义一仗打得干净利索，歼敌5000人，烧船十艘，获船七艘，生擒敌酋，这场大规模的海战打得何等漂亮。

锡兰山战役中，锡兰国王亚烈苦奈儿5万官兵袭击郑和船队，来势凶猛，把道路堵死。郑和沉着应战，攻防兼备，后发制人，利用大部分兵力正面牵制敌人，派出3000多人的小股精锐部队从侧面直捣锡兰王城，把战场形势由防御战的内线作战变为进攻战的外线作战，化被动防守为主动进攻。经过六天六夜激战，郑和率部众大败锡兰军队，生擒国王亚烈苦奈儿，表现了郑和的大将风度。

郑和何以成为统领七下西洋的帅才

郑和卓越的才能，在统领七下西洋的伟大航海事业过程中发挥得淋漓尽致，他在航海、外交、军事、建筑等诸多领域都体现出非凡的聪明才智。

据郑和故乡的专家考证，郑和在幼年时期，曾受到父亲良好的身教，母亲品德的熏陶，故"自幼有材志"，少小离家，独立生活，转战千里，历尽磨难。12岁入燕王府后，他随侍燕王朱棣多年，接触文人学士颇多，加之本性聪明，勤于学习，给他的成才创造了非常良好的条件。

燕王朱棣受过全面的封建教育，具有较高的文化修养，丰富的阅历和经验。郑和在燕王朱棣身边自然是"近水楼台先得月"，优先在府中接受教育，可随意使用图书室，博览藏书，很快成为学识渊博的人。可以说郑和幼年时特殊的经历，遇到朱棣后得到的特殊机遇，造就了他成才的关键。

对朱棣这样一位怀有雄才大略的政治家来说，挑选统领七下西洋的帅才是一件慎之又慎的事，郑和能得到朱棣如此的器重，表明郑和的确有与众不同之处。

为了确定出使西洋的统帅人选，朱棣专门征求了会看面相的袁忠彻的意见。袁认为郑和身长九尺，腰大十围，四岳峻而鼻小，是极贵的面相，而且眉目分明，耳白过面，齿如编贝，行如虎步，声音洪亮，用他的话说："郑和姿貌才智，在内侍当中无人可出其右，我看他的气质，绝是领队的最佳人选。"朱棣因此下定了派郑和七下西洋的决心。

在朱棣身边的官员中，像郑和这样卓然超群、仪表堂堂、才华出众，确实无人可比。史书称郑和"博辩机敏"，观其后来七下西洋的伟大壮举和出色表观，这四个字绝非虚誉。郑和具有广博的学识，善辩的口才，机智的头脑，非凡的能力，内侍中无出其右者。史籍又称郑和"有智略，知兵习战"，又称他"才负经纬，文通孔孟”，可知郑和是一个允文允武、有智有勇的人物。因此，才能在七下西洋中，“使诸番乃称和公之德而扬和之行”。

郑和下西洋是否侵略过别国

长期以来，国外有的学者一直坚持"郑和侵略说"，唯一的依据是《明史·郑和传》中记载的"耀兵异域"这四个字。郑和研究专家潘群经过反复考证，认定原稿应为"耀威异域"，而不是"耀兵异域"，600年前郑和下西洋对所到国家没有进行过任何侵略。

潘群曾任山东大学中西交通史主任，是明史考证的权威，出版过《郑和下西洋》等一系列明史专著，并编纂了《明史·郑和传》校注。他说，在南京图书馆古籍部发现的一卷清初史学家万斯同编修《明史》时私留的草稿抄本，清楚地写着"耀威异域"。南京图书馆古籍部的《明史稿》抄本是最早成书的明史列传稿本，以后100多年间的明史编纂都是在这卷抄本基础上删改完成的，潘群是第一个使用这卷抄本的当代学者。

潘群指出，从清顺治二年（1645）一直到乾隆四年（1739）《明史》刊行，清政府组织的明史编修持续了约100年。因为清代封建文化专制达到空前地步，所以，凡是被认为不利于自己统治的明代史料都被删除干净。因此在明史专家眼里，《明史》的史料价值并不是很高，而那些没有被删改的稿本则极其珍贵，南京图书馆的这卷抄本就属此列。

这卷抄本中"郑和传"是单成一篇的，其中记载的明明是"耀威异域"。那么，抄本中的"威"字为何在《明史》中被换成了"兵"字呢？潘群认为，这是当时修史负责人王鸿绪在抄袭万斯同的编史成果中，在没有仔细理解"耀威异域"真实含义的情况下，贸然将之改为"耀兵异域"，并将其后"宣扬中国文教，俾天子声灵旁达于天外"的解释删除。乾隆年间主持《明史》定稿工作的张廷玉又将这一错误照单全收。不曾想，王鸿绪的盗誉之举竟然会引发数百年后一桩历史界谜案。

说到抄本，潘群聊以自慰。当年万斯同完成编史工作后，私自将这部草稿带回浙江家中，世代秘藏。民国初年，该书被人获得，国民政府委托当时在教育部任职的郑和研究专家郑鹤声查其真伪，由于这只是连目录都没有的草稿，郑鹤声便携书向时任南京图书馆馆长的史学大师柳诒徵请教，结果发现这竟然是万斯同的原稿，于是花了一天一夜的时间按原样一字不改地抄录下来，珍藏在馆内陶风楼，传闻此抄本的原件现藏于宁波天一阁。

潘群强调，"威"与"兵"，前者是扬我国威，是中国传统的思想；而后者则是用兵打仗，是指军事行动。这一字之差，差之毫厘，失之千里，它牵涉不同的政治见解，"郑和侵略说"为"中国威胁论"提供依据，但史实充分证明，中国在郑和时代就没有侵略，没有威胁，明成祖主张"厚往薄来""宣教化"，他说过对待别国千万不能用兵，用兵是下下策。郑和七下西洋 28 年间只用了三次兵，而真正意义上的军事行动仅一次，还是被迫自卫反击战，郑和无疑是一位伟大的和平使者。

郑和下西洋的使命之一就是肃清海盗

在印尼爪哇岛三宝庙庭院中有一个古色古香的配亭，亭内放置一个高约二米的铁铸巨锚。此锚为郑和船队的遗物，当地华侨把它供在庙里，朝拜者众多，尤其是华商把它视为圣物，争相向它朝拜进香。

时平介绍说，郑和下西洋前夕，是东南亚海盗活动猖獗时期。当时该地区的一些港湾、岛屿，乃至主要交通要道都成了海盗聚集和出没的据点，并形成相当规模，经常袭击、抢劫商船，严重干扰了正常的海上贸易。

当地的郑和研究专家柯东海说，郑和是东南亚华商的保护神，他在解决东南亚地区海盗问题上立下了汗马功劳，产生了深远的影响。因此，东南亚华商把供在三宝庙内的铁锚看得很重，视若神灵。华商普遍认为，郑和在 600 年前肃清了海盗，使得老一辈华商得以正常进行海上贸易，而后才有东南亚华商如今的稳定和发展。

据当地华商说，当时海盗中势力最强的是陈祖义集团，人数众多，有严格的管理制度，俨然是一个"国家首脑"，手执伪铜印，号令一方，并拥有一支强大的武装船队，抢劫番商，掠夺财物，甚至胆敢"潜谋邀劫"郑和船队，气焰十分嚣张。

郑和船队曾到达旧港（今印尼的巨港），此地当时是三佛齐国的领土。元末明初，有很多华人漂洋过海来此定居。海盗陈祖义定下了偷袭郑和船队的计划，被旧港的华人施进卿获悉后报告给郑和。郑和做好了应战准备，陈祖义偷袭的船队一到，就陷入了郑和船队的包围圈。经过一番激战，十艘海盗船被烧，七艘海盗船被俘，5000 余名海盗被歼，陈祖义被活捉，后被押送到中国处死。

当地华商称，郑和歼灭陈祖义海盗集团之举，解决了东南亚海盗问题，在当时有着不可低估的影响。首先，保证了海上航道的安全畅通，促进了中国与海外诸国的友好交往，维护了传统的朝贡贸易。其次，维护了东南亚的稳定秩序，促进了该地区的繁荣，为保障东南亚人民和华人、华侨的生命财产安全做出了巨大贡献。再次，提高了华侨在侨居国中的地位，推动了华商在东南亚地区的发展。

锡兰山战役是郑和的自卫反击战

郑和下西洋在锡兰跟国王亚烈苦奈儿打了一仗，这是他被迫进行的一场自卫反击战，也是他 28 年七下西洋真正意义上的一场战斗。

据《明实录》记载：亚烈苦奈儿"遂诱和至国中，令其子纳颜索金银宝物，不与，潜发番兵五万余劫和舟，而伐木拒险，绝和归路，使不得相援。和等觉之，即拥众回船。路已阻绝。和语其下曰：'贼大众既出，国中必虚，且谓我客军孤怯，不能有为。出其不意攻之，可以得志。'乃潜令人由他道至船，俾官军尽死力拒之，而躬率所领兵二千余，由间道急攻土城，破之，生擒亚烈苦奈儿并家属头目。番军复围城，立战数合，大败之，遂以归。群臣请诛之，上悯其愚无知，命姑释之，给与衣食，命礼部议择其属之贤者立为王，以承国杞"。

郑和在突然临大敌的情况下，从容不迫应战，出其不意用兵，攻其不备取胜，表现了大将风度。

刘家港"通番事迹碑记"也记载了此事："永乐七年，统领舟师，前往各国，道经锡兰山国，其王亚烈苦奈儿负固不恭，谋害舟师，赖神灵应知觉，遂生擒其王，至九年归献，寻蒙恩宥，俾复归国。"

《星槎胜览》同样有记载："……其王亚烈苦奈儿负固不恭，谋害舟师，我正使太监郑和等深机密策，暗设兵器，三令五申，使众衔枚疾走，夜半之际，信炮一声，奋勇杀入，生擒其王，至永乐九年，归献阙下，寻蒙恩宥，俾复归国，四夷悉钦。"

郑和第一次下西洋时，到过锡兰山，锡兰山的国王亚烈苦奈儿对明朝的使团态度傲慢。亚烈苦奈儿对邻国也蛮横无理，经常劫其来往使臣，诸番国都叫苦不迭。郑和第三次下西洋时，不计前嫌，又去访问锡兰山。亚烈苦奈儿假意予以接待，将郑和一行骗到国都。

亚烈苦奈儿的儿子纳颜出面向郑和索要金银宝物，郑和拒绝了纳颜的非分要求。亚烈苦奈儿恼羞成怒，一面将郑和一行困在城中，一面点起 5 万名番兵，前往劫击郑和的船队。郑和率领随从冲出城外，发现归路已被砍伐下来的树木阻塞。

郑和向随从官兵分析了形势："贼人的大兵已去袭击我们的船队，都城里面必然空虚。他们以为我们是'客军'，一定孤立无援，胆小怕事，不会有什么作为。我们如果能出其不意，攻其不备，就一定能夺得胜利！"

他派人抄小路赶回船队，向留守船队的官兵传达命令：尽死力抵挡住来袭的番兵。他亲自带领 2000 名随从官兵，转过头来向锡兰山国的都城发动攻击。这都城其实不过是一圈土城，在明军的凌厉攻势下，没多久就被攻破。明军活捉了亚烈苦奈儿及其家属、头目。

袭击船队没得手的番兵，得知国王被擒，急忙返回，包围了郑和的部队。这些番兵是乌合之众，被由城中冲出的明军顷刻间打得兵败如山倒，作鸟兽散。郑和将亚烈苦奈儿一行押送回中国，向明成祖朱棣献俘。朱棣原谅了这个鲁莽的国王，将其释放，命令礼部官员在一同被俘的头目中，挑选出一个开通贤明的人立为锡兰山的新国王，送回国去，恢复国家的正常秩序。

有学者指出，郑和这次擒获锡兰国王的军事自卫行动，对于那些恃强凌弱的国家，起到了极大的威慑作用。

《卫武所职选簿》是研究郑和下西洋的珍贵材料

日本和中国台湾地区学者都十分重视明代兵部《卫武所职选簿》中有关郑和下西洋武职人员升赏事迹的记录。

《卫武所职选簿》是明代档案中作为共制的重要史料。1935 年夏天，有一位叫牧野巽的日本人在北平故宫注意到该选簿。此后，又出现了数十本誊抄本，现收录在东洋文库中。

牧野所发现的选簿是被整理过的，现收藏在中国第一历史档案馆。

1997 年，台湾台北"中央研究院"历史语言研究所明清档案室在整理档案时发现了《卫武所职选簿》，同年 9 月向人们展示了整理中的部分选簿。其与北京中国第一历史档案馆的藏簿是相同的，似乎是《铜鼓卫选簿》的全本，《南京龙江卫选簿》《大河卫选簿》的部分残存本。

据了解，迄今利用选簿进行研究郑和下西洋武职人员升赏事迹的颇多，但多数是根据东洋文库所收藏的选簿蓝本。

明代使臣接受明朝皇帝委任后，即从南京或北京来闽筹备建造封舟（亦称宝船），准备渡海，可见《卫武所职选簿》是研究郑和下西洋的珍贵材料。

郑和下西洋促进了南中国海的有效控制

南中国海即南海，是太平洋最大的边缘海之一，位于太平洋和印度洋之间，总面积约 350 万平方公里。南海不仅蕴藏了丰富的海洋资源，而且具有重要的战略地位，是沟通中国和东北亚与东南亚、南亚、西亚、非洲、欧洲及中南美洲的海上通道，也是明初郑和七下西洋的必经海区。

高学敏评价说，郑和七下西洋对南中国海的开发、利用做出了重要贡献，对南中国海有效的控制，超过了历朝历代。

首先，消灭了东南亚地区的海盗，稳定了南中国海周边的局势，保证了海上贸易和海防的安全。东南亚地区自古就是海盗出没之地，明初成为倭寇和中国东南沿海海盗在国外盘踞的基地和据点，对中外海上贸易活动和东南沿海安全造成了直接的威胁。郑和下西洋扫除了这些海盗水霸，维护了南中国海交通中心的安全和畅通。

其次，调解和缓和了东南亚各国的矛盾和冲突，推动了东南亚地区的和平和稳定发展。郑和下西洋过程中参与解决了"苏干剌事件"，使当时东南亚地区"据诸番要冲"、"乃西洋要会"的苏门答腊得到稳定，保障了东西方海上顺利交往。郑和率船队从海路配合解决安南向外扩张、侵略占城的行为，谴责和警告了暹罗奴役满剌加的行为，积极扶持新起的满剌加国的独立，限制暹罗向真腊、缅甸的进攻，还以和平宽容的态度处理爪哇岛上大国满者伯夷问题，对其向渤泥和满剌加的扩张起了遏制作用，一系列的举措促进了东南亚地区的稳定、发展和繁荣。

最后，对南中国海及周边进行了积极的规划和开发，有效地遏制了来自海上对中国的威胁，有力地掌握着南中国海的海权，维护了中国的主权，较成功地解决了当时中国发展海洋事业的一系列战略性问题。郑和下西洋是一次由中国发动和组织的规模较大的海洋事业，对于有效利用海洋空间，开发和利用南中国海起到了重要作用。

高学敏认为，郑和下西洋是一次带有战略意义的航海行动，大致确定了以南中国海、印度洋和阿拉伯海上最重要的贸易港为重点，对当时中国向海洋发展各个区带做了合理的布局。郑和下西洋承继秦汉以来中国在太平洋和印度洋上的航海传统和海上优势，对南中国海进行有效的开发和利用。从郑和随行人员费信、马欢、巩珍的著作记载和《郑和航海图》中可以获悉，郑和船队多次经过南海诸岛，把西沙群岛作为中转站。从西沙、南沙出土的标有洪武、永乐年号的瓷片可以看出，明初郑和船队曾驻扎、管理过这些岛屿。

同时，通过郑和下西洋对南中国海发展进行了规划，占城被作为南中国海的重要基地。占城是当时东南亚重要的贸易港口，也是往返必经停泊地。因此，郑和船队曾在占城设立大本营，制订并实施中国与东南亚各国的贸易与经济计划。郑和还聘请了海外华裔经营专家担任顾问，协助郑和对南中国海的开发与东南亚各国的经贸往来。

为了打通东西方海上通道，有效地遏制来自海上对中国的威胁，集中力量向印度洋及以西海域发展，明朝在南中国海各个海上要冲设立"官厂"和"宣慰司"，有力地掌握着南中国海的海权，积极推动了中国与东南亚各国海上贸易的发展，促进了这一地区的稳定和繁荣。

高学敏表示，当前要尽快确立开发利用南中国海的方针及近、中、远期规划，在军事上、资源开发上、交通运输上、海洋教育上积极借鉴郑和"以海屏陆"的战略思想，使南中国海在现代化建设和民族振兴中发挥更大的作用。

明初海军的强大是郑和下西洋的基础

永乐年间，明朝海军拥有 3800 艘船只，其中包括 1350 艘巡逻船，南京附近新江口有 400 艘大型主力舰。英国科技史专家李约瑟认为，在 1420 年前后，中国海军也许超过历史上任何时期的其他亚洲国家，甚至可能超过同时代的任何欧洲国家，乃至超过所有欧洲国家海军的总和。

明初海军的强大是郑和下西洋的基础。郑和船队是一支拥有自卫能力、装备精良的海上劲旅。郑和所率领的二万七八千人，90% 以上是有军籍的。船上有一套组织严密的指挥系统，船队装备了当时世界上最先进的航海技术设备和武器，具有海上作战、海上运输、两栖作战的能力。

郑和强大船队的建立，旨在明朝根据当时中国沿海倭寇活动猖獗、海路不宁的动荡局势，通过海军这一特殊军种来完成国家战略，执行对外开放政策，因此，许多国家至今仍称郑和为中国海军"元帅"。

早在 600 年前，郑和就非常明确地指出："欲国家富强，不可置海洋于不顾，财富取之于海，危险也来自于海"，"一旦他国之君夺得南洋，华夏危矣"。

强大的郑和船队七下西洋是为了维护和平局面，把中国的开放政策建立在稳定的国际环境中，寻找和平、睦邻，共同发展。李约瑟评论说："东方的航海家中国人从容温顺，不记前仇，慷慨大方（虽有限度），虽然有恩人之居，从不威胁他人的生存：他们全副武装，却从不征服异族，也不建立要塞。"

郑和下西洋曾获金乡卫大捷

据学者研究考证，郑和下西洋期间除了进行三次自卫战，即旧港消灭海盗陈祖义之战、锡兰山之战、苏门答腊之战以外，还有一次自卫战被人们忽视了，那就是金乡卫之战。

《明成祖实录》记载："永乐十五年（1417）六月己亥（十五日），遣人敕往金乡，劳使西洋诸番内官张谦及指挥千百户旗军人等。初，谦等奉命使西洋番还，至浙江金乡卫海上，猝遇倭寇。时官军在舡者才百六十余人，贼可四千，鏖战二十余合，大败贼徒。杀死无算，余众遁法。上闻而嘉之，赐敕奖劳官军，升赏有善。"

"使西洋诸番"，是郑和船队特有的使命。张谦是郑和使团中几十名太监之一，是这次参战兵船的指挥官。

"指挥千百户旗军人等"，这种成建制的规模只有郑和船队才拥有。

"至浙江金乡卫海上，猝遇倭寇。"金乡卫是海港，或许是郑和船队在海上打了遭遇战，或许船队停泊在金乡卫遭到倭寇突然袭击，两者必居其一。

金乡卫之战发生在永乐十五年五月或六月，正逢郑和第五次下西洋。在这期间，郑和船队正在候风，于当年冬季出海。可以说，金乡卫之战是郑和下西洋的重大事件之一。

郑和船队 160 余人打败 4000 人的倭寇，以少胜多，堪称奇迹。这场战斗尽管不是郑和亲自指挥，但参战的郑和船队官兵已经历了三次自卫战，受郑和军事指挥的影响，采取了克敌制胜的战术，加上郑和船队都是精锐部队，武器装备在当时世界上也是一流的，取得这次大捷的胜利是可以想象的。

郑和下西洋只有扬威而没有威胁

中国人民是爱好和平的，从古到今，都是如此。但是，在中国经济建设取得伟大成就，中国发展处于强势的今天，世界上有的国家不怀好意地抛出"中国威胁"论，妄图阻挠中国的继续发展。郑永涛以郑和下西洋"扬威通好"为例，指出所谓"中国威胁"是没有事实根据的。

郑永涛说，中国的历史发展表明，中国越是强大的时候，越是中外交流往来频繁，中外关系和谐融洽，中外人民安居乐业的时候。这不仅表现在中国封建制度上升和鼎盛时期的汉唐，而且表现在日趋强盛的大明朝，中国没有丝毫的要去侵略、奴役别国的想法，而是依然与海外国家发展交流，以达到和睦相处、友好往来的目的。这在郑和下西洋的伟大壮举上表现得最为突出。

郑永涛考证，明朝统治者尤其是永乐帝向往中国能够出现前所未有的天下太平、万国咸宾的盛世，与海外国家广为联络，友好往来，逐步建立了以中国为主导的国际间和平相处的局势。明朝建立之初，朱元璋就颁诏于安南，明确宣称："帝上之治天下，凡日月所照，无有远近，一视同仁。"当时中国对外总政策就是要与"远近相安无事，以共享太平之福"。就是在国际上建立一种和平的环境，这一政策在郑和下西洋的实践中得到了最充分的体现。

郑永涛强调，郑和下西洋只有扬威而没有威胁。正如郭招金在首届世界华文媒体论坛上批驳"中国威胁"论时所指出的："中华文明是在吸纳外来文明中发展自己，并以和平方式进行对外传播。郑和下西洋的庞大船队，装的只是中国精美的产品，既没有武器，也没有毒品。"事实上，郑和船队在政治上帮助弱小国家摆脱强国的欺凌，在经济上、文化上给予各国巨大的帮助，不仅发展了明帝国与海外国家的友好关系，而且维护了东南亚的和平稳定，这岂能成为"中国威胁"

论的依据？

说到"扬威通好"，郑永涛说，郑和下西洋的目的之一是扬中华帝国之威，扬威是为了通好，向亚非各国展示中国先进文明，加深对中国的了解，逐步接受中国，亲善中国。当然，郑和下西洋期间也用过三次兵，这是在忍无可忍的情况下采取的军事行动，使东南亚紧张局势得到了缓和，维护了亚非沿海国家的和平局势，这与殖民侵略是性质完全不同的两码事。

要说威胁，殖民侵略才是世界上真正的威胁。郑永涛指出，马六甲历史博物馆陈列着许多描绘西方人登陆的油画，画面上这些登陆者手持火把和长剑，干着烧杀抢掠的勾当。唯独郑和在这个博物馆中留下了一幅身穿明朝服、平和自持的肖像，馆内记载只有友好往来，没有战火和硝烟。海外人民把郑和当成和平的使者供在庙里。

郑永涛表示，中华文化自古以来就孕育着以和为贵的基因，中华文明源远流长的历史给人们这样的信条：以德报怨，徐图自强。中国的自强是为了免受外来侵略和欺侮，而不是强大之后去侵略或欺侮别的国家，郑和下西洋就是最好的明证。

郑和舰队如何保障通信联络

在 600 年前，在茫茫的大海上，郑和庞大的船队是用什么来进行通信联络的呢？这对如今掌握和应用现代化通信及技术的人来说，无疑是一个饶有兴趣的谜。

据《西洋记》记述，郑和舰队的通信联络是"昼行认旗帜，夜行认灯笼，务在前后相继，左右相挽……"

所谓"昼行认旗帜"，是指郑和舰队白天以旗帜为指挥，作为与编队通信联络的信号。《西洋记》中的"号带一条，大桅旗十顶，正五方旗五十顶"，即是各色旗语。《殊域周咨录》中"通航以红布为幔，五色旗帜，大小帆二十条"，《筹海图编》卷十三中"昼者麾旗为号"等，都是说的白天以旗帜为通信联络的信号。

所谓"夜行认灯笼"，是指郑和船队夜间以灯笼为指挥，作为与编队通信联络的信号。《西洋记》中"灯笼一百盏"，《纪效新书》中"各船以灯火为号，中军船起火三枝"的记叙均说明是以灯为号。在夜航中信号灯不可或缺，灯的数量、方向、高低就成为信号中表示遇到各种情况的通信联络"暗号"。

除此以外，在海上遇到雾、雨、雪等恶劣天气，视觉不清，旗、灯难以为号时，郑和船队则用音响进行通信联络。当时的音响设备仅限于大铜锣、小锣、大更鼓、小鼓等简单的物件。这些物件除了在战时擂鼓助威、鸣金收甲外，还用于传递号令和信息。

《兵录》中对信号配装的金、鼓、灯等记有："大旗一面并号带，大铜锣一面，大更鼓一面，小更鼓四面，木梆铁铃一副，大桅旗一顶，方正旗五顶，灯笼十盏。"

郑和的帅船是船队指挥船，配装通信导航设备更加齐全完整，包括金、鼓、旗（将帅旗、各级指挥员神旗、腰旗、认旗、门旗、角旗、号旗、风向旗）和灯

（夜航艉灯、艏灯、桅顶灯、艉串挂灯笼、夜营灯），布置在将台附近及各桅杆上，保证了船队通信联络。

在没有无线电等现代化通信设备的 15 世纪，所能用的海上通信手段只能通过视觉和听觉来完成彼此之间的联系，就是靠这些旗、灯和音响信号。从总指挥的帅船到外围的卫幕船能畅通无阻地传递信号，这种难度是可想而知的。

郑和下西洋船队是一支庞大的特混舰队

有关郑和下西洋船队人员的范围和编制，《郑和家谱》中所统计的数字如下：钦差正使太监七人，钦差副使监丞十人，少监太监十人，内监 53 人，都指挥二人，指挥 93 人，千户官 404 人，百户官 103 人，舍人二人，户部郎中二人，鸿胪寺序班二人，阴阳官一人，阴阳生四人，医官医士 180 人，旗校、勇士、力士、军力、余丁、民梢、买办、书手等 26803 人。以上共计为 27411 人。但《明史·郑和传》记载的派遣人员为 2.78 万余人，相差 400 多人，应该认为后者为真正的派遣人数，前者为实际出海人数。

郑和下西洋船队组成人员的各个官职担负着不同的任务：太监、监丞、少监、内监为明朝官制中十二监的六品以上官员，是郑和船队中的领导成员；舍人在郑和使团出访亚非各国时具体负责外国朝贡及诏书、表彰、授奖、树碑等事宜；户部郎中主要掌管出洋官兵的粮草及海外各国进贡的物品；鸿胪寺序班是郑和使团职业外交家，负责使团与各国交往的礼节；教谕、通事通晓外文，负责沟通与交流，向海外各国人民教授中国文化；医官医士负责搜集、鉴定药物，治疗疾病；阴阳官负责在海上航行中观测预报海洋气象；都指挥、指挥、千户、百户均是武官，旗校、勇士、力士、军力、余丁等为一般武职人员。

郑和船队编制可分为四大职能部门：一是指挥决策部门，即统帅部，主要人员有正副使太监和监丞、少监、内监等，掌握全船航行、外交、作战、贸易等重大事项的决策，是船队的首脑指挥中枢；二是航海业务部门，有火长、舵工、水手、阴阳官等，主要负责船队在海上的安全航行；三是外事、后勤部门，有鸿胪寺序班、教谕、通事、户部郎中、舍人、买办、书手、医官医士等。主要负责船队的外事、礼宾、供给、翻译、会计、文书、医疗等保障工作；四是军事护航部门，由都指挥、指挥、千户、百户、旗校、勇士、力士、军力、余丁等各级军事人员组成，主要负责航行或停泊中的安全防御。

另一方面，郑和船队是如何编队航行的？郑和下西洋船队编队队形史料中未曾记载，唯一能做参考的是罗懋登的《西洋记》，书中描写如下：

"每日行船，以四帅字号船为中军帐；以宝船三十二只为中军营，环绕帐外；以坐船三百号，分前后左右四营环绕中军营外。以战船四十五号为前哨，出前营之前，以马船一百号实其后。以战船四十五号为左哨，列于左，人字一撇撇开云，如鸟舒左翼；以粮船六十号，从前哨尾起，斜曳开列到左哨头止；又以马船一百号列于中；以战船四十五号为右哨，列于右。人字一捺捺开去，如鸟舒心翼。以粮船六十号从前哨尾起，斜曳开列右哨头止；又以马船一百二十号实于中；以战船四十五号为后哨，留后分二队，如燕尾形；马船一百号当其前；以粮船六十号从左哨头起斜曳收到后哨头止，如人有左肋；又以马船一百二十号实于中；以粮船六十号从右哨头起斜曳收到后哨头止，如人有右肋；又以马船一百二十六号实于中。"

按以上描述，郑和船队的队形酷似一个"贵"字形，这种队形与现代舰船大型编队的航行序列卫幕队形很相似。队形最前方有前卫呈"人"字形队或"雁"字形队，而主力舰（旗舰）的大本营居中（相当于中军帐），左右翼有展开的方位队，如鸟舒开两翼，大本营的主力舰周围还有卫幕舰任保卫、警戒之责，舰队的尾翼也有护卫舰警戒。

有学者认为，《西洋记》是历史小说，所记述的船只数量多达1322艘，是大为夸张的，不足为信；船队队形是否为书中描述的那样，还尚待探讨，因为文学作品毕竟不能完全代替史料。

在尚未找到确切史料之前，姑且用《西洋记》描述的郑和船队队形作为参考，也能大体看出其所有的军事价值：

其一，具有统一性。由帅字号船形成的中军帐，位于整个船队的核心，这样编队优于单一队形，便于对船队各翼实施统一指挥，统一调度。

其二，具有互补性。船队的前后左右外围，都由战船组成，或"雁"字形，或"斜梯"形，或"燕尾"形，可首尾相顾，互相照应，有利于海上作战和保卫整个船队免受侵犯。

其三，具有安全性。以运载货物与人员为主的非军事性船只，都安排在战船外围编队之内，以确保安全无虞。

其四，具有灵活性。当整个船队遭到来自后面的攻击时，可灵活应变。只要各船原地掉头，"首雁"字形变为"燕尾"形，"后燕尾"形合换为"雁"字形，左右两翼各掠向后方，则能很快使原队形做180°转向。

有学者指出，从郑和下西洋船队组成人员担负的任务看，实质上是一支庞大的特混舰队。历史证明，在当时郑和船队具有武装自卫力量是远洋航行所必不可少的。

郑和具有"经略有方"的战略眼光

郑和具有战略头脑和战略眼光，具有战略家的胸怀风范和雄才大略，称得上是一位战略家。郑和七下西洋的总体战略具有军事性，通过强大的船队，把中国的国防线从陆战向海战转型，建在海洋上，开展有理有利有节的军事外交，制止非正义战争，维护明朝在东南亚的利益，以实现明成祖"诏之海泊，及远征之役"，实现其"君天下"的英雄战略。

在整个下西洋过程中，郑和虽用兵不多，但他的战略考虑带有明显的军事因素。

首先，从战略地位考虑，印度南半岛及其沿海诸国处在西洋的腹地，郑和船队对这一地区关注有加，从对锡兰山一战可以发现郑和的战略意图十分明确，他早就胸有成竹，因而在遭受突然袭击时，能决胜千里之外。就是对南浡里这样一个区区小国，郑和也决不忽视，因为它濒临西洋的东部，在战略上只要控制了南浡里，就能掌握对西洋诸国的制控权。

其次，从战略利益考虑，郑和执行了明朝政府对古里的扶持政策。就经济地位而言，古里不及锡兰，但重古里的战略，显然是试图借明朝与古里的密切关系以有效控制西洋。

最后，从战略全局考虑，淄山国纵贯西洋腹域，交通便利，有巨大的战略价值。郑和七下西洋时五访淄山，对淄山国八个重要岛屿有较周密的研究。在这个小邦建立明"宗主国"，可以辐射整个西洋水域。

郑和的战略目标是以南洋诸国为后方基地，以印度半岛及其沿海诸国为战略中心，远慑西亚、东非，整个战略考虑呈梯状，战略格局"三级路"，层层两进，步步为营。

总之，郑和七下西洋辐射状的战略决策是正确的，战略控制是成功的，战略目的也都基本上付诸实现。无怪乎明人严清称赞郑和"经略有方"。

外交篇

郑和是一位杰出的外交家

郑和是一位著名的航海家，同时是一位杰出的外交家。单文说，郑和作为明朝的外交使者，是不辱使命的，称他为杰出的外交家也是当之无愧的。

郑和时代，明朝政府与周边诸国的外交陷入困境，尤其是东南亚诸国因明太祖厉行海禁政策而对中国疏远，明政府外交上有失国威的事件时有发生，加上东南亚地区海盗日渐猖獗，局势不断恶化。面临如此复杂多变的国际环境，明政府迫切需要通过外交途径"招示恩威"，"致远人之归服"，形成宽松的国际形势与国内的盛世相匹配。

郑和正是在这样的国际国内背景下开始七下西洋的。他忠实地执行了明王朝的外交方针，其核心可归结为六个字：和平、友好、团结。他把这个六字外交方针带往亚非各国，一扫在此之前笼罩在中国与邻国关系上的阴影，创造出一种"中外通好，万国来朝，四海一家，共享太平"的崭新的外交局面。

郑和面临沿途各国交往中发生的事件，通过外交途径，尽力改善与周边各国的关系，协调周边诸国之间的矛盾。一些国家都是明朝的藩属国，处理他们之间的矛盾要考虑到矛盾双方及与明朝的诸关系，十分棘手。郑和采取开诏颁赏、互相调和的策略，成功地调解了暹罗和满剌加的矛盾和冲突，多次化解安南同占城的对抗，即便面对指向中国本身的挑衅，也能冷静、从容地处理。他以平等态度对待爪哇岛上已分裂的东、西两王，当西王灭东王时误杀了明朝使团170人，引起明朝震怒，郑和却从中斡旋。当西王愿以6万两黄金赔偿时，明王朝只收取1万两，其余"悉免之"不予深究，表现了中国的大度与宽容。

特别应该指出的是，1958年在南京市安德门外石子岗东向花村发现了渤泥国王墓。渤泥国位于今东南亚加里曼丹岛文莱地区。明成祖永乐六年（1408）八月，渤泥国国王麻那惹加那及其王后、弟妹、子女、近臣等共 150 多人到中国进行友好访问，住在南京会同馆内，不幸的是一个月后，麻那惹加那国王生了病，到十月就病故了，年仅 28 岁。临终前嘱其王后，"体魄托葬中华"。为此，明成祖辍朝三日以示哀悼，并以王礼葬之风景如画的石子岗，在墓侧立祠堂，追谥为恭顺王，每年春秋两季还派人祭扫。以后，明朝政府还派宦官张谦护送麻那惹加那的王后等人回国。渤泥国王墓至今保护完好，成为两国友好往来的历史见证。

东非的麻林王哇来顿本亲自率众访问中国，不幸病逝于福州。木骨都束和卜剌哇也曾多次派使节到中国进行友好访问。麻林国等向中国赠送"麒麟"（长颈鹿）、天马、神鹿等；木骨都束赠送给中国花福禄（斑马），卜剌哇国赠送给中国千里骆驼和驼鸡（鸵鸟），这些都增进了中外友谊。

由于郑和成功的外交努力，中国与西洋各国特别是东南亚各国的关系出现了前所未有的睦邻友好的崭新局面，亚非各国与中国的关系更是突飞猛进。郑和不仅使本来与明朝保持有外交关系的国家继续友好相处，而且使断绝多年往来的一些国家以及过去从未往来的国家都与明朝建立了外交关系。东南亚有四个国家共九位国王先后八次来华访问，有 16 至 17 个国家先后四次每隔两三年遣使来华，这些外交收获达到了明代西洋外交史上的顶峰，超越了前代。

郑和为什么能在当时那种严峻复杂的国际形势下，运筹帷幄，成为一名杰出的外交家呢？首先，郑和具备了超过当时其他人的适合外交的能力和素质，他智勇兼备，才貌俱佳，文武双全，是一个难得的人才。其次，郑和宗教信仰的独特身份，对其他宗教的包容性，为同笃信宗教的国家和地区开展外交提供了必要条件。最后，明成祖时期的外交政策为郑和推行外交策略，施展外交才能提供了依据和保证。

郑和引来东南亚九位国王访华

明初，中国皇帝对发展与东南亚国家的友好关系颇为重视，曾派郑和遍历东南亚各国，增进了与这些国家的友好交往。李金明说，在其影响下，有东南亚四个国家九位国王八次来华访问。据李金明考证，明太祖朱元璋刚建立明朝时，首先考虑的是如何与东南亚各国搞好关系，他于洪武二年（1369）正月、二月连续两次遣使到占城、爪哇等国。明成祖朱棣继位后，对东南亚各国更为重视，遣郑和七下西洋，历时28年，到达亚非30多个国家和地区，其中东南亚占的比重最多。因此，东南亚国王访华的人次也最多。

永乐六年（1408）八月，位于今加里曼丹岛北部的渤泥国（今文莱一带）国王麻那惹加那率领王妃、子女等150余人来华。当访问团到达福建时，明成祖即派遣中官杜兴等宴劳之，并命令所过诸郡设宴招待。到达南京后，明成祖更是"优待礼隆，赐予甚厚"。渤泥国王染疾，明成祖关怀有加，他逝世后明成祖深感悲痛，宣布辍朝三日志哀。渤泥国王临终前嘱咐其妃将其"体魄托葬中华"。

永乐九年七月，满剌加国王拜里迷苏剌率领540余人来华访问，明成祖闻讯后，即派遣中官海筹、礼部郎中黄裳等人前往设宴慰问，到南京后，又亲自在奉天门设国宴招待，赐给国王金绣龙衣两袭、麒麟衣一袭及金银、器皿、帷幔、被褥，赐王妃等人大批礼品。

永乐十五年（1417）八月，苏禄国（今菲律宾苏禄群岛）东王巴都葛叭答剌、西王麻哈剌吒葛剌麻丁、峒王巴都葛叭剌卜各率家属、头目及随员共340余人来华访问。明成祖以满剌加国王一样的待遇接待他们。三王在返国途中，东王不幸病逝于山东德州，明成祖闻讯后，不胜痛悼，以王礼厚葬，设祭坛，并亲撰碑文。

永乐十七年（1419）九月，拜里迷苏剌的儿子亦思罕答儿沙继位满剌加国王后，仍率领王妃、王子访华。亦思罕答儿沙的儿子西里麻哈剌者继位后，也同样领王妃、头目访华。宣德八年（1433）九月，满剌加国王麻哈剌者再度访华，明宣宗加倍厚待，驾八橹船送其回国。这样，满剌加的三代国王先后四次来华访问，与中国建立了十分深厚的友谊。

永乐十八年（1420）十月，古麻剌朗（今菲律宾棉兰老岛）国王于剌义亦敦奔率领王妃、王子、陪臣，随太监张谦来华访问，明成祖命礼部按苏禄国王的规格接待。

李金明认为，郑和下西洋期间，这九位来华访问的东南亚国王，不仅促进了中国与东南亚之间的文化交流，而且增强了相互之间的友谊。他们之中有的在访华途中不幸因病去世，其留在中国各地的坟墓，至今仍成为中国与东南亚友好交往的历史见证。

郑和与马六甲三代国王关系友好

在马来西亚，能感受到当地人民对郑和由衷的热爱和崇敬。在马六甲三保庙里，两个橱窗贴满了报道郑和遗迹的文章，郑和碑旁贴着中国政府高层领导视察三保庙的照片。在吉隆坡马来西亚博物馆，大门两侧彩瓷壁画《马来西亚历史沿革图》第一段，展示了郑和下西洋船队抵达马六甲的情景，画面上郑和宝船上悬挂着"郑"字帅旗，迎风飘扬。此间人士高度评价说，郑和船队驻扎马六甲港口，帮助该港口城市迅速崛起，成为一座国际商港贸易中心，对马六甲的发展做出了重大贡献，得到了马六甲三代国王乃至庶民的信奉与厚爱。

据当地郑和研究人士介绍，郑和七下西洋曾五访满剌加王国，与马六甲三代国王有着友好的关系，为中国与马来西亚的友好关系谱写了辉煌的篇章。郑和每次到马六甲都受到国王、大臣们的热情接待。郑和曾骑上王宫的御象，穿着马来民族的服装，游历满剌加全国和马六甲港。该王国创建之初，便派使者到中国求援，中国明朝皇帝派遣郑和鼎力相助，使该王国日渐强盛，马六甲港帆樯林立，商旅鼎盛。满剌加在最繁华的时期，流行着84种语言，成为东南亚重要的国际商贸港口，当地华人把满剌加译为马六甲。

马六甲人不会忘记，永乐四年（1406），郑和首次驶抵满剌加国，国王亲率王子、大臣与仪仗队前来马六甲港迎接，并举行盛大隆重的欢迎仪式，郑和为该国送去了"镇山之国"石碑，此碑是应国王之请而制，碑文与铭诗由明成祖朱棣御笔题赐，据说是书写在金龙纹笺上，国王将石碑安放在马六甲西山（近升旗山）上。永乐七年（1409），郑和二下西洋抵达满剌加国，赐国王"双台银印，冠带袍服"，建碑封城，同时，郑和在今三保山上构筑重栅小城。永乐十一年冬，郑和三下西洋，船队便驻泊马六甲港。当时，已日渐强盛的满剌加与爪哇国呈剑拔弩张的态势。郑和便说服双方，以求睦邻友好。永乐十五年，郑和五下西洋又抵满剌加，带去了明成祖给新国王的袭封与金币。永乐十九年，郑和六下西洋再次抵达满剌加，给满剌加国王建造了大船，国王率妻、子及陪臣随郑和船队到中国朝贡并讨封赐。宣德六年，郑和奉命七下西洋，专为调解暹罗国与满剌加国睦邻事宜，使得满剌加国全力建设家园，畅通商贸。

当地郑和研究学者认为，郑和对满剌加国贡献至少有三：一是颁诏赐印，封山竖碑，兴建王城，调解睦邻，使满剌加国免向邻国交纳黄金，得以全力发展经济。二是送去犁耙，驯养水牛，教栽水稻，围塘饲养鳄鱼，传播先进文化和生产方式，改变了当地人原始落后的农渔方式。尤其是取鳄鱼皮制成鞋靴，作为外贸商品，大获其利。三是郑和督率船队工匠为马六甲建造商贸桥，港务总管都是由郑和推荐的占城华人充任，郑和还带去制币工匠以斗锡仿铸中国铜钱式锡币，用以商贸交易。

菲律宾古国国王长眠在中国德州

在山东德州城区北部一个叫北营的普通村落，有一座不同寻常的墓葬：苏禄国（今菲律宾苏禄群岛）国王长眠在这里已有 600 年，来这里拜谒陵墓的海内外人士常年不断。

走进墓区，但见苍松翠柏，郁郁葱葱，长长的神道前竖立着石头牌坊，两边立着石人、石兽，尽头处是威严的仪门。进得仪门，祾恩门、正殿、东西配殿，依序排列。正殿正中，高悬着苏禄国王巨幅画像，正殿后正中是一个硕大的圆顶土冢，墓碑上书"苏禄国恭定王墓"。此墓完全是中国式的丧葬规制，与其他王陵不同的是，墓正门外西南侧有一个建筑规整的清真寺，东南侧还有三座土冢，分别是其王妃、二子温哈喇、三子安德鲁之墓。

一个遥远的菲律宾古国的国王怎么会葬在此地？杨玉梅说，古苏禄国位于菲律宾苏禄群岛。郑和七下西洋大大提高了明王朝在海外的声望，形成了万国来朝的局面，当时苏禄国与中国的友好交往也达到了高潮。永乐十五年（1417），苏禄国东王、西王和峒王率领家眷、官员共 340 多人到中国访问，受到永乐皇帝的隆重接待。三位国王登临长城，极目燕山，愉快地访问了 27 天。辞归到达德州以北时，东王不幸染上重伤寒，不治而逝。

永乐皇帝闻听此事，悲痛万分，命当地按中国君王规格为其举行葬礼，并派礼部郎中陈士启前去主持拜祭。永乐皇帝高度评价苏禄国东王为发展中国与苏禄国之间友好关系所做的贡献，在德州北部择地为东王建造壮观的陵墓，谥号"恭定"。第二年又"竖碑墓道，以垂永久"。在东王墓的西南偏东，有一座当年永乐皇帝亲书的石碑，至今仍保存完好，上面的悼文还依稀可见，是这里最具价值的文物。

据杨玉梅介绍，中国明朝政府对苏禄国王的到访自始至终都做了周到细致的安排，处处体现了与苏禄人民真诚交往的愿望，这种愿望没有因东王的病逝而终止，反而更加促进了两国人民进一步的友好。苏禄国王墓历经几代修缮，1988 年被公布为中国国家重点文物保护单位，成为中国和菲律宾密切友好往来的见证。

清代雍正八年（1730），苏禄王访问中国，途经德州，曾瞻拜祖茔。菲律宾驻华的许多任大使和菲律宾前任总统马科斯的儿子都曾来过德州，拜祭苏禄国东王墓。1999 年，菲律宾苏丹王到德州拜祭祖先。现在陵园内所立的"苏禄国东王纪念碑"是由菲律宾苏禄国东王后裔苏丹王、菲律宾实现黎刹信念协会、菲律宾国家历史协会联合为苏禄国东王所立的纪念碑。

据杨玉梅透露，2005 年是郑和下西洋 600 周年，也是中菲建交 30 周年，德州市政府已出台"苏禄王御园"规划设计方案，以菲律宾地理和建筑为主题，选择与苏禄国东王有关的苏禄群岛地理形态进行微型复原，在"岛"上修筑菲式古建筑，移植热带植物，展示菲律宾风情及历史文化风貌。

郑和造就了菲律宾血统的中国人

"是郑和造就了菲律宾血统的中国人。"杨玉梅说。郑和七下西洋促成苏禄国国王到中国访问，但后来他却不幸染上重伤寒不治而亡，葬在德州。为苏禄国王守墓的子孙与中国人世代通婚，留在中国的两位王子的后裔汉姓为温、安，至今子孙繁衍不绝，600 年来，代代相传，生生不息，使陵墓所在的北营形成了一个菲律宾血统的"中国村"。

通过走访北营村年事已高的夏姓和马姓几位村民，原来北营村基本上都是东王后人温、安及夏、马、陈三姓佣人的后裔，如今陈姓已很少。据村民介绍，当年苏禄国东王葬礼完毕后，东王长子随西王、峒王及使团回国继承王位，留王妃葛木宁、次子温哈喇、三子安德鲁和侍从十余人守墓。为照顾他们的生活，明政府特恩赐二顷多土地，修建了一座清真寺，并专门从济南等地搬来三姓回民（夏、马、陈姓）侍奉他们，并办理每年的祭典。

一位马姓老人说，守墓六年后东王后代回到了菲律宾，但由于眷恋中国，第二年又重返德州。苏禄国东王后裔们在明朝时备受礼遇，东王妃与两个儿子长居中国，到了清朝同样作为友邦贵客受到朝廷的特别恩顾，这样持续了 300 多年。清朝时，东王后裔入籍中国，成为中国公民，去世后葬在东王墓的东南侧。

马姓老人说，入籍后温、安可以同夏、马、陈这三姓回民通婚，但温、安之间因为是近亲，则不可通婚。当时温、安两姓已繁衍了 193 人，他们围墓而居，形成了一个自然村，名曰"北营"。清政府给他们分了田地，东王的后裔也像中国人一样种田纳税，过起了普通百姓的生活。

夏姓老人说，而今，北营村的大部分居民仍是安、温两大姓氏。但东王后裔外迁的很多，尤其是历史上运河两次大的决口，许多人无以为生，被迫背井离乡。

后来随着时代的变迁，外出谋生的不断增加，现在中国许多地方都有东王的后裔。不过，每年祭典的时候，不少外地的东王后裔都会赶回来，拜祭祖先。现在北营村已经有 300 多户、1000 多口人了，苏禄国东王的后裔已繁衍到 21 代。

　　北营村的古村落如今已荡然无存，取而代之的是一排排水泥抹墙的两层小楼。苏禄国东王陵墓前长长的神道，成了村里最宽阔的大道，民居沿神道两侧布列。随着城市的扩建，北营现在已与德州市紧邻，田地全部被征走，村民都成了城市户口，菲律宾血统的中国人可以享受德州市区居民的待遇。

本头公墓是中菲关系友好的见证

在中国山东德州有一座菲律宾王陵，而在菲律宾苏禄群岛贺洛岛上也有一座中国本头公墓，这是跟随郑和下西洋留在菲律宾的华人墓，也有中国人世代守墓，他们成为当地的华侨。杨玉梅说，两座墓远隔千山万水，遥遥相望，象征着中国和菲律宾两国友好关系源远流长。

据介绍，本头公是福建泉州人，原是郑和宝船的驾驶员。当船队停泊在贺洛岛的海岸时，本头公离船登陆，不幸遇难。郑和将他的尸体葬在贺洛岛上，这就是本头公墓的由来。从此以后，闽南一带又有人继续前来苏禄群岛定居，他们都替本头公守墓，并把本头公当作菲律宾华侨的先驱。菲律宾当时有闽南华侨商贾数万之众，菲律宾首都马尼拉的华侨从 1571 年的 150 人至 1603 年增加到 3 万人。

由于菲律宾苏禄国王墓在德州，因此德州与菲律宾的友好往来不断，德州市的官员曾多次赴苏禄群岛考察，拜谒本头公墓。本头公在当地被奉若神灵，每年到了四时八节，来自苏禄 400 多座大小岛屿上的华人和当地人就会从四面八方驾舟而来祭拜。

本头公庙及墓地位于巴笼山麓，庙宇全部系木结构，面积近千平方米，山门高逾七米，由四根巨柱托起。本头公神像是用整块木雕成的半身像，据说是当地老百姓从战火中抢救出来的。人物发型系明代的，战袍也是明代的黄色官朝服，一看便知为朝廷所赐。出了庙门拾级而上，就见到了本头公墓，碑铭是英文，依稀可辨，译文如下：本头公，吾苏禄华人之先祖也。公本名曰白本亥（音译——笔者注），升天后奉若仙君或神灵。

据称，是菲律宾一位颇有学问的华人最早提供本头公的有关史料的，他于 1926 年以"隐善君"的笔名，在当地的菲律宾《华侨商报》上首次披露了白本头的史迹：白本头，世居河南新郑，郑和奉旨驾船下南洋时，本头自投郑和麾下。舟傍苏禄群岛时，躬入深山幽谷，为瘴疠所侵，踉跄步返。将及泊舟处，悠然仙逝，遂葬于苏禄。菲律宾政府所编纂的苏禄史中也有本头公的记载，在白本头公墓旁边，还躺着一位穆斯林酋长，相传他生前是本头公的好朋友，两人后来依华人传统，歃血为盟，结为兄弟。他临终前给族人留下遗嘱，死后就把他葬在本头公的墓旁。这两座墓，是中菲关系友好的见证。

文莱国王体魄托葬中华

渤泥国王墓的所在地南京安德门外石子岗东向花村乌龟山，靠近南京城的聚宝门（近中华门）和雨花台风景区。进入陵区正门，通往陵寝的神道呈弧形，两侧是对峙而立的石人、石兽雕像，墓园被雪松、丁香、紫薇等数十个品种的上千株树木环抱，环境幽静，林木苍翠，庄严而肃穆。渤泥国王墓坐北朝南，前临池塘，遥对牛首山双阙，东、西、北三面环山，实为"风水宝地"。2001 年，此墓被公布为中国国家重点文物保护单位。

明史专家范金民称，郑和七下西洋 28 年间，西洋各国至少有四个国家 11 位国王先后到中国访问，其中有三位国王病逝并安葬在中国。

文莱苏丹国地处南洋加里曼丹岛北部，古称婆罗、渤泥。郑和研究专家杨新华认为，渤泥国是郑和下西洋时期海外诸国与中国关系最为密切的国家之一，郑和第二次和第五次下西洋时曾去渤泥国访问。为表达对中国的友好和感激之情，永乐六年（1408）八月，渤泥国王麻那惹加那远涉重洋，前来中国进行友好访问，随从有王后和他的弟妹、儿子、女儿以及陪臣 150 余人。

渤泥国王在中国受到了最高的礼遇，他亲眼目睹了中国皇太子的加封典礼，体味了中国特定习俗。当郑和率第一个使团赴渤泥国时，就发现国王剃度了。渤泥国王还出席了欢迎仪式，明成祖赠送其作为权力象征的标志：一张椅子、银餐具、伞、扇子、马匹和镶嵌金子的马鞍、十套用不同种丝绸制作并配上金花和花边的服装。

渤泥国王到中国一个月后就病倒了，明成祖下诏命御医用最好的药品救治，但救治无效不幸病逝。他病逝前留下遗嘱：体魄托葬中华。明成祖照渤泥国王的遗愿，辍朝三日吊唁，还发布上谕，以王礼将他安葬于南京城南的石子岗，以王侯陵墓的规制为他营造了陵墓，以西南夷人隶籍中国者为坟户，世代为之守护，并为陵墓竖碑建祠。明成祖亲撰碑文，命有司春秋致祭，充分表达了中国和文莱的深情厚谊，是明代中国和渤泥国友好交往史上的重要文献。

杨新华称，渤泥国王访问中国，书写了中文两国友谊的新篇章，渤泥国王墓是中文两国友好交往的历史见证，它的历史文化价值在于它体现了在郑和下西洋时期，中国与渤泥国之间缔结的真诚友谊，世世代代相传。

文莱第二世苏丹"失踪"600 年

"失踪"600 来年的文莱第二世苏丹在南京得到了确认,从而填补了文莱苏丹谱系上的"空白"。杨新华说,郑和下西洋使中国和文莱友好关系发展到最高峰,渤泥国王麻那惹加那前来中国进行友好访问,不幸病逝在中国南京,葬在安德门外石子岗,而 600 年来文莱王室却不知情。

杨新华是江苏省郑和研究专家和南京明史研究专家、文物保护专家,又是中国与文莱友好交往的民间使者,被前中国驻文莱大使刘新生称为中文两国交往史上不可多得的专家。1984 年他开始研究渤泥国王墓,出版《渤泥国王墓探源》《郑和》《郑和下西洋遗迹与传说》《文莱:热带王国皇冠上的明珠》等专著。

据杨新华介绍,在文莱的口碑传说中,文莱第一位苏丹是 1363 年至 1402 年在位,他的兄弟在 1408 年继位,在中间的六年时间里,文莱空缺苏丹,成为一个谜团。文莱的新近研究表明,第一位苏丹可能有一个儿子,在 1402 年他父亲死时继承了王位。而这期间与渤泥国王麻那惹加那前来中国友好访问的时间正好相符,他病逝时 28 岁,年龄也对得上。

湮失数百年的渤泥国王墓,是南京文物部门于 1958 年 5 月在南京市南郊雨花区铁心桥镇发现的,杨新华说,文莱国内王室却对此墓持有不同的看法,有人认为墓中葬的不是渤泥国王,而只是个王亲国戚。

1994 年 9 月底至 10 月初,文莱历史研究中心主任、苏丹文化高级顾问陛亨·贾米尔在考察了南京渤泥国王墓后,对照史书所记和口碑所述进行考证,从而得出结论:确认病逝于南京的麻那惹加那就是 1402 年至 1408 年在位的文莱第二世苏丹。文莱学者是根据杨新华的研究成果,结合文莱的口碑传说,链接了苏丹世系的缺环,引起了海内外学者的重视。1995 年 9 月,陛亨·贾米尔又赴南京出席郑和下西洋 590 年国际学术研讨会，他在演讲时说，1403 年这位新国王积极寻找中国的庇护而来到中国，尽管他死于中国，但他的目的已经达到。

杨新华称，渤泥国王墓先后七次修缮，对迁碑亭、牌坊、墓冢、神道等文物古迹进行保护性修复，墓园内建成一处具有浓郁文莱地域特色和人文景观的文莱风情园，内有亭台、长廊，并已建成近千平方米的陈列馆。文莱国对中国政府保护和管理渤泥国王墓的工作深表满意，在文莱苏丹谱系上填补了"空白"的第二世苏丹在这里得到安息。

郑和缔结了中国和文莱两国友好关系

"中文两国的友好关系源远流长，是郑和在 600 年前缔结的。"中国和文莱交往史及郑和研究专家杨新华说。明代初年，在朱元璋、朱棣父子两代中国皇帝的倡导和渤泥国王马哈谟沙、麻那惹加那及遐旺三代国王的共同努力下，尤其是郑和下西洋，使中国与渤泥国之间的友好关系进入了高潮。600 年后围绕渤泥国王墓，中文两国的友好关系又不断推向了新的高潮。

1991 年 9 月，文莱外交部常务秘书达图·林成玉在中文两国即将建交前首次访华，他在拜谒了渤泥国王墓后表示，文莱国王墓象征着我们在 600 年前已经存在着友好的交往，对你们把渤泥国王墓保存得如此完好，印象很深，回国以后，将向外长汇报，他将访华，我们将向他推荐到南京来看看这座墓。南京市政府官员在致辞中说，中国和文莱两国人民世世代代都保持着友好的关系，600 年前，渤泥国王率领 150 多人的庞大代表团到南京访问，这是我们两国历史上的一件大事。我们对贵国的国王陵墓十分重视，一定像保护两国友谊一样保护好。

1991 年 9 月 30 日，中国和文莱正式建立大使级外交关系，中文两国的友好往来进入了平等互利和平发展的新阶段。1993 年 4 月，文莱驻华大使佩义兰·阿卜杜拉·莫明专程冒雨到南京拜谒了渤泥国王墓，了解王墓发现、鉴定、修复及今后规划的有关情况，他表示回国时将向亲王详细介绍，因为外交大臣是现国王的亲弟弟，是渤泥国王的直系后裔。1993 年 6 月，文莱外交大臣穆罕默德·博尔基亚亲王拜谒了渤泥国王墓；1994 年 9 月，文莱驻华特命全权大使阿卜杜拉·贾法尔拜谒了渤泥国王墓。

1995 年 8 月 21 日，文莱苏丹二世麻那惹加那陵墓神道碑复制品运抵文莱首都斯里巴加湾市。中国技术人员协助文莱历史中心将神道碑竖立在展览厅，与其他历任苏丹墓碑并列向社会展出。1998 年 10 月 19 日，由文莱驻华大使馆、南京市文物局等单位联合举办的渤泥国王逝世 590 周年纪念活动暨《和平之邦　一方热土》首发式在南京举行。2004 年 4 月 12 日，南京市文物局与文莱文物局签署了文化交流合作共识书，达成了以纪念郑和下西洋 600 周年、中文建交 15 周年、渤泥国王逝世 600 周年为主要内容的"五点共识"。

杨新华指出，郑和下西洋促成了渤泥国王来华访问，他不幸病逝前又遗言："体魄托葬中华。"南京的渤泥国王墓在 600 年后为中国和文莱两国的友好关系谱写新的篇章起到了重要作用。

郑和七下西洋七次出访越南

"郑和下西洋七次都到过的而且每次都是第一个到达的国家是占城，就是现在的越南西贡地区一带。"云南省郑和研究专家、晋宁郑和纪念馆首任馆长徐克明研究郑和几十年，走了许多郑和所到的国家和地区。他介绍说，占城南连柬埔寨（古称真腊），北与中国接壤，东临大海，此处有一海口叫新洲港，后叫归仁，郑和船队下西洋七次率先到达占城就停泊在这个港口。

徐克明描述说，由于中国明朝政府制止了安南对占城的侵略，使其免受安南的兼并，又帮助其收复了被安南占领的大部分土地，所以郑和使团每次到达占城，占城国王都要头戴三山金花冠，身披锦花手巾，腰挂八宝方带，骑着大象，率领大小官员、酋长 500 多人，身穿节日盛装，载歌载舞到码头上夹道欢迎。在隆重的欢迎仪式上，郑和代表明王朝递交国书并赠送厚礼，如丝绸、陶瓷、冠带袍服、金银首饰等。

徐克明说，郑和使团七次出访占城，加强了两国的经济贸易和文化交流。郑和宝船所载的丝绸、瓷器、工艺品等，受到占城人民的极大欢迎，广泛进行了贸易互换。尤其是郑和帮助占城人民发展经济，当地人民至今还记得郑和的功绩。

郑和到达占城后，将带去的耕耘工具分送给当地人民，并派人传授耕种及引水灌溉的方法。过去占城庄稼每年只有一熟，郑和传授稻秧分植法后，使之一年可三熟。同时，郑和还带去了中国的药物种子，帮助占城人民培植中国药材。郑和船队的炊事人员还教占城人民学会了制作豆腐、豆腐皮、豆腐干，占城国王见到中国明朝的铜钱后，便设立一个铸钱工场，由郑和派出专门技师雕刻钱模，传授炼铜和浇铸，后来占城民间就有了铜钱的流通。由于占城常常涨水，民居常被水淹，郑和便教他们建造有四只脚的房屋。

占城国王为答谢郑和使团，将占城国的奇珍异宝赠送给中国皇帝，其中有一件名叫"宝母"的，据传每月十五日晚置于海边可招来诸宝。还有一件珍宝名叫"水火二珠"，水珠放在浊水中其水立即澄清，火珠置于中午当天夜里便会燎香烧纸。另有一件珍宝名叫"避寒犀角"，将它放在金盘里可以满屋温暖。最稀罕的珍宝要数"象牙席"了，它用象牙抽成细丝，然后编制成象牙席，据说睡在上面可祛除疾病。

徐克明指出，郑和船队在占城停泊期间受到占城国王如此盛情款待，从欢迎场面的庄重热烈程度上可以看出，郑和使团所执行的明初对外开放方针政策，符合海外各国人民的利益，如果没有这个基础，郑和下西洋中任何盛事也不可能发生。

郑和到过新加坡龙牙门

郑和下西洋到过新加坡龙牙门，即新加坡拉柏多公园海域和圣淘沙岛海岸间的海峡。新加坡郑和研究专家陈达生说，郑和船队在当时经过龙牙门的航线地标，称为龙牙石，可惜这块别具历史价值的龙牙石已被炸毁。

据陈达生考证，新加坡古称谈马锡，《郑和航海图》记载，郑和船队下西洋到了马六甲海峡最南端，这是从中国到西洋的一条重要航线，经过一个高约六米的很像龙牙齿的巨石，即龙牙门。此龙牙门位于新加坡拉柏多公园的海域和圣淘沙岛海岸之间的海峡，而郑和当时就是以拉柏多公园附近海域一个很像龙牙齿的石头作为其船队航线的标志。但遗憾的是，英国海军为扩大水道，于19世纪80年代将龙牙石炸毁。

陈达生介绍说，为还原历史，让世人重新认识郑和当年下西洋途经的龙牙门，新加坡旅游局与海事及港务管理局、国家公园局合作，于2005年7月在拉柏多公园内重新竖起一个相同高度的龙牙石。新加坡将从6月起展开为期三个月的大规模的郑和下西洋600周年庆祝活动，其中最引人注目的就是重建具有重要象征意义的龙牙门。

据了解，新加坡纪念郑和下西洋600周年还包括展览会、研讨会、狂欢节、文艺表演等活动，举办两个展览会，一个展出古代地图等珍贵物品，另一个则展出郑和宝船模型等。新加坡在中国制造了符合造船原理又有历史依据的郑和宝船模型，这个高约2米、宽0.5米的模型已亮相维多利亚街的新加坡国家图书馆。同时，新加坡国家图书馆和中国国家图书馆联合举办郑和展，展出与郑和有关的历史、文化、科技等方面的文物资料。新加坡和郑和七下西洋起锚地苏州共同开发建设的工业园区已有多年，2005年双方举行郑和下西洋600周年相互对接系列活动。

　　另一个重点庆祝活动是新加坡将在滨海宝龙坊开辟郑和文化村，搭建具有各国不同建筑风格和特色的凉亭，举办嘉年华会，搭建美食角落和表演舞台，邀请郑和船队远航线路所经的各个国家派代表前来参加。此外，新加坡筹备演出了郑和音乐剧，出版一本名为《追寻郑和将军足迹》的书籍。新加坡邮政局在 2005 年6 月发行四枚郑和下西洋 600 周年纪念邮票和一套限量发行的纪念邮票。此外，新加坡造币厂已经发行了郑和下西洋纪念币 9000 枚，其他三套纪念币各 600 套。

郑和支持施二姐继承旧港宣慰使职

旧港是三佛齐国王城，是印尼历史上极为强盛的国家，后来被他国远征从此衰落。永乐五年郑和下西洋，海盗陈祖义密谋偷袭郑和船队，幸得施进卿及时通报而将陈擒获。郑和以施进卿有功，即向明成祖建议设置旧港宣慰使司，并保荐施进卿为首任旧港宣慰使，明成祖准奏。印尼群岛华人众多，旧港宣慰使的设置，使三佛齐国解体后有了"掌门人"，这是华人自治的极好办法。此后，当地局势稳定，百姓安宁，商贸繁荣，农渔业发展，港口趋于平静，华人得到了保护。

施进卿死后，旧港发生了兄妹争位的变故。施济孙遣使到明朝，要求子继父位，明成祖理所当然地颁诏赐给。其实，当时旧港真正的掌权者是施二姐，而不是施济孙。关于施二姐的传说很多，特别是她从海上救起爪哇岛阿邦安酋长国国王欲毒死的男婴一事颇为人们称道。此男婴是传播伊斯兰教哲人牟兰那·依沙的儿子，施二姐将他抚养至 16 岁，取名拉登·巴固，娶满者伯夷国吉丽苏公主为妻，后成为印尼伊斯兰教九大圣哲之一。施二姐因此而备受人民的崇敬和爱戴，众多印尼人至今仍前往她的墓地瞻仰。施二姐在旧港长期形成的影响和地位，取得宣慰使是顺应民心的，也是符合当地"位不传子"的宗法的。

兄妹争位是旧港当局的内政，明朝政府如横加干涉，按照中原传统的朝纲宗法去改变旧港的国内政局，势必引起当地居民的反感，甚至是反抗，很可能会诱发一场战事，带来严重的后果。但如不妥善处理，旧港管理机构就难以稳定，华人就得不到很好的保护。

在这牵一发而动全身的关键时刻，郑和表现了一位杰出的外交家的风采。他采取"不干涉他国内政"的做法，承认了施二姐的合法地位，以"三佛齐国宝林邦碑那施氏大姐"的名义行使职权，使她继承了宣慰使职，统治达 20 年时间，直至明英宗正统五年（1440）。

当地学者称，郑和在处理印尼旧港宣慰使职的问题上，既体现了明朝政府的和平外交政策，在外交上取得了深远的影响，又有效地稳定了旧港管理机构，保护了当地的华人。郑和之功，功不可没。

泰国华人和泰人何以和谐相处一家亲

"郑和下西洋缔结的中泰友谊，源远流长。600 年来，华人和泰人世世代代和谐相处，携手发展，共享成果，亲如一家。"对郑和颇有研究的蔡绪锋如是说。

蔡绪锋是泰国现代企业管理的领军人物，在泰国工商界享有很高的知名度。

谈起郑和，蔡绪锋精神为之一振，他说，600 年前郑和多次到过泰国，郑和船队无论是在科技上还是军事上，在当时都是举世无双的，可在所到之处没有去侵略、去掠夺、去奴役、去称霸，相反却带来和平、带来人才、带来财富、带来繁荣。因此，不仅泰国的华人、华侨景仰他，而且泰国人民也十分敬佩他。

蔡绪锋说，郑和用他和平通好的实际行动，赢得了泰国皇室和广大人民的信赖。在与西方殖民统治的强烈对比中，泰国对郑和的和平之师崇拜无比，放心有加，而给郑和船队和中国人许多优惠政策。例如，当时中国商人在泰国经商享有特权，仅需缴纳 1/6 的税金，而其他外商则需缴纳 2/9 的税金；对西洋人与泰国人通婚加以限制，而对中国人不但不限制，还十分欢迎泰、华联姻。一批批华人从泰国素可泰王朝时期开始迁居泰国，安居乐业，繁衍生息，与泰人相处和谐、关系融洽，为泰国的繁荣与发展做出了巨大的贡献，为中国与泰国的长久友好奠定了基础。

泰国现已成为海外华侨华人集中聚居最多的国家和地区之一。蔡绪锋称，如今泰国到底有多少华侨、华人，没有一个确切的数字，因为在泰国华人、泰人已水乳交融。华人已进入了泰国的主流社会，由华人、华裔掌控的企业也遍布泰国的各行各业。

正如蔡绪锋介绍，由华人创办的正大集团，是泰国五大集团之一的跨国公司，拥有 10 多万员工，重点经营畜牧业、电讯业、零售业，在 10 多个国家开设分公司，仅在中国就创办了 120 多家企业，投资遍及西藏之外的神州大地。

　　"今年是郑和下西洋 600 周年，也是中国和泰国建交 30 周年。郑和下西洋，无疑对开拓中国和泰国乃至东南亚之间的友好关系产生深远的影响。泰中友谊将在两国人的手中世世代代承传下去，在全面交流合作的友好道路上迈出新步伐。"蔡绪锋于 2005 年时就看好泰中两国关系的发展。

文莱有一条王总兵路

　　文莱苏丹二世陵墓神道碑复制品从南京运抵文莱首都斯里巴加湾市后，中国技术人员在完成了竖碑任务的同时，考察了文莱的名胜风景和城市风貌。在首都斯里巴加湾市，发现竟有一条被称为王总兵路（一说是王三品路）的街道，杨新华说，这是为了纪念与文莱有密切关系的伟大航海家王景弘，他是郑和的副将。文莱政府用王景弘的名字命名街道，显示了文莱对中文友好交往的重视。

　　多年来，郑和船队是否到过文莱，一直是专家学者探讨的问题。杨新华认为，文莱首都斯里巴加湾市的这条王总兵路，更引起了学术界的重视。杨新华考证，据《新编郑和航海图集》图示，郑和船队是在第二、第五次下西洋时到达文莱国的。《郑和下西洋往返时间及所经国家和地区简表》也有明确记载。此外，明代陆容撰写的《菽园杂记》记有郑和船队到过渤泥国，这一佐证可信度颇大。王景弘率分船航行到文莱，当地人民为了纪念他，修建并命名了这条王总兵路，也在情理之中。

　　王景弘与郑和同为正使，与郑和又是亲密战友，他俩都是伟大的航海家。具有几十年研究郑和经历的杨新华介绍说，与王总兵路相映衬的是，在中国南沙群岛的九樟群礁，还有一座景弘岛。它的命名是在 20 世纪 40 年代，其名一直沿用至今。

　　杨新华在文莱考察期间，还听说了许多与中国有渊源的传说，如华人王三品娶了文莱第一任苏丹毕沙雅人的公主，成为第二任苏丹，生了个女儿嫁给阿拉伯人阿里，阿里成了第三任苏丹。因此，文莱苏丹有三种血统，即毕沙雅、阿拉伯和中国。至第三任苏丹之后，凡举行登基典礼，三族服装都要具备。如今，文莱举行重大活动，要穿马来服、中国服和少数民族服装。

　　有趣的是，杨新华所听到的每一个传说，都离不开王姓，也离不开中国明代初年郑和下西洋的特定时代。王总兵或王三品应该都与郑和下西洋时期的王景弘有所联系。杨新华认为，文莱首都有王总兵路，中国南京有渤泥国王墓，并非巧合，这些历史遗存正在积极地发挥着证实中国和文莱两国友好交往、情谊深厚的历史作用。

郑和下西洋到孟加拉曾受到千骑迎接

郑和第六次下西洋出使榜葛剌（今孟加拉），自苏门答腊顺风 20 昼夜就可到达。

明初，中国和榜葛剌关系甚为密切。永乐年间，明朝曾数次派遣使者出使榜葛剌国，榜葛剌也数次到中国朝贡方物。此次郑和船队到榜葛剌访问，受到了盛大的欢迎。榜葛剌国王"闻朝使至，遣官俱仪物，以千骑来迎。王宫高广，柱皆黄铜色饰，雕琢花兽。左右设长廊，内列明甲马队千余，外列巨人，明盔甲，执刀剑弓矢，威仪甚壮。丹墀左右，设孔雀翎伞盖百余，又置象队百余于殿前。王饰八宝冠，箕踞缎上高座，横剑于膝。朝使人，令柱银杖者二人来导。五步一呼，至中则止，又柱金杖者二人，导如初，其王拜迎诏，叩头。手加额，开读受赐讫，设绒毯于殿，宴朝使，不饮酒，以蔷薇和香蜜水饮之，赠使者金盔、金系腰、金瓶、金盆，其副则用银，从者皆有赠"（引自《明史·榜葛剌国》）。

这个盛大的欢迎场面，可谓壮观而隆重，充分体现了中国和孟加拉国传统的深厚友谊。

以郑和航海为代表的中国对外交往最文明

跨越 6 个世纪的时空，我们仍能听到郑和船队对历史的诉说，而太平洋、印度洋的波涛轰鸣，正是郑和远航的巨大回响，那轰鸣与回响，凝聚成为今天对昨日的深刻领悟，领悟出我们人类祖先是怎样在自低向高的文明阶梯上走过艰难，走向辉煌。历史学家何芳川谈起郑和，抑不住心头的振奋和激情。

何芳川说，自从有人类文明以来，文明之间就有了交流、交汇。在文明的交流与交汇史上，唯有以郑和远航为代表的中华民族的对外交往最文明，因为它最和平。

何芳川用史实来佐证说，郑和船队无疑是古代世界上规模最大的外交使团与商队；但它同时又是古代世界上规模最大的海上武装力量，数万人员绝大多数是军人，郑和本人乃是武将军职总兵官。但郑和七下西洋真正意义上的对外战争仅有锡兰山一次，而且是在被迫无奈的情况下的防卫性作战。

"共享太平之福"的和平理念，是古代中华民族和中华文明的一个基本特点和优点，也是郑和及其追随者伟大航海活动的基本理念。当大明帝国崛起与雄强之际，拥有当时最强大武力的郑和船队，追求的乃是一种文明的理想。

郑和远航还有一个显著特点，就是它拥有一种强烈的、自觉的文明使命感，即致力于提升远近诸同的文明程度。首先，在物质文明层面，郑和船队运往海外诸国以丝绸与瓷器为代表的大量的中国精美物品，刺激了各国不断提升的物质文明的社会需求。其次，在制度文明层面，郑和远航致力于宣传推广中华帝国长期构建的"华夷秩序"这一古代国际关系。再次，在精神文明的层面，郑和远航的使命感更为强烈，突出传播中华礼仪之邦的文化。

何芳川评价说，郑和远航是一首东方封建文明威武雄壮的绝唱，走在了历代世界各民族友好交往的历史前列，在人类文明的交流与交汇史上，起了重要的、积极的作用，为文明的交流与交汇树立了一个光辉典范。

郑和时代中国和印度关系最密切

郑和下西洋时期，是中国与印度这些沿西海岸国家频繁交往关系最密切的时期。对郑和与印度友好交往史研究富有成果的著名郑和研究专家郑一钧说，郑和下西洋时期与印度诸国在政治上使节往来、封山竖碑，经贸上平等互利、诚信交易，极大地推动了中印两国人民之间友好的交流和友谊。

中国和印度都是世界文明古国，中印两国有着悠久的传统友谊。郑一钧回顾说，从东晋名僧法显到唐朝名僧玄奘赴西天取经，都与印度有缘。自明洪武年间到永乐元年，明朝曾多次派遣使者出使古里，古里国王也曾多次遣使到中国朝贡，两国来往不断，关系十分密切。明代郑和七下西洋每次都访问印度，对古里、柯枝、小葛兰、甘巴里、阿拨巴丹、加异勒等印度国家进行了多次访问，尤其是第二次、第七次下西洋时到访的印度诸国最多，其中古里到达七次，柯枝到达六次，这在其他国家是绝无仅有的，这更使中印两国进入了历史上交往最频繁、关系最密切时期。

永乐三年，郑和奉诏出使古里，这成为两国关系的一个重要事件写进了史册。为了纪念这件大事，郑和在古里建立了一个碑亭，立石勒碑。郑和船队每到一处，广泛发生贸易关系。古里国以金银为支付手段，买卖双方出掌定价，一旦达成协议，签订合同，再不悔改，既不强买强卖，也不巧取豪夺，体现了平等协商、互惠互利的原则。贸易结算采取了议价贸易、货币购买两种方式，中方在经贸活动中注意尊重别国的风俗。交易中还出现了经纪人，使经贸活动达到了较高的水平。

随着中印两国经贸往来的发展，科技文化和民间手工艺交流也广泛开展，郑和把丝绸及丝织技术传到了印度。据《明会典》载，古里朝贡物品中仅棉纺织品就有花毡单伯兰布、芯布、红丝巾手巾、番花人马象物手巾、线结花靠枕五种之多。根据英国经济学家麦迪逊估计，"郑和下西洋时期，中印两国的经济贸易就占了全世界生产毛额一半以上"，这种盛况在 15 世纪前后持续了二三十年，获得了空前的成功。法国学者佛朗索瓦·德勃雷对郑和下西洋在发展中印经贸往来上获得的成就评价道，郑和远征使"印度的港口开始巨大的繁荣"。

郑一钧称，郑和下西洋使古代中国和印度的关系出现交往最密切的时期，这种关系的存在和发展对于中印都是非常有利的。首先是重新构筑了中印海上联系和贸易，直接有助于印度中转贸易的增长和明朝对外友好政策的实现。其次，增进了中印两国人民的友好往来，发展了两国的互通有无关系。最后，极大地促进了中印双方的经济发展和社会进步，中国和印度的友好往来堪称国家间和睦相处、共同发展的范例。

郑和是伟大的和平使者

台湾学者吴京曾指出，15 世纪，西方的一批航海家，他们有的横渡太平洋，有的绕地球环行，还有的发现美洲新大陆，为世界航海事业也做出了贡献。然而，他们无法与郑和媲美，这不仅因为他们出海时间晚、航海规模小，更重要的是他们航海探险的目的与郑和有天壤之别。郑和是和平使者，而他们都不是。西方航海家以掠夺、扩张为根本目的。

发现美洲新大陆的意大利人哥伦布，每到一处"尽其所能掳掠黄金和女人，挑选精壮男女运回西班牙卖为奴隶"（引自《早期殖民主义侵略史》）。美洲从此开始了长达四个多世纪的殖民时代。

绕好望角到达印度的葡萄牙人达·伽马，每到一处登岸后"照例竖起一块标志，作为葡萄牙王室已经占有这块土地的标志"（引自《早期殖民主义侵略史》）。

绕地球航行的葡萄牙人麦哲伦在占领了菲律宾的宿务岛后，又要去征服附近的马克坦岛时，被愤怒的当地居民杀死在该岛上。

而郑和在七下西洋过程中始终以和平使者面目出现，"入国问禁，入境问俗"，进行和平外交活动。尽管郑和率领上万名将士，但不战而屈人之兵。在国与国交往中只要不危及明朝，决不动用武力，和平相处。几次用兵均属被迫，主要是剿灭海盗，反击偷袭，协助平息内乱和调解纷争，达到了维护东南亚地区和平、保障海上贸易航路畅通、各国相互友好的目的，而无丝毫侵略、征服、扩张、掠夺、威胁的意图和行动。

正如印度尼西亚一位受人尊敬的穆斯林学者乌勒玛所说的："郑和的船队没有毁灭的武器而只有美德的武器，他给予到访国王的就是这种武器。"（引自《郑和将军：一位扮演多重角色的伟人》）

　　谢方在《郑和海外用兵略论》中说，郑和下西洋带领 2 万多名军士并不是为了征服，而是为了宝船航行安全的需要。虽然发生三次战斗，但一次是为了惩治不法华人，一次应国王之请平定叛乱，一次是被迫自卫还击。

　　郑和在七下西洋期间，从不掠夺一寸土地，未建立过一个殖民地。在贸易中坚持平等互利、恪守信用、互相尊重的原则，公平交易、互通有无，受到了各国人民的欢迎。

　　郑和在进行贸易的同时，还充分利用所率船队中的 180 多名医生、医士的优势，为当地人民诊病治病。郑和出使印尼时，正遇瘟疫流行，当地居民纷纷请郑和为他们治病。郑和教之服川榴莲果，结果瘟疫全消，郑和治病救人的事迹至今仍在当地广为流传。

郑和运用"宣德化""柔远人"方法开展外交

郑和七下西洋期间，运用了"宣德化""柔远人"的方法开展对外交往，取得了显著的效果。王桂岩认为，郑和七下西洋以开拓海上西通之航线，保持东西丝路之畅通为目的，并不以掠夺、占领、殖民手段来获取利益，而是以中国儒家的传统文化的核心价值观"仁"广被于各国，即以"宣德化""柔远人"之王道作为，争取与西洋诸国友好共存。

所谓"宣德化"，指郑和出使是敕往谕诸国，宣传明王朝对外政策，表达同各国通好往来的愿望。所谓"柔远人"，指郑和船队携大量的金币赐物，遍赐诸国王公大臣，以示皇恩浩荡，招引来贡。这一做法贯穿了各次出使中，而以前四次用得最为突出。

王桂岩指出，特别是在对西洋各国商贸方面，郑和以朝贡贸易和官方贸易两种经营手段扩展海外商贸。但在实际作为方面不仅不以赚钱为目的，反而是"赔本生意"。换言之就是以中国传统的"柔远人"之理念，对远来贡物使者相对的赏赐却是多得多，这就是"厚往薄来"的王道之风。

永乐初年，海外交通在洪武末以来已断绝多年，各国对明成祖的对外政策不甚了解，加上安南用兵，北方吃紧，明朝急切需要安定海外。

永乐三年，郑和第一次下西洋，"首达占城，以次遍历诸番国，宣天子诏，因给赐其君长，不服则以武力慑之"。首次出使，郑和肩负着打破中外交通阻绝僵局的重任，为使各国能接受明王朝的政策，着重采取宣诏给赐的手段来笼络人心，融洽感情。

永乐五年、永乐七年和永乐十年郑和又三次出使，到了西洋大部分国家，每次间隔都很短，其使命均是"敕往赐"，每到一地"开读赏赐"。这表明了明朝打开与西洋诸国友好局面的迫切心情，而"宣德化""柔远人"是最有效的方法。

王桂岩评价说，十年磨一剑，经过十年的努力，永乐十四年，郑和完成了四次出使任务，卓有成效地推行了明成祖的对外友好政策。为了保持这成果，以便长期稳定地发展西洋诸国的友好关系，明成祖又两次派遣郑和出使西洋。这两次出使具有明显的回访性。永乐十四年19国贡使辞还；永乐十七年，有17国来贡；永乐十九年，又有17国使返。这足以证明，郑和运用"宣德化""柔远人"的方法，确实开创了友好局面，取得了成果。

遗迹篇

在海外郑和纪念场所知多少

距泰国首都曼谷 90 公里的泰国古城的三宝公庙，这里香客如潮，香烛台前人头攒动，香烟缭绕，给郑和神像献荷花的，进香的，排成长龙。金碧辉煌的三宝公宫殿下门前写着对联："三宝灵应风调雨顺，佛公显赫国泰民安。"宫殿内 30 米高的郑和神像前客满堂，头顶纱绢，这里正在举行为郑和神像捐衣纱仪式。

据此间学者介绍，郑和或他的分綜曾三次到泰国访问，因而在这里留有许多遗迹。三宝公庙为郑和礼拜寺，永乐间郑和所建，寺庙宏丽，佛高及屋，神像庄严。锡门为华人出入必经之处，郑和为匾题"天竺国"。曼谷有三宝禅寺，是华侨为纪念郑和而筑，其中石刻雕像和画栋雕像，很有艺术价值。此外，在泰国有郑和宝船的壁画，挂在今泰国玉佛寺，建有三宝寺，还把河港取名为三宝港。

郑和下西洋获得东南亚各国人民的景仰，他们到处为郑和建庙竖碑，记载他的业绩，追思他的恩泽，并定期举行纪念活动，把他视为东南亚各国人民走向富裕的神。庙中香火不绝，历 600 年而不衰。

马来西亚马六甲有三宝庙、三宝亭、三保井和三宝山；茂物有三宝井；槟城附近海珠屿有大伯公庙，庙中碑文云："南洋言神，辄称三宝大神，或云三宝即太监郑和也。"

印尼爪哇岛有三宝港，城市名三宝垄，还有三宝庙，庙内有三宝洞、三宝井，洞前不远处有三宝墩。在爪哇之顺塔（今雅加达）有郑和所遗的石碇，重百斤，但 20 余人抬之不起。在巴达维亚的一个公园里，尚有郑和当年赠送给土人的四门大炮。在苏门答腊岛，郑和下西洋时曾赠给亚齐王子一座大青铜钟，现保存在苏门答腊北部亚齐的万达拉惹博物馆，可惜铜钟上的铭文已被新镀的一层青铜覆盖，无法辨认。

　　柬埔寨今磅湛市东古城建有三保公庙，其门联曰："三征分域，抚夷安邦，遗像万年留瞻仰；保明尽忠，辅政治国，英灵千载永长存。"郑和下西洋曾分艨到过婆罗洲，访问过今马来西亚和文莱国的一些地方，文莱国王府旁有中国碑。在斯里兰卡首都科伦坡博物馆内，至今保存着永乐七年郑和在当地立的《布施锡兰山佛碑》。在印度，郑和下西洋时曾在古里立过碑，现已不存，但印度现仍保存有三宝石像画。在非洲东岸索马里的布拉瓦的郊区有一个很大的村子，叫中国村或郑和屯，据说郑和使团曾到过这里。

　　海外专家称，世界上还没有一位航海家能在这么多国家、这么多人群中受到这么普遍的尊重。不少海外学者和海外华人、华侨至今仍以极大的热忱致力于研究郑和下西洋的业绩，颂扬郑和不畏艰难、着力开拓海洋事业的伟大精神。

在中国郑和遗物留存知多少

郑和七下西洋在中国国内留下了大量的遗物，有的尚在，有的已不知去向，还有的只是传闻而已。著名郑和研究专家郑一钧说，为纪念郑和下西洋600周年，中国的郑和研究专家、学者对此正在进一步挖掘整理和研究，与郑和有关联的一些地区也在不遗余力地搜寻郑和在当地的遗物。

郑一钧首次考证发现，南京碧峰寺、稳船湖、钟山书院、十六楼、辟支洞以及明代南京内官监衙署、明代南京守备衙署等与郑和有关的新的遗迹，具有十分重要的史学价值。他已出版中国第一部面向青少年的郑和科普读本《伟大的航海家郑和》及《郑和全传》等四部书，共450万字，其中写到郑和在中国的遗物，披露了许多鲜为人知的史料。

据郑一钧考证，时空跨越了600年，郑和在中国的遗物已十分稀少难觅，现存的大致分为宗教艺术品、奇花异木和宝船三个部分。

宗教艺术品部分：有记载说，郑和自西洋还，"进献香雕锻裹漆观音圣像三尊"。在南京静海寺"有水陆罗汉像，乃西域所画，太监郑和等携至，每夏间张挂"。来自西方异国的艺术珍品，引得"都人士女，竟往观之"。而在南京碧峰寺非幻庵有沉香罗汉一堂，乃非幻禅师下西洋取来者，像最奇古，香气异常，又有载，"碧峰寺有沉香罗汉像甚奇古，相传是郑和从西番携来者，与今梵宫不同"。郑和在他的第七次奉使下西洋出发前，在福建长乐南山天妃宫和江苏太仓刘家港天妃宫分别立了一座"天妃灵应之记碑"和"通番事迹碑"，记载了郑和历次下西洋的主要事迹与天妃神灵显应的神话，为郑和所刻。长乐的郑和铜钟，相传是郑和为南山天妃宫配套建筑三清宝殿所铸造，是研究郑和下西洋的重要历史文物。

奇花异木部分：有自西洋取回的海棠，一栽于南京静海寺中，一栽于太仓刘家港天妃宫院内。五谷树"有二株,一在皇城内,一在永宁寺,不但结子如五谷,亦有似鱼鹰之形者,是郑和下西洋取来之物"。南京永宁寺的番葡花,也系郑和自西洋取来。

郑和宝船部分:在西沙群岛北礁盘曾发现明代沉船的残迹,打捞到汉至明代铜钱 400 公斤和铜锭、铜块等物,据考证,这是明代郑和下西洋船队中的一艘沉船。郑和七下西洋起锚地江苏太仓的海宁寺有一铁斧,原为太仓州东门外造船厂之物,后移置海宁寺。在太仓还有郑和船队留下的缆绳、桅杆。

郑一钧认为,野史中记载郑和遗物更是数不胜数,因无从考证,不足为信。

郑和三宝公的尊称在印尼闻名遐迩

印尼三宝垄是一座神话般的古堡，它的历史与中国血脉相连。这里的华侨称，郑和在印尼以三宝公的尊称闻名遐迩，郑和七次下西洋时多次访问这里，此地在中国和印尼两国关系史上有着极其重要的地位。16世纪后三宝垄闻名于世，这是与以三宝太监名称命名分不开的。

说起三宝公，当地华侨都引为自豪。华侨游宏威说，郑和七次下西洋，每次都抵达千岛之国印度尼西亚，并到过众多小岛。在印尼至今还保存着许多三宝公的遗迹，流传着许多关于郑和的动人传说。虽然这些传说色彩神奇，却表达了当地人尤其是华人的敬仰和爱戴之情。

在忠义船之庙内，陈列着两把锋利而精致的宝剑，据说是当年郑和留下的。当地流传着郑和船队的一位厨师与雅加达舞女西迪瓦蒂喜结良缘的故事。在泗水拉都庙宇前厅陈列着一支郑和船队的模型，当地爪哇人和华侨把它敬作降福赐祉、避灾祛祸的神物。在爪哇井里汶附近的宋加拉基庙，据传是郑和一夜间建成的，当年郑和曾举刀斩妖蛇，为民除害。

在印尼流传着郑和副手王景弘因病羁旅三宝垄开荒种地，传播伊斯兰教的故事。在巴厘岛，有座纪念郑和厨师的庙宇，建于巍巍的金达曼尼山上，庙内陈列着三宝厨师用过的一把菜刀、一双拖鞋和一根竹制烟斗。据说这位厨师把中国的荔枝留在巴厘，印尼过去是不产荔枝的，从此巴厘成为印尼唯一产荔枝的地方。

在爪哇还有一种俗称的"三保公鱼"，并流传着一段"舢板跳鱼"的故事。有一天郑和的船队抵达爪哇时，忽然，一条鱼蹦上舢板，挣扎翻跃，心地善良的郑和急忙把它捧起，放生海中。从此，这种鱼的脊背上留下了郑和的五个指纹，这鱼因此得名。

在苏门答腊北部的亚齐，有个著名的巴达尔拉雅博物馆，馆内陈列着扎克拉陀惹的大铜钟，据说这是郑和第五次下西洋时带来的，它是明朝永乐皇帝赠送给须文那·巴赛国王的珍贵礼物。迄今这座大铜钟仍被当地人民视作神钟，受人供赏，安息香焚烧不息，当地政府把它视作文物加以保护。泗水的清真寺是世界上第一个以郑和名字命名的清真寺。

马六甲三保山是怎么来的

马六甲有关郑和的传说和故事很多，内容极为丰富，人们把它改编成戏剧等形式，流传很广。在这里流传最广、家喻户晓的是一位中国公主与马六甲苏丹国王，还有一口井的故事，十分传奇和动人。

当地郑和研究人士说，相传在 15 世纪中叶，一艘中国船驶抵满剌加国，船内到处插满了金针。船长给年轻聪慧的苏丹国王送去一封信，说他奉中国皇帝之命传话给苏丹："每一根金针代表我的一个臣民，要是你能够数得清多少根，你就知道我有多少臣民。"苏丹接信后，在船上装了好几袋米，他在回信中写道："要是你能数得清这艘船上的谷米，就能准确地猜出我有多少臣民。"

中国皇帝获悉后，十分欣赏苏丹的聪颖，决定把汉丽宝公主嫁给他为后。明英宗天顺三年（1459），英宗命礼部给事陈嘉猷、狄波等奉送汉丽宝公主与苏丹完婚，随行的宫娥、艺匠、乐工、侍女不下 500 名，而且宫娥、侍女个个如花似玉。苏丹见了大悦，于是，在一块 65 公顷的山包上专门为汉丽宝公主和她的侍女们修建了一座宫殿，并把这座山命名为"中国山"，声称她们居住的地方永远归华人所有。

此间出版的《马来传奇》第十五篇"故事"也述说了此事：满剌加苏丹见中国公主长得如此艳丽，非常惊异，即和她成婚。他们婚后育有一子，取名为梅玛特王。后来生下斯利·中国王，他就是阿赫玛特王与伊沙甫王的父亲。陪嫁的 500 名中国臣民，定居在中国山。直到如今，这座山仍被称为中国山，目前此山仍归马六甲华人社团所有。

说起井，这里的人有口皆碑：苏丹还为汉丽宝公主在山脚下挖掘了一口井，取名"汉丽宝井"。此井不仅水质清冽甘美，而且不论天气多么干旱，水也不枯竭。当地居民为保护这口神奇的井，特地筑起护井围栏，井水至今清澈纯净。关于这口井的由来，还有一个说法是郑和下西洋到马六甲时开凿的，自从郑和喝了这口井的水，井水才变得如此清澈，因此又叫"三保井"。传说喝了这口井的水，船出海遇到风浪会逢凶化吉，人们又把它称为"许愿井"。郑和原在这一带开凿了七口井，现只剩下两口，一口在宝山亭旁，人称王井或汉丽宝井。

此间郑和研究人士称，不仅满刺加国王室血脉流淌着中国血统，而且 500 名中国臣民也成为马六甲最早的华侨。郑和船队五次到马六甲又都驻扎在中国山上，所以此山又称三保山，因此，马六甲州政府决定在三保山上设立郑和史物陈列馆。中国与马六甲王国，郑和与马六甲有着源远流长的历史关系，是难以割断的。

菲律宾中国古代移民瓮棺是郑和留下的吗

上海学者徐作生透露，他在菲律宾考察时发现了一批 13 世纪中国海外移民的瓮棺，这是迄今为止考古史上发现最早的中国古代移民瓮棺。

徐作生介绍，早期中国海外移民之发轫，是与中国海外贸易的发生和发展密切相关的，可以说，从有中外贸易史起，就可能有因贸易关系而旅居海外的华人。但是，现在发现的中国古代海外移民的墓葬形制或碑铭实物都是明、清两朝的，在此之前几无发现，成为学术界的一个"空白"。

多年前，徐作生在菲律宾宿雾圣卡洛斯大学进行学术访问，其间校方邀请他到圣卡洛斯大学博物馆参观。在考古学展厅，徐作生发现了一批粗陶，颇似瓮棺。校方人士介绍这批陶器是在吕宋岛南部的一艘 13 至 14 世纪也即元朝末期的中国沉船上发现的。在征得同意后，徐作生打开了盖子，陶器内果然储有骨灰及珠状遗骨。

徐作生在北京大学"世界文明与郑和远航"国际学术大会上宣读了他对圣卡洛斯大学博物馆馆藏瓮棺的考证结果：这批瓮棺是迄今为止考古史上发现最早的中国古代移民的墓葬实物。

马六甲郑和石像为何在"铁笼"中困锁十多年之久

在马六甲的郑和文物纪念馆，被困十多年饱受风吹雨打的郑和石像，终于冲破樊笼见了天日，迁移到"暂时"的栖身之处。此间媒体报道，郑和石像冲破困锁的"铁笼"，显示了马六甲州政府对郑和这位历史伟人贡献的肯定，同时肯定了华族历史的意义及中马关系的源远流长，让人振奋、欣慰。

这座纪念馆位于马六甲红屋区，马六甲海岸的半山腰，与马六甲人民博物馆、州元首博物馆、文学博物馆为邻。馆内的郑和画像、迷你石像、仿建船舰、陶瓷餐具、古书等珍贵文物，都标上了中文介绍。在纪念馆入口处，一眼望去，郑和石像在高处昂然屹立。

时任文化部副部长孟晓驷在参加中马建交30周年暨郑和下西洋到马六甲600周年庆典时，看到郑和石像能够竖立在马六甲非常高兴，盛赞郑和石像很英伟，象征着中马两国良好邦交及友谊长青。

郑和石像为何在"铁笼"中困锁十多年之久？据介绍，马六甲中华工商总会原会长吴国基于1991年率团访问中国，他邀请马六甲州元首敦赛阿末为上宾随行，参观了南京郑和纪念馆，在中国订购了一尊高九公尺的郑和石像，欲置放在三宝山，以纪念郑和对中马邦交的伟大功绩。但好事多磨，1992年郑和石像雕好运抵马六甲，但由于种种原因，不被允许安置在三宝山或宝山亭内，幸得花莎尼公司允许，将石像放在该公司仓库。由于当时监督工作疏忽，这尊郑和石像铁架未打开，就横放地上，一放就是十年，后才用吊车将之"扶正"。

如今，马六甲华人为郑和石像不再"寄人篱下"而人心大快，可是这样的"暂时"安家，总非长久之计。华人社团领袖的共同心愿是要把郑和石像矗立在三宝山。马六甲中华总商会会长杨建谒一句"立宝山更为理想"，道出华人社团的心里话。

马六甲州政府与宗教局官员已同意让郑和石像矗立在三宝山的三宝井旁侧庭院内。马六甲青云亭理事会认为，郑和石像置放在三宝山上，有违青云亭法令，同时郑和这样一个伟人安放在坟山为 2.5 万个亡魂"守魂"地点不恰当。

而马六甲郑和研究专家学者则认为，三宝山是明朝使臣驻扎场所，郑和石像如放置三宝山，将进一步提高宝山亭的悠久历史价值，对青云亭的声誉也无形中提高了，宝山亭香火会更加鼎盛。"五百年前留胜迹，四方界内显英灵"这副具有历史意义的对联已被涂掉，迄今墙上空无一字，已显示不出该庙宇具有数百年悠久历史了，若没有郑和石像，又无历史对联，仅以蓄白须的大伯公坐镇庙宇，还有什么令人缅怀的史迹可寻呢？

马六甲郑和研究专家林源瑞说，郑和石像矗立在三宝山上，将更有其深长意义。坐镇三宝山，渴饮三宝井，俯瞰郑和将军路，才能衬托出他的伟大。马六甲众多华人深信，郑和石像矗立在三宝山只是个时间问题。

江苏是郑和的第二故乡

永乐三年（1405 年），郑和奉明成祖之命率船队七下西洋，均从江苏太仓起锚，共 28 年，其间还充任南京守备六年。郑和的光辉业绩都植根于江苏，江苏可谓郑和的第二故乡。郑和在江苏留有许多遗迹、遗址。

南京郑和府邸：位于南京太平南路马府街（现马府街小学）。据《金陵志地录》记载："郑和本姓马，家于此。"太平天国前尚存房屋 72 间，后毁于战乱。

郑和公园：位于南京太平巷，原为郑和府邸花园。1983 年，园内曾出土一批与郑和下西洋有关的陶瓷残片。1985 年，在园内东南隅建造郑和纪念馆，长年设有郑和下西洋文物资料展。

龙江宝船厂：在南京鼓楼区三汊河中保村一带，系郑和建造大型宝船的船厂，至今仍留有当年三个船坞的遗址和"上四坞""下四坞"等地名。20 世纪 60 年代，在此出土大舵杆、绞关木、铜锚、铁锚等遗物。

稳船湖：位于南京燕子矶三台洞附近，龙江船厂所造宝船都经严格检验，不仅每只船尾刻有造船官员、工匠的姓名，船造好后还要在此处江面上试航，故又称郑和宝船试航处。

静海寺：位于南京狮子山西南麓，建于永乐九年（1411），主要是为祈祷郑和远航海上风平浪静和供奉郑和第一次下西洋从锡兰山寺庙带回的佛牙而建造的。

天妃宫及天妃宫碑：位于南京狮子山下，是为感谢天妃的保佑，于永乐五年郑和第一次下西洋平安归来后所建造的，现已毁。"御制弘仁普济天妃宫之碑"于永乐十四年四月初六日刊立，为的是酬谢天妃对郑和第四次下西洋的庇护，此碑尚存，碑文清晰可辨。

大报恩寺与琉璃宝塔：位于南京中华门外长干里，永乐十年动工至宣德六年

（1431）竣工，系郑和充任南京守备时所监造。此建筑工程浩大，建成后，号称世界之奇观，后毁于战争，抗日战争期间，部分遗物被盗运日本。

净觉寺：位于今南京升州路，始建于元，系伊斯兰教徒活动场所，宣德五年被火焚毁。郑和于第七次下西洋前奏请重建，并由郑和子孙世代居守，它是中国著名的清真古寺之一，也是保存最完整的一所与郑和有关的建筑。

渤泥国王墓：位于南京石子岗东向花村。郑和第一次下西洋时，曾到渤泥国访问。永乐六年（1408）渤泥国王麻那惹加那率领王后、王子及王公大臣 150 多人到中国访问，明成祖亲自接见，进行亲切交谈。当年十月，麻那惹加那患疾，医治无效病逝，安葬在石子岗东向花村。墓前有华表、石马、石羊、石狮、石文官武将。现列为江苏省文物保护单位。

郑和墓：位于南京牛首山南麓周村。1433 年郑和第七次下西洋时病逝在印度卡利卡特，郑和在病危时遗嘱将他的头发和靴子命人带回南京，明宣宗赐葬于此，郑和后裔在附近郑家村世守。1985 年重新整修按回民习俗砌成长方形墓，墓园下有 28 级台阶，象征郑和航海 28 年；台阶中有四处平台，象征郑和访问近 40 个国家和地区；每层平台有七级台阶，象征郑和七次下西洋。

浏河：位于太仓市浏河镇。古称刘家港，处长江入海口。宋元时期，号称"六国码头"，是郑和七下西洋船队的集结地和起锚地。

太仓浏河天妃宫与通番事迹碑：位于太仓市浏河镇。郑和下西洋时，船队均在刘家港集结，在刘家港大妃宫朝拜祭祀，第七次下西洋时，曾在此刊立"娄东刘家港天妃宫石刻通番事迹"碑，嵌于宫内。

太仓周闻夫妇墓志铭：1983 年 10 月在太仓城厢公园内发现。周闻墓志铭全称"明武略将军太仓卫副千户尚侯声远墓志铭"。其妻张氏墓志，全名"明故宜人张氏墓志铭"。二者都是研究郑和下西洋极其宝贵的佐证材料。

郑和部下后裔在非洲有个"中国村"

1994年，美国华裔女作家李露华出版了名为《当中国称霸海上》的郑和传，此书披露郑和的探险曾远达肯尼亚，并在肯尼亚发现了郑和麾下中国水手的后裔。2002年2月，美国《纽约时报》记者纪思道专程来到肯尼亚沿海的一个原始村落，寻访郑和部下的后裔。

肯尼亚沿海这个叫帕泰（Pate）的小岛，与世隔绝，似乎仍生活在15世纪的郑和时代。传说郑和的船只在此地遇难，水手们游水登陆求生，后定居岛上娶当地土女为妻，代代相传一直到今天，因此，非洲有了一个"中国村"。

当地有些居民肤色较白，头发稍长，不似非洲土著那么鬈曲。有一位村老，是村中口耳相传历史的保存者。他证实，他的祖父告诉过他，很多很多年以前，有一艘中国的船在沿岸触礁遇难，水手游到一个叫山姆加的村落逃生，当地土人收容了他们，这些水手留了下来，并与土女结婚留下后代。

重走郑和路的范春歌曾到这里寻访过郑和部下的后裔，找到了法茂族人，目前这一族大概还有100人左右，相传他们的祖先是中国人。他介绍，几百年前先祖乘船到非洲遇难，幸免者逃到现在的山姆加村，落户在那儿，并娶村中土女为妻，他们的后代就是法茂族。

除长相之外，法茂族人还有中国的陶器，当地人编织篮子的方法也与华南的编织方法极为相近。目前唯一没能发现的是古墓上或其他文件上的中国文字，但不争的事实是，郑和的舰队到过非洲肯尼亚，还播下了中国的种子，带回中国视为"麒麟"的长颈鹿。

相传当时郑和船队前往肯尼亚的海滨城市马林迪，和当地国王进行了物品交换后回国，途经拉穆群岛海域时，突遇印度洋强东南季风，一条船失去控制被吹向了小岛方向，该船触礁沉没，船上 20 名水手爬上了帕泰小岛的上加海滩，进入了上加村。起初，村民们不愿接纳这 20 名中国水手，后来村上有人提出，如果能灭除附近的一条大蟒蛇，就可以留下他们。于是，中国水手中一名刀法出众的勇士挺身而出，用小动物做诱饵斩杀了这条大蟒蛇，上加村就接纳了这 20 名水手，从此他们在这里安家落户。

如今，上加村的后代早已搬迁到一个叫思雨的非常国际化的村子，中国水手的后裔也大都去了蒙巴萨、马林迪等地方。村里只留下四户人家，20 多人，这里的坟墓是中国式的，矮的墓墙。还有可能来自中国的陶罐，以及那个海域里来自中国的一条大型沉船。

这村里的土著人还透露祖先曾送长颈鹿给中国。这村里的人没有受过教育，不可能看到中国史书有关长颈鹿的记载，但都知有其事，可以证明他们是中国人的后裔了。所有这一切，都佐证了郑和船队到过非洲东岸诸国，郑和部下的后裔在肯尼亚代代繁衍生息。

郑和何以与福建长乐结下不解之缘

郑和在下西洋过程中，与福建结下了不解之缘，在福建长乐留下了许多遗迹，是研究郑和不可多得的实物史料。在下西洋的重要基地——长乐，郑和修建的南山行宫、太监楼、三清观、三宝殿、三峰寺石塔等建筑至今犹存，还有许多地方史志如《福建通志》等都留下了有关郑和在福建活动的记载。

郑和七次下西洋，每次从太仓刘家港出海后，都要到福州长乐太平港驻泊。可以说，长乐是郑和下西洋的据点和活动基地，正如"天妃灵应之记碑"所说："余由舟师，累驻于斯，伺风开洋。"何谓"伺风开洋"呢？郑和下西洋船队的动力是帆，帆要靠风。郑和在太平港的停泊时间，少则数月，多则将近有十个月，不仅等候季风，而且要在此补充给养，招添水手，修造船舶等。

郑和常登长乐南山塔观五虎门，倦时便在南山塔寺小憩。南山塔寺内供有天妃神像，郑和在长乐建了不少的天妃宫。他在长乐另外一个目的就是祭祀海神。宣德六年十一月，郑和在第七次奉使下西洋出发前，立了一座"天妃灵应之记碑"，记载了他历次下西洋的主要事迹与天妃神灵显应的神话。

郑和铜钟是郑和为长乐南山天妃宫配套建筑——三清宝殿所铸造的。据长乐郑和纪念馆介绍，此钟原悬于长乐吴航小学校园作为校钟，抗日战争时期运往南平。1981年，南平市文物工作者在清理"文化大革命"期间回收的废旧物资中发现此钟。

当地学者称，在郑和的整个航海活动中，福州在人力和物力等方面都给予大力支持，实际上福州成为郑和下西洋的补给站，同时促进了福州经济文化的发展。

在郑和下西洋的影响下，当时福州特别是长乐等沿海地区读书风气很浓厚，出现了很多书院。郑和为了满足读书人的需要，还在长乐文石乡建了进京考试的大道登文道、码头等。当时长乐文化出现昌盛时期，福州出现了十才子，长乐就有陈亮、郑定等三人。

为了提高海员文化和技术水平，郑和修葺了传授文化知识的场所——龙峰岩读书处、朱子祠文昌阁等，组织海员学习和训练，请马欢、费信等名士传播西洋的地理知识。这些人随郑和七下西洋，经过狂风巨浪的考验，真正学到了航海的本领，成为航海人才。在郑和船队中当"军校"的还有不少是长乐人。长乐塘屿乡人黄参，任船队的"忠武尉"，他还推荐许多乡亲到船队工作，参加远航。《闽书·武军志》载，从征升擢的军兵，属于福州中卫和福清镇东卫的就有 16 人。

长乐十洋街，原来只是一条长不过百步的小街，正是由于郑和驻军、造船于此，使这座古老的小镇人来人往，开店贸易，随之热闹起来，竟成闹市，所谓"十洋成市""贸易如云"，即指这里。

郑和率领的船队在长乐停泊的期间，还要派人到福州办理一些与远航有关的事项。如添置粮食、食品、生活用具，进行船舶的检查维修，每次都有大量的福建货物运往外国；同时有各种外国的货物运进福州港，促进海内外的交往。现在福州一带还保存着郑和航海活动的遗物、遗迹。

郑和为何青睐泉州

郑和七下西洋前，必在长乐停泊候风，除了因为长乐拥有天然屏障的太平港外，也因为福建是海员之乡。郑和在长乐逗留候风期间，也就近在福建修造船舶，选招随员。

与郑和同列正使的王景弘是闽南人，副使侯显是晋江人。这两个人都是郑和航海史上铮铮有声者，其他 2.7 万余人，相信也大部分来自福建，其中尤以泉州和厦门两大港为多。

在福建长乐、福州、泉州和厦门，大马华总郑和团连续走访了多处与郑和有关的遗迹、郑和研究会、纪念馆、华侨博物馆等。其中最令人印象深刻的，是设于泉州开元寺的古船陈列馆及海外交通史博物馆。

据长期在该博物馆担任研究员的李玉昆介绍，泉州在元代时就被人誉为"世界最大贸易港"之一而驰名中外，与亚非近百个国家和地区有频繁的贸易往来。据说，当时侨居泉州的外国商人、旅行家、传教士等数以万计。在明清两代，大批泉州人迁徙海外，也使泉州成为著名的侨乡。

李玉昆说，海外交通史博物馆是属于国家级的博物馆，也是中国唯一的此类博物馆。海外交通史博物馆设在泉州，当然与泉州拥有悠久和兴盛的航海交通历史有密切的关系。上述两个与海洋交通、造船史有关的博物馆内，都陈列不少与郑和有关的史料。古船馆内陈列着 1974 年发现发掘的宋代沉船，对郑和研究甚有参考价值。馆内的一个巨型四爪铁锚，一般相信曾被使用于郑和船队。

泉州另一个引人注目、与郑和有关的遗迹，便是泉州东郊灵山的伊斯兰教圣墓。墓园内葬着穆罕默德先知的第三与第四贤徒。他们是在公元 618—626 年间到中国传教逝世后葬于该处的。泉州灵山有回教墓，被称为圣墓。郑和为回教徒，笃信伊斯兰教，到泉州圣墓行香当在情理之中。郑和于 1417 年第五次航行圣地麦加前，专程到灵山拜谒两位先贤，地方官蒲和日为之勒碑为记。该墓留有郑和行香碑一块，碑文楷书红字，碑文上书"钦差总兵太监郑和，前往西洋忽鲁谟斯等国公干，永乐十五年五月十六日于此行香，望灵圣庇佑"。

北京郑和衣冠冢与李莲英墓毗邻吗

　　江苏省郑和研究专家杨斌披露，在明代大部分时间内作为都城的北京，也有一座郑和的衣冠冢。600 年来，这座郑和衣冠冢一直少为人知，就连郑和研究学界都鲜有人听说过。

　　杨斌说，他是无意中从一篇史料中惊奇地发现北京也有郑和衣冠冢的。1985年，杨斌在《名人传记》第五期中看到了一篇名为《一个太监的秘史——记我的祖父"小德张"》的回忆文章，该文由清末大太监小德张（原名张祥斋，字云亭，宫内起名张兰德，人称"小德张"）的孙子张仲忱撰写。

　　文中称，清末大太监、深受慈禧太后宠爱的清宫太监总管李莲英死后，葬地建于郑和墓之后。据说，他生前安排埋葬此处的目的是为了和郑和齐名后世。李莲英在建坟时耗资巨万，不惜任何代价，动员数千名民工。当时从周围百里内外的村庄收买了大量鸡蛋，完全要蛋白不要蛋黄，用蛋白拌石灰，江米粥灌浆，修筑整个坟茔。有人曾对李莲英"鸡蛋坟"吟诗一首："马鬣封头鸡卵坟，黎民血泪染石灰。可叹莲公达显宦，焉与三宝共争辉？"诗中的"三宝"指的就是三宝太监郑和。该文中还称，清朝北京皇宫里的历代太监都尊奉郑和为祖师爷，每年清明节都到他的墓前朝拜，对郑和无限崇仰，小德张也不例外，经常去北京郑和墓前祭拜。

　　杨斌说，该文是张仲忱根据亲耳听到的小德张的讲述写就的，小德张是李莲英的继任者，也曾担任清宫太监总管，因此，这批资料十分可信。李莲英的墓地位于北京海淀恩济庄，1966 年被发现，但附近并没发现有郑和墓。杨斌说，可能是由于 600 年的沧海桑田，北京的郑和衣冠冢虽然一度是清朝太监朝拜的圣地，但因为变迁至今，已经无迹可寻了。

　　江苏省郑和研究专家、郑和的后裔郑自海却表示，自己对杨斌所说的这座北京郑和衣冠冢闻所未闻。郑和死后究竟埋骨何处，是中国历史上尚未破解的一大谜团。有人说在南京牛首山，有人说在印度尼西亚三宝垄，学界众说纷纭，谁也说服不了谁。但有一点是肯定的，南京牛首山的郑和墓只是衣冠冢。

　　据考证，郑和虽然一生中的大多数时间待在南京，但在北京度过的时光也不短。郑和长期跟随燕王朱棣，他在北京居住的地方叫作三不老胡同，这些史书上都有记载。按照杨斌所说，郑和的衣冠冢和李莲英墓毗邻而设，这就出现了一个有趣的现象。因为郑和墓和李莲英墓这两座名人墓都被疑云笼罩，同样被列为中国历史上未解开的悬疑谜团。

疑是郑和的巡海大臣塑像为何长胡须

长乐出土的 40 多尊泥彩塑像展示以来，引起了不少海内外学者的重视，其中有一尊塑像一直被当地百姓称为"巡海大臣"郑和。这座神秘的塑像到底是谁？万明、刘如仲、雷从云、郑明等来到显应宫实地考察，力图为塑像"验明正身"。

明史专家万明仔细观察塑像发现，这组彩塑中居中的男性塑像，高 100 厘米，坐姿，塑像面如满月，表情慈祥，优雅端庄，身穿红色圆领袍服，胸前、两袖均有贴金纹饰，左手置于膝上，右手扶在腰间所束带上，脚下是一双皂色靴子，这让她联想起明代小说中的郑和形象。

于是，万明马上找来罗懋登的《西洋记》中关于郑和的图像资料来对照。这部写于万历年间的小说，其中不仅有关于郑和衣冠的记述，珍贵的是还配有图像。万明将第二十一回的插图所绘与文字描写相对照，得到了一个完整的郑和形象。再将《西洋记》中的记载和图像与显应宫的"巡海大臣"塑像比照，发现是非常吻合的。万明从塑像服饰、衣冠、地域背景等方面多方考证，确定塑像就是郑和。

紧接着，万明又从明朝衣冠制度出发，对塑像的装扮进行考察。万明发现塑像头上所戴的帽子正是明朝太监所戴的一种官帽。再看塑像身着的衣服，上胸、腹、袖等处贴金，明显是织金蟒纹饰的蟒袍。万明还从这组彩塑的其他塑像特点来看发现了蛛丝马迹，这组彩塑的其他几个塑像，大都身着明朝官服，有的所着衣冠显然是"胡衣胡帽"，可以认定是来自西域，或为"番人"，身份极有可能是翻译或者向导，而这是郑和下西洋中不可或缺的人物。这无疑可作为主体塑像是郑和的一个旁证。

万明参照显应宫考古报告中其建筑存在明、清两套柱础的结论，以及当地防御倭寇所筑的城门历史背景，认为当地民众造像和祈愿的关系是明显的。继而最终提出"巡海大臣（神）"塑像为首者就是郑和，而其塑造时间很可能是在万历后期。

　　然而，就当万明得出结论返回北京不久，有人提出"巡海大臣（神）"彩塑的下颌有三个小洞，那是挂胡须洞，说明这位"大臣（神）"是有胡须的。郑和是太监，太监是没有胡须的，因此，这尊"巡海大臣（神）"像不可能是郑和。面对质疑，万明表示，塑像上的三个小洞是不是用来挂胡须的，未经考证不能确定，因为并没有见到胡须，而认定"巡海大臣（神）"乃郑和是着重从服饰衣冠上进行考察的。

郑和在海外的传说富有神奇色彩

杨康善在海外考察后谈到，几乎所有海外有关郑和的传说，虽然富有神奇色彩，然而有一个明显的、共同的特点，那就是赞扬郑和，歌颂郑和，神化郑和。杨康善介绍说，在印尼、马来西亚、泰国、新加坡、菲律宾和文莱等东南亚国家，有许多郑和的传说和民间故事，且流传甚广。这些传说大致可以分为六大类：

一是称郑和为和平友好的使者。在马来半岛，有印度侨民向三保大人求医的故事；在非洲的木骨都束、布拉瓦和竹步，有郑和教当地居民种棉花和制造木架织布机的传说；郑和向苏门答腊北部亚齐苏丹赠送青铜钟，该钟至今仍陈列在亚齐的博物馆内；还有郑和为马六甲王宫送去的瓦片和教占城人民种地、造屋的故事；郑和护送汉丽宝公主远嫁马六甲王国的传说。

二是称郑和是为民除害的英雄。诸如郑和在印尼爪哇挺身而出，举刀斩了侵扰当地居民妖蛇的传说；郑和在马来半岛打老虎的故事；郑和随从费信帮助西爪哇国王铲除黑龙帮的故事等，都带有神奇色彩。

三是称郑和为赐福除灾的神灵。如三保庙里的三保像被视为神灵，前来祭拜的善男信女络绎不绝。在印尼三宝垄有一口三宝井，据说是郑和亲手开掘，当地人称之为"龙潭"，把井水视为"圣水"，可抵御百病，治疗绝症，甚至能"返老还童，永葆青春"。

四是称郑和传播伊斯兰教。郑和根据伊斯兰教斋月的规定，要大家在斋月里从早晨至黄昏期间不进食。可以看出，郑和作为一位虔诚的伊斯兰教徒即使在出国访问期间，也严格履行教规，而且积极宣传伊斯兰教。

五是称郑和关心华侨。据传当年郑和下西洋期间访问泰国时，曾看望旅泰华侨，鼓励他们刻苦劳动，与土著人和睦相处。在郑和离开泰国的当晚，许多华人家里听到墙上的大壁虎发出"刻苦、刻苦"的叫声。于是，当地华人称这种小动物为"三保公鸡"。这体现了郑和鼓励华人艰苦创业，与当地居民友好相处的和平之举。

六是称郑和渴望爱情。郑和是个太监，没有爱情生活，更不能成家。但在印尼有郑和与爪哇公主谈情说爱的故事：公主与郑和一见钟情，决定嫁给他，但婚后不能像普通人那样圆房，只能在格曼邦金山，通过坐禅谋求精神上的幸福和满足。这个爱情故事感人肺腑。

杨康善认为，海外有关郑和的传说，与海外特别是东南亚关于西方殖民者的传说，形成了一个鲜明的对比，一个是善良和真诚，一个是野蛮和贪婪，爱与憎泾渭分明，褒与贬天壤之别。马六甲人民把葡萄牙殖民者与鳄鱼、黑虎并列，同为三害，这些都和关于郑和的传说形成了鲜明对比。

南京牛首山形成郑和村

郑和的身份是一名宦官，由此引出一个很有争议的话题：郑和何来子嗣？

事实上郑和兄妹共有六人，长兄马文铭，郑和为次子，另有姊妹四人。明洪武十四年（1381），明军攻入云南，大败当时统治云南的元朝残余势力梁王，郑和的父亲死于战事，十岁的郑和被明军捉住，送到当时北平燕王朱棣府上做了一名宦官，因此郑和的确没有儿女。但郑和晚年时，他的哥哥马文铭将长子马恩来过继给了郑和，由他来为郑和传递香火，这在讲究"不孝有三，无后为大"的当时是比较容易接受的折中做法，这便是郑和后人的由来。另据郑和第十八代孙郑留光介绍，当年郑和还收养了两名亲侄子，其中一个留在云南昆阳的祖家，另一个则在郑和任南京守备时来到南京，从此跟随郑和，他们及其后代也很可能被作为郑和的后裔。

此外，当年郑和深得明成祖信任，明成祖迁都北京之后，封郑和为南京守备，从此郑和终其一生定居在南京。而郑和所率领的部分船队官兵，也跟随他留在南京。郑和将自家田地分给他们，他们从此定居下来，并且逐渐改姓郑，自认是郑家人，形成今天牛首山南面的郑村。今天的南京，有郑和后人几百人。

郑和与古代"丝绸之路"起点西安有缘

西安是中国古代"丝绸之路"的起点，早在汉武帝建元三年（前138）即派张骞率领100多人出使西域。霍去病率军西征，打败河西走廊的匈奴人，恢复西域交通，为张骞第二次出使西域奠定了基础。张骞成为开辟中国"陆上丝绸之路"的第一人。郑和的后裔郑自海、郑宽涛说，明代郑和开辟的"海上丝绸之路"，是西安"陆上丝绸之路"的延伸，它们之间有着千丝万缕的联系。

据郑和的两位后裔介绍，几十年前，王曾善对西安回族遗迹做了考察，后来林松对赛典赤家谱的考证，以及著名回族历史学家白寿彝的研究认定，从宋神宗熙宁三年（1070）所非尔入华，到元代赛典赤、明代郑和、清代马注都视西安、咸阳为祖先的根，发祥的源地。

郑和在第四次下西洋前夕，"道出陕西，求所以通译国语可佐信使者，乃得本寺掌教哈三"。郑和到西安的目的，金石所刻一目了然。但从来没有人去想过郑和此行的另一个目标，就是走亲访友，祭扫祖陵。虽然郑和在西安祭扫六世祖赛典赤墓，至今没有发现留下碑刻和记载，但刘序所撰《重修清真寺碑》证明郑和到过西安。

郑和在西安地区的传说故事，其内容择要如下：相传明成祖永乐年间，海上丝绸之路的开拓者三保太监郑和亲向来到西安化觉巷清真大寺求过贤。郑和为何千里迢迢地由明京都南京跑到西安清真寺里来求贤呢？

原来，当时郑和奉明成祖之命，即将再次率庞大的远洋船队下西洋，并出使西域天方诸国。当时使团的人数已多达2.7万多人，但缺少精通阿拉伯语和锡兰语的翻译，虽然在南京、泉州、洛阳等地广为招聘，但仍未能物色到一名堪任总翻译的人选，于是郑和专程来到西安清真寺求贤。

郑和的祖父和父亲都是曾经航海去伊斯兰教圣地麦加朝拜过的"哈只"，懂一些阿拉伯语言，郑和从小就耳闻目睹学到过一些。郑和准备下西洋过程中，更学到了不少阿拉伯语，所以他这次到西安是要亲自选拔物色一名有真才实学堪负重任的总翻译。郑和把西安各清真寺里德高望重的掌教及阿訇全邀请到化觉寺的大殿内，考问他们《古兰经》并用阿拉伯语与他们一一对话，这样考试的结果，他选中了化觉寺掌教哈三作为这次下西洋使团的总翻译。

哈三建议郑和在满剌加建排栅城垣和仓库，作为远航中途的转运站。在锡兰，哈三听懂锡兰语，识破了亚烈苦奈儿企图暗害郑和、吞没宝物的阴谋。哈三屡建奇功，谢绝报功晋爵，只要求重修清真大寺，毕生之愿偿矣！郑和说，这有何难，我将亲自主持重建工程。郑和曾专门负责营造建筑，主持修建过不少宫殿和寺庙，经验丰富，亲自参与设计绘图，选择良材，选拔能工巧匠，规定施工质量和进度，因此西安化觉巷清真大寺，重建得又快又好。

重建后，大寺面积辽阔，前有大照壁，内有四进院，逐次幽深，布局有序，殿、亭、楼、台疏密得宜。巍峨壮丽的前院大牌楼精雕细刻，飞檐翘角，琉璃瓦顶，上刻"敕赐礼拜寺"古朴有力。后院有楹纵七丈五尺的宏伟大殿，大殿雕梁画栋，碧瓦丹楹，雄伟庄严。该寺充分体现了郑和精湛的建筑艺术才能，也体现了哈三和古城西安的浓厚感情。

王曾善在戴季陶带领下于1933年考察了西安东大寺，还写了篇《三保太监和考》，全文如下："王君此文内所引西安东大寺重修刻石中有涉及太监郑和之事迹，因即附书郑和考于此。按郑和，云南人，世称三保太监。明永乐三年起，宣德七年止，曾七次下西洋，远及阿拉伯，非洲东部等地，中西之交通文化得能互沟通者，郑和之功也。且后人之往南洋一带有所发展者，亦自三保太监之下西洋而后始也。故其作历史上之地位，有不可灭之价值在矣。"

南京是郑和下西洋的大本营

海图专家朱鉴秋说，郑和与南京这座历史文化名城有着不解之缘，郑和下西洋的辉煌业绩从决策、筹措直到归宿，都植根于南京，郑和遗迹在南京保存得也最为完整，郑和下西洋与南京有着十分密切的关系。可以说，南京是郑和下西洋的大本营。

朱鉴秋说，南京深厚的文化底蕴中，郑和文化是为数不多的具有国际色彩的一处。现在，中国国内除了南京之外，还有云南、江苏太仓和福建长乐三处郑和文化研究的中心。在郑和文化中，最精彩的无疑是七下西洋的壮举。朱鉴秋对郑和与南京的密切关系概括为"五个地"：

南京是郑和下西洋的决策地。明代初建都南京，1403 年，永乐皇帝根据当时国内外的形势，为了打通海道，招来番属，输诚纳贡，就在南京做出了下西洋的重大决策，并付诸实施。朱鉴秋认为，云南是郑和的出生地，郑和在 11 岁以后就离开了那里，太仓和长乐则是郑和航海过程中由江入海及由海入洋的两个中转站，而南京是郑和七下西洋这一壮举的诞生地和起点，其中心地位显而易见。

南京是郑和下西洋的活动地。朱鉴秋称，著名的《郑和航海图》原来的名称是《自宝船厂开船从龙江关出水直抵外国诸番国图》。宝船厂是在南京，龙江关即今下关。《郑和航海图》原名清楚地表明，南京不仅是郑和下西洋的主要造船地，而且郑和下西洋的万里航程也是从南京开始的，南京是郑和一生活动包括下西洋活动的主要地区，他生活的马府，任职的官署，督办的大报恩寺工程，进行的宗教仪式，祭祀海神活动的宫庙寺院，死后墓葬等，都在南京。

南京是郑和下西洋的筹措地。郑和下西洋每次有二万七八千人，其中 2.6 万多人是舟师。这支庞大的船队不出洋时，就驻扎在南京。此外，朱鉴秋还指出，郑和每次下西洋的大量物质准备及各项筹措工作，大部分是在南京完成的。

南京是郑和下西洋的归宿地。朱鉴秋考证，郑和下西洋的终止也是在南京。现在龙江宝船厂遗址的发掘就再次证明了这一点。南京无疑是郑和七次航海壮举的大本营，从南京出发再回到南京，这才是每一次郑和下西洋的完整过程。

南京是郑和下西洋的见证地。南京郑和文化遗迹见证了中华民族热爱和平，睦邻友好的传统。郑和下西洋后，大量海外邻国人士来到明朝都城南京，进行经济和文化交流，增进了中国与亚非各国人民的友好往来，开创了古代中国对外开放的最后辉煌。南京成为当时具有国际性的开放城市。南京渤泥国王墓，见证了中国对外开放的史实。

郑和群礁留下了航海家的光辉足迹

第二次世界大战后，当时的中国政府为纪念明代郑和及其随行人员，将南沙、西沙群岛中的部分岛礁，分别以郑和及其随员的姓名命名，以志纪念。李金明说，郑和群礁曾留下了伟大航海家的光辉足迹。

李金明主要从事西沙和南沙的研究，出版过《南海争端与国际海洋化》《东南亚国家与南海问题》等多部专著，是南海问题的权威。他介绍说，中国南海分布着 200 多处岛、屿、滩、礁，有的露出海面，有的隐没水中，有的由珊瑚组成，大小不同，形状各异。根据地理位置可分为东沙群岛、西沙群岛、中沙群岛和南沙群岛，总称为南海诸岛。南海诸岛自古以来就是中国的领土，它位于菲律宾、婆罗洲、新加坡、越南及中国南部大陆之间，又处在太平洋与印度洋衔接之处，战略地位极为重要。

明代郑和七下西洋，从进行海洋调查到船队远航，开拓海洋事业，南沙诸岛留下了郑和的光辉足迹。李金明考证，早在明代郑和下西洋时期，郑和群礁就有海南渔民以捕取海参、贝壳为生，各岛都有他们的足迹，也有久居礁间者。海南每岁有小船驶往岛上，携米粮及其他必需品与渔民交换。船于每年 12 月或 1 月离海南，至第一次西南风时返回。

据记载，被命名的郑和群礁位于南沙群岛的北部，由太平岛、鸿庥岛、敦谦沙洲、舶兰礁、安达礁等组成。这些岛礁在同一礁上，礁长约 55 公里、宽约 15 公里，群岛中央为礁湖，是南沙群岛最大的群礁。郑和群礁中的太平岛呈菱形，长约 1400 米、宽约 400 米，面积约 0.43 平方公里，是南沙群岛中最大的岛屿。该岛扼南海交通咽喉，可作为远洋渔船的中继站，历史上向为中国渔民捕捞水产基地之一。鸿庥岛东西长约 600 米，南北宽约 200 米，面积约 0.07 平方公里，高

6.2 米。岛上有淡水井一口，过去是中国渔民长住岛屿之一。郑和群礁的南薰礁由中国海军驻防。郑和群礁中以费信命名的费信礁，是南沙群岛中最小的岛屿，只有 6200 平方米。

第二次世界大战期间，日军于 1939 年侵占了西沙群岛和南沙群岛。1945 年日本宣告投降，当时中华民国政府派专员分别接收了这两个群岛，在岛上举行接收仪式，并立碑纪念。1947 年，中国政府命令将南海诸岛划归广东省管辖；同年 11 月，中华民国内政部重新公布《南海诸岛新旧名称对照表》，统一确定包括郑和群礁在内的南海诸岛中岛、礁、沙、滩的正式名称。1989 年 8 月，中国海军南海舰队在南沙群岛的永暑、赤瓜、华阳、南薰、诸碧、东门六座岛礁上矗立石碑，碑上刻"中华人民共和国南沙群岛"字样，中央刻礁名，其中包括郑和群礁，作为中国领土主权的标志。

南京郑和墓是衣冠冢吗

南京郑和墓位于风景优美的佛教牛头禅发源地牛首山南麓，现江宁区境内。来到郑和墓，但见此墓前傍水库，背靠大山，峰峦环抱，风水极佳。墓地居于一个小山坡上，南北长 300 米，东西宽 60 米，高约八米。当地人称回子山，称墓为马回回墓。墓不远处有个郑家村，是为郑和守墓者后裔所居。

1985 年郑和下西洋 580 周年前夕，按照穆斯林葬仪的习惯、规格和风貌，将郑和墓修缮一新，正式认定为郑和墓，上刻"明代伟大航海家郑和之墓"字样。新墓选用优质青石，墓前有 28 级台阶，象征郑和下西洋 28 年历程；台阶分四组，寓意郑和到过近 40 个国家和地区；每组七级，寓郑和七下西洋。

从 20 世纪 60 年代被发现以来，郑和墓吸引了无数学者、游客前来参观，一位长期研究南京地方志的业内学者却说，通过长期研究和查阅资料，他发现江宁郑和墓可能是一处牵强附会的历史遗迹，其中埋葬的是不是郑和，学界一直存在着争议。

有学者指出，由于当年指认回回山古墓是郑和墓，主要依据村民的传说和推测，也没有发现证明此墓是郑和墓的文物，因此学界起了争议，不少学者认为这座郑和墓不可信，至多只是郑和衣冠冢。这桩学术公案一直没定论。

一位学者指出，从常理上讲，郑和死后归葬在江宁牛首山不合情理。郑和1433 年 4 月逝世于印度古里，船队同年 7 月返回国内。这就是说，郑和去世到船队返国历时三个多月，正是炎热的季节，航线地处热带，郑和死后又必须遵守伊斯兰教规"裹身不棺"，郑和的遗体显然不可能保存好带回国内安葬。

江苏省郑和研究专家马光汝披露了最新研究成果，潘群、季家士、郑和后裔郑自海经过多年潜心研究得出结论：南京郑和墓并非衣冠冢，而是名副其实的郑和墓。

这些专家学者一致认为，南京是郑和下西洋的大本营，郑和又出任南京守备六年，像这样的显要人物，葬在南京，对皇帝，对死者，以至对其子孙都有了交待；明代中国水银防腐已盛行，郑和之前的明朝官员死后用水银防腐已有先例；郑和是由皇帝赐葬的，皇帝绝不可能赐葬一个空墓或衣冠冢。

郑和府邸所在街为何叫马府街

郑鹤声、郑一钧编写的《郑和下西洋资料汇编》上记载，靖难之役，燕王攻下南京称帝，是为明成祖。在这个战役中，跟随燕王屡建奇功的马和被明成祖提笔赐姓郑，改名为郑和。是年郑和已擢升内官监太监，当有府邸。

郑一钧考证，在《南京市地名录》里记载着："马府街因明人郑和（原姓马）府邸与此，故名。"在云南《郑和家谱》里也明确记载了"郑和以其长兄马文铭之子立嗣，移居南京三山街，名曰马府口"。在南京《抄郑氏家谱首序》里也记述了"搜集人按：吾回族马三宝，赐姓郑，名和，……据说今之南京马麻街，即昔时马三宝府邸"。

但郑和府邸为何不叫郑和街而叫马府街呢？郑一钧认为，郑和本姓马，出自对父母深切的怀念，对长兄等亲人的深厚感情，以及对幼年家庭生活的眷恋，其府邸即以其原姓称马府。马府所在的那条街，因为当时郑和在南京地位显赫之故，便改作马府街，并一直沿用下来。

据郑和后裔、在南京工作的郑自强说，大抵有三个可能：其一，郑和在未改姓以前，就住在马府街。其二，郑和被改姓后为了缅怀先祖，仍以马府为街名。李上厚写的《访南京郑和踪迹》一书中也有这一解释。其三，郑和当年住在这里时，也许不叫马府街，而是后人为了纪念马三保而改名的。郑自强认为，以上三个可能中第二个较大，因为郑和已用了 34 年的马姓，对祖先留下的姓有深厚的感情，说明他不忘本的高贵品质。

郑一钧介绍说，马府街位于今南京太平南路东侧，由于马府建筑已毁，这条街也就看不到当年豪华壮观的气派了。郑和在世时，马府的规模很大，现紧靠马府街的郑和公园，曾是马府的私家花园，旧称马家花园。

　　据南京市有关部门调查证实，直到太平天国以前，郑和府邸仍有房屋 72 间，后由于太平天国战火中被烧得荡然无存，因而对郑和府邸的方位、面积以及原貌均无法知道。1949 年前，原址为江苏省立女子师范所在地。1983 年，南京博物馆在马府街的太平公园发掘出一些与郑和有关的陶瓷片等遗物。

　　《人民日报》曾登载的《南京出土郑和遗物》一文中说：在中国著名航海家郑和下西洋 580 周年前夕，一批与郑和有关的遗物最近在南京太平公园出土。太平公园旧称马家花园，它紧靠马府街，为郑和府邸的一部分。据云南郑和家谱记载和郑氏后裔回忆，其先祖在太平天国前聚居于马府街一带。

　　1983 年，郑自强走访了当时健在的姑妈郑玉珍，她的曾祖父郑积森六岁以前住在马府街。太平天国时期，郑积森和他母亲被掳进兵营，后来他母亲托人将郑积森交给一个安徽渔民，在渔船上生活了十多年，直到战事平稳后才回南京。

　　郑自强儿时听老人们说起，他们是"马府郑"，原来姓马，是皇帝赐姓郑的。他母亲在世时提及，先祖原住马府街，当时的大门开门时的声音好像"左边金鸡叫，右边凤凰声"，说明当时房屋构造的规模是不小的。

郑和为何在古里建碑

据《明史·古里传》称："古里，西洋大国，西滨大海，南距柯枝国（今印度柯钦）……自柯枝舟行三日可至，自锡兰山十日可至，诸番要会也。"明洪武年间及永乐元年，明朝曾多次派遣使者出使古里，古里国王也派遣使臣到中国朝贡，两国来往不断，关系密切。

郑和第一次下西洋的终点是古里，即今印度的科泽科德，位于印度半岛的西南端。郑和使团到达古里国，在与当地的官民交往中，逐渐了解了古里国淳厚的风土民情，并为之所吸引。费信是这次随郑和出使古里国的成员之一，他曾对此地大加赞颂："古里通西域，山青景色奇；路遗他不拾，家富自无欺。酋长施仁恕，人民重礼仪；将书夷俗事，风化得相宜。"

郑和极力赞扬古里优良的风俗，衷心希望古里国能保持并发展下去，同时希望其他的国家也能像古里国这样。永乐三年（1405），明成祖诏封古里国王，并赐予印诰、文绮等物，由郑和奉诏古里，这当然是两国关系的一个重要事件。为了纪念这件大事，郑和在古里建立了一个碑亭，立石勒碑，文曰："去中国十万余里，民物咸苦，熙皞同风，刻石于兹，永昭万世。"

这是中国和印度两国人民世代友好的象征。碑文中所谓"十万余里"，是极言其远，"民物咸苦，熙皞同风"，是说这里国泰民安，世道昌盛，和中国有相同之风。

郑和船队结束了对古里的访问后，其国王遣使臣随船到中国答谢。此后，郑和每次下西洋，都要到古里，并以此为中转站。古里国王也多次遣使臣到中国朝贡，两国关系越来越友好。

福建惠安东园镇三宝宫系奉祀郑和遗迹

郑和七下西洋沿途经过之处，都在当地的广大民众中产生了极大影响力，不少民众纷纷建造庙宇奉祀郑和，表达对这位伟大的航海家的崇拜景仰，祈求郑和能保佑沿海民众航海行船平安顺利。

多位专家经考证分析，认定福建惠安县东园镇琅山村的三宝宫，就是当地村民奉祀郑和的一处遗迹。三宝宫位于琅山村靠近海边的一处名为莲花穴的位置上，面积有十多平方米，庙里正方供奉着三尊石刻雕像。据当地老人介绍，三宝宫距今至少已有 300 年的历史了，"文化大革命"时遭到破坏，当地几位老人便将宫内的金身埋在附近沙滩上才得以保存。20 世纪 80 年代，埋到地下的雕像被重新挖出并供奉在已重修的三宝宫内。当三宝宫重修时，村里不少人把供奉在宫内的三尊石刻雕像认定是佛教的三宝佛，还在宫内写上"大雄宝殿"字样。

据有关专家介绍，佛教的三宝佛形态各异，而三宝宫里的三尊石刻雕像形态基本一致，不应是佛教的三宝佛。专家们还在宫内发现一个有 100 多年历史的石制香炉，香炉上刻有"郑家子弟敬"字样，因此，三宝宫供奉的应该是三宝太监郑和，而不是佛教的三宝佛。

此外，当地还流传一个风俗：渔船要出海，渔民都要到三宝宫祈求三宝佛保佑平安。如此看来，当地渔民把三宝佛当成了航海的保护神，一些年纪高的老人也告诉专家，三宝宫供奉的三宝佛姓郑，是海底神。专家还分析，当年郑和曾来过惠安一带，在当地群众中产生了广泛影响，于是村民就建造该宫庙来供奉郑和。

马六甲三宝山是如何被保护下来的

马六甲是郑和七下西洋五次访问过的地方，这里有一座三宝山，以"三宝太监"名号命名。春节期间，到此山三宝庙朝拜郑和的华人络绎不绝，庙里的香火很旺。

林源瑞说，马六甲的华人有 20 多万，马六甲人口近 1/3。这里的华人都把郑和当作自己的祖宗，因为华人移居马六甲始于明朝郑和下西洋，没有郑和就没有马六甲华人的今天。

三宝山位于马六甲市的东南部，面积 106 英亩，高 1009 英尺。山上共有 1.25 万多座坟墓，是中国以外最大的华人坟山，是华人数百年来落地生根、辛勤开垦的见证，也是中马两国人民和睦相处、亲善友谊的象征。

林源瑞介绍说，自英国殖民地政府统治至马六甲独立至今，100 多年来，三宝山曾先后六次遭受各有关当局征用的厄运，但每次都受到华人社团的强烈反对，最终都化险为夷，渡过了一次又一次的难关，保存了三宝山的完整。

根据《马来纪年》记载，明朝皇帝把汉丽宝公主下嫁苏丹曼速沙，并派遣500 多人随从公主定居在一座设有城堡的山上，那座山后称为华人区。郑和七下西洋时曾在此居住，华人对郑和非常尊重，对三宝山爱护有加。

1840 年，英国东印度公司要在三宝山征地造路；1866 年英国殖民地政府内再度以开辟马路为由又要征用三宝山；1920 年英国政府又想征用三宝山泥土填海，均遭到华人社团的极力反对，并将案件闹到英国枢密院，最后获得胜诉，三次保护了三宝山。

1949 年 8 月 24 日，以陈祯禄为首的华人领袖，为了避免三宝山主权在日后再度发生争执，致力使马来西亚联邦立法议会通过了《青云亭机构法令》。同年

9月18日这项法令由马来统治者及英国最高专员亨利万尼签署盖章，法令明文规定：三宝山的用途是充作华人义山之用，而且是唯一用途，这成为华人社团保卫三宝山的一个最强有力的法律根据。

1977年，马六甲巫统市区及野新区会又提出欲铲平三宝山，在华人社团的强烈反对下，三宝山又免遭铲平。1983年10月5日，马六甲州政府要把三宝山铲平发展为商业地带，这一事件一经报章发表，轰动马来西亚，全马华人社团都异口同声要求马六甲州政府保留这座具有500多年的历史古迹，并将三宝山划为重点历史文物保护单位，不同意将三宝山转为其他商业用途。马来西亚华人社团在十五华团总领导机构领导下，更在全马各地展开一系列捍卫三宝山运动。马六甲首席部长终于俯顺民意，接受华人社团意愿，不铲平三宝山，并同意把三宝山列为历史文化区，将三宝山交由华人社团发展为历史游览区。

林源瑞自豪地说，1989年马来西亚第六届文化节序幕在三宝山举行隆重升旗礼和传灯仪式，震撼了全马来西亚。当晚，来自新山的二十四节令鼓声，激发了华裔同胞爱护中华文化的决心，数以千计的盏盏红灯笼，点燃了华裔青年的满腔激情。每年的华人文化节虽然是在各州轮流举办，但华人文化在马来西亚的文化薪火将从三宝山上的烽火台点燃后传至各州。所以说，今后的三宝山，将成为马来西亚华人文化的发源地。

东南亚华人华侨是如何纪念郑和的

香港郑和研究专家曾纬波说，中国伟大的航海家郑和深受东南亚华人华侨的尊敬和爱戴。数百年来，先后通过以郑和的名字命名的名地、名港，以及建庙设坛等多种方式，表达对郑和的景仰和纪念。

曾纬波从小生长在泰国，华人对郑和的崇拜耳濡目染。他说，泰国人民尤其是华人常把暹罗港叫作三宝港，还有三宝寺塔，华人经常去顶礼膜拜。泰国有一些名胜，如"佛高与屋齐"的宏丽礼拜寺。"塔无合尖"的西塔，华人出入必经之锡门，都是郑和建造的。这些建筑和命名，是对郑和永恒的纪念。

在泰国现存的有关郑和的遗迹中，最值得称道的是坐落在古都大城南面的三宝公庙，由当地的侨领任理事，理事们每年都举行例会并组织盛大的游园庙会，华人和当地居民成群结队，热闹非凡。在平时，华人中的香客、游人也络绎不绝，追思前哲，感慨万分。

在马六甲三宝山旁边有一口三宝井，相传是当年郑和开掘的，水质清新甘美，华侨和当地人常成群结队来这里饮水、冲凉，据说可以祛病延年，在井的旁边修了一个亭阁，里面供着郑和的神位。前来此井饮水的人们都要向神像虔诚地跪拜，借以表示对郑和的敬仰。

曾纬波说，20世纪30年代，著名的印尼土生华侨兼作家和历史学家林天佑，在研究了当地华人公寓所存档案资料和荷、英学者的著作后，写出了《三宝垄历史》（印尼版）一书，他记述郑和曾在三宝垄塞蒙安河畔的一个洞穴扎营；随之而来的华侨，最初也定居在郑和扎营的一些地方。在三宝垄，当时尚未有正式名称，当地土著与华侨为纪念郑和才以这个名字称呼它。人们一直认为，自从郑和下西洋来过三宝垄后，这个地方才吸引了许多华侨来此谋生和定居，并把此地开辟成为繁荣昌盛的海港商业城市。

曾纬波说，华侨为了纪念郑和，清雍正二年（1724）在三保洞口建了三保公庙，以表示感谢郑和保佑华侨在三宝垄安居乐业的恩德。除每年定期去三保公庙礼拜外，华侨还要在每年农历六月二十九日举行盛大的纪念游行。游行队伍第一天从华人社区八哥然街后面的大觉寺出发，一路上敲锣打鼓，舞龙舞狮，向着三保洞的方向走去，第二天又从三保洞回到大觉寺，每年举行这种纪念游行时，当地居民和华侨同样以欢乐的心情，沿街观看热闹，三宝垄全城充满节日的气氛。此外，华侨每逢农历初一和十五，还要前往芒矼烧香拜神，把香烛插在田野上，这是华侨纪念郑和的又一种方式。

据考，在三宝垄三保庙附近的亭阁树有一块墓碑，是郑和的副将王景弘病逝后葬地，曾纬波从小在此游玩。他说，那些善男信女都相信是郑和的坟墓，每年都要定期去膜拜郑和雕塑和瞻仰王景弘之墓。600年来，中侨和当地居民对郑和和王景弘的崇敬心理和礼拜习惯，始终如一，从未减退。

曾纬波说，广大华侨随郑和下西洋而开始大量定居于三宝垄，并为开发三宝垄做出了不可磨灭的贡献，这是确信不疑的。多少年来，成千上万的华侨、华裔及当地人对郑和的无限景仰之情，通过各种形式纪念十分真诚地表现出来。

郑和命名物遍布海内外

"郑和是中国人人选千年全球最有贡献的百位人物之一，也是中国在海内外以其名字命名物最多的历史人物之一。"云南省郑和研究专家徐克明透露，他经过几十年的实地考察和广泛收集，目前已掌握郑和在海内外的命名物有146处之多。

徐克明是郑和故里云南晋宁首任郑和纪念馆馆长。他说，郑和在七下西洋的28年间的航海活动中，遍访了30多个国家和地区，与亚非各国进行了友好往来，给所到国的人民留下了深刻的印象。海内外人民敬仰他、怀念他，为他塑像、建庙、立碑，常以郑和与三宝命名。

在郑和的出生地云南，以郑和与三宝命名的场所有郑和公园、郑和故居、郑和纪念亭、郑和碑林、郑和文化广场、郑和小区、郑和和秀巷、郑和武校、三宝楼等；以郑和与三宝命名的企业和产品有郑和号车队、郑和号游船、郑和龙舟队、郑和宝船灯、郑和恐龙、郑和酒厂、三和大酒店、三宝旅行社、三宝面等。

在中国其他省市及港澳台地区，北京有三宝胡同，原名叫三宝老爹胡同、三不老胡同，是郑和在北京的旧居；在南京有郑和墓、郑和外语学校、宝船厂遗址、马府街等；江苏太仓有郑和纪念馆、郑和路；福建有郑和庙、郑和行香碑、郑和桥、郑和史迹陈列馆、郑和铜钟、三宝殿、三宝岩、三宝崖、三宝塔等；大连有郑和号军舰；广东有三宝公庙；海南有郑和群礁、郑和外海、郑和内海；台湾有郑府圣侯、三宝姜；香港有郑和下西洋壁画、郑和宝船模型。

在海外，郑和命名物遍布七下西洋所到的国家，除有三宝庙、三宝洞、三宝井以外，在印尼首都雅加达公园内有四门出土的郑和炮，有以三宝垄命名的城市，爪哇有三宝墩，巴厘岛建有三宝厨师庙；在摩加迪沙有一个小村叫郑和村；在索马里的布拉瓦市有个郑和屯；在斯里兰卡建有郑和布施碑；在印度建有三宝纪念碑；在菲律宾有三宝颜；在肯尼亚麻林建有郑和柱，在十多根巨大石柱上雕刻有郑和七下西洋带去的瓷器上的中国图案；在马来西亚古晋州有一条郑和统帅路，槟榔屿有一块脚掌状凹形巨石，称为郑和脚印。

徐克明还考证，海外根据民间传说，命名了不少与郑和有关的打趣的东西，如泰国有三宝公鸡，印尼有三宝公鱼，又叫舢板跳鱼，把郑和当作海外华人华侨的保护神。

中国有几个郑和公园

云南郑和公园

云南郑和公园位于晋宁昆阳街道西部月山上，居山面海，风景秀丽。

昆明是郑和的故里。为纪念郑和航海的伟大壮举，晋宁县人民政府于 1981 年将月山公园正式命名为郑和公园。

郑和公园占地 250 余亩，南北长 500 米，东西宽 400 米。园内苍松翠柏与奇花异木交映。绿荫中置有人工建筑景点：山的北麓以新建古典式三层楼牌坊为正门，门额金字"郑和公园"为云南省书法家李群杰手书；南大门巍峨壮观，两侧有气势雄浑的"郑和七下西洋"浮雕，他面对茫茫的五百里滇池，左手握着航海图，右手握着宝剑，屹立在宝船船头，昂首挺胸，注视着远方，率领浩浩荡荡的船队，向西乘风破浪；东大门在昆阳大街中段，玻璃坊顶，翼角红墙。园内有郑和故里遗址、郑和纪念馆、马哈只墓、三宝楼、郑和塑像等。各种建筑景观典雅，环境幽静。郑和纪念馆设在原明代两层建筑玉皇阁内，玉皇阁修建于明代天启三年（1623），由贡生李登俊创建，后在清代又几经修葺，近几年又仿原样重修。两层飞檐的玉皇阁居高临下，两边为厢房，院内凿莲池，架有石桥、花坛，环境幽雅静谧。登上玉皇阁，昆阳尽收眼底。在郑和纪念馆内陈列着 100 多件各式各样的珍贵文物。其中有郑和航海图、郑和远洋楼船模型、郑和下西洋图片和文字资料。

纪念馆西面松柏林中，有郑和父亲马哈只墓，墓前立有马哈只碑。此碑为明永乐三年郑和为父所立。墓碑通高 1.65 米，宽 94 厘米，圆首，额上篆刻"故马公墓志铭"字样。四周刻卷草纹饰，下为沙石龟座。碑阳正文 14 行，行 28 字。由资善大夫、礼部尚书兼左春坊大学士李志刚撰文，行文简练，字体秀丽。碑文对马公籍贯、身世、任职等记述颇确，正碑两侧还有后人立的两碑，一是荔扉所录的"明史·三宝太监郑和传"，另一是夏光南的"郑和太公墓志铭跋"。碑阴有三行小字："马氏第二子太监郑和奉命于永乐九年十一月二十二日到于祖家坟茔祭扫追荐，至闰十二月吉日乃还记耳。"从碑阴题记可知，郑和奉命归里扫墓是1411年，在家一个半月。这在史书和地方志中均未记载，此碑可补《明史》之不足，是研究郑和不可缺少的实物资料，具有重要的历史价值，1983年公布为云南省文物保护单位。因郑和11岁丧父，已记不清楚父亲的名字，只知道祖父和父亲都去回教圣地麦加朝圣过，被人们尊称为"哈只"（阿拉伯语译为虔诚而有学识修养的巡礼人），于是碑文中便写"公字哈只"，碑也就俗称为马哈只碑了。郑和纪念亭立在纪念馆南面的芙蓉丛中。

福建郑和公园

福建郑和公园位于长乐市区中心，原名南山公园，园内有北宋绍圣三年（1096）建成，历经三次地震仍巍然屹立的对寿宝塔。明永乐十年（1412），郑和第四次出使西洋前重修宝塔，并改名为三峰塔，又在塔前奏建天妃宫，为船队祈福和谢神之处。1985年，为纪念郑和下西洋开航580周年，政府拨款在毁于抗日战争时期的原天妃宫旧址上建郑和史迹陈列馆，公园亦改为郑和公园。馆藏珍贵文物"天妃灵应之记碑"（俗称郑和碑），系郑和于明宣德六年第七次下西洋时船队在长乐候风时所立。碑文楷书计1177字，详载明永乐三年至宣德八年（1405—1433）间，郑和前六次下西洋经过与第七次下西洋任务，是研究中国明代海上交通史及中外交往史的重要实物史料。三峰塔与郑和碑均为省级文物保护单位。

南京郑和公园

南京郑和公园始建于1953年，原名太平公园，1985年5月3日为纪念郑和下西洋580周年而更名为郑和公园。郑和公园位于太平南路的中段东侧，占地2.2公顷，建筑面积2100平方米。公园内有古色古香的双抱亭，优雅的长廊和庭院式的郑和纪念馆。

郑和墓位于牛首山南麓，南北长 300 米，东西宽 60 米，高约八米。墓按伊斯兰风格修建，整个墓形是"回"字形，墓前台阶有四组七层 28 级，寓意郑和七次下西洋，历时 28 年，遍访近 40 个国家和地区。郑和墓，当地群众俗称"马回回墓"。其后裔自明清以来世代相沿，定期到这里祭扫，从未间断过。

长乐郑和公园

1985 年为纪念郑和下西洋首航 580 周年，在长乐市城关南山郑和公园内，选郑和奏建的天妃行宫的遗址，建成了郑和史迹陈列馆。工程从 1984 年 11 月动工，1985 年 7 月竣成。馆为双层宫殿式建筑，背依三峰塔，占地 3378 平方米，建筑面积 1387 平方米。人们从阶石登步，只见红墙碧瓦的大门，有叶飞题书的匾额，金字闪光。正门而入，大屏风画的是郑和率船队下西洋的历史风貌。随着左右的回廊，顺山势的石级，可分别登上正厅。厅内立郑和半身塑像，高一米多。又竖立有省级文物保护单位"天妃灵应之记碑"（俗称郑和碑），主要的碑文是："自永乐三年，奉使西洋，迄今七次"，"余由舟师累驻于斯，伺风开洋，乃于永乐十年奏建，以为官军祈报之所，既严且整"。这块碑石和抗日战争时期转移南平奇藏的铜钟（俗称郑和钟），都是郑和亲立的历史文物。

宽敞的厅堂，以郑和史迹陈列展出为内容，为"序言""郑和下西洋的历史背景""郑和下西洋与航海基地福建""伟大的成就、深远的影响"四部分，展品有铜钟、宝船、航海图等复制品及其他有关的文物、图片。项南撰写的《纪念郑和下西洋》，还有郑和下西洋 580 周年学术讨论会之后出版的《郑和与福建》《纪念郑和下西洋五百八十周年论文集》等也展在专柜里。

从正厅左右侧上楼，只见裱褙的书画琳琅满目，美不胜收。书法家的作品，依姓氏笔画为序，从辽宁于涛隶书、宁夏马学智草书、上海王个簃篆书、广东陈遇荣楷书、江苏费新我行书，到闽中书法家潘主兰、赵玉林、萧心涛、朱棠溪等，各呈艺术的风采。许多观赏者流连忘返，分享书法艺术精品的美感。

从正厅楼上眺望，首石山在北，首石峰上巨岩突兀，所谓"首石山鸣出大魁"，便指钟灵毓秀，明初马铎、李骐"大魁"于天下，以联科两状元显示闽中人才崛起，荣获佳名。横贯山前的十洋街，应诠了"十洋成市状元来"。明末这条古街遭倭寇焚毁，长久沦为菜地，而今大厦高楼林立，与新拓的通城大道连成郑和路。西边一水随潮大小而流，作为闽江的支脉，便是郑和船队入境的航道。原太平港世历沧桑，早已泥沙填塞，变成一年三熟的田地，而今成了鳞次栉比的宅楼群和爱心公园、冰心文学馆等。

从正厅右边门出，登梯而上，来到了三峰塔前。石塔创建于北宋绍圣三年，政和七年（1117）落成。传说建塔是为皇帝贺寿，名为圣寿宝塔。因地依南山的三峰之麓，改称三峰塔。塔高 27.4 米，石构八角七层，仿木楼阁式。细品塔座，以大力士为基座，八面环饰石刻有牡丹、狮等图案。底层塔壁浮雕文殊、普贤、五十罗汉、十六飞大乐伎，还有一组佛教故事。从第一层至第六层，有 25 面塔壁浮雕莲花坐佛，分列两排，每排四尊计 200 尊。八棱各刻一尊执械肃立的护法天王。浮雕造型古朴，艺术精美，显现了北宋的建筑风格。每层叠石出檐，檐角饰有龙头唰嘴式斗拱，匠心奇巧。塔内砌有曲尺形石阶，循阶盘旋而上，直与顶层的四门相通。塔的结构稳固匀称，虽经多次地震，但整个建筑造型仍依然如故。

顺着塔埕的石阶，步下山坡，一条石砌甬道延伸山间。林木葱茏，掩映着亭台。山旁一泓水塘，花圃竹丛，很有园林的格局。这便是南山园林拓建之后，以郑和命名为郑和公园的景观。园门的两侧立柱，正面一副楹联："七次涉重洋，开辟丝瓷新路；三峰留胜迹，犹存凫绎遗风。"背面一副楹联："古迹溯吴航，一塔三峰资胜概；远洋开海运，九州万国仰先驱。"大致都从纪念郑和七下西洋和在长乐的史迹而撰的，表达了长乐人民对郑和的崇敬。

云南三宝楼尽展航海家风采

在云南滇池南岸的昆阳月山山麓的郑和公园内，建有一座三宝楼，这是晋宁人民为纪念郑和下西洋 584 周年而建的，并用他的小名"三宝"命名。此楼设计精妙绝伦，建造巧夺天工，独具郑和出生地的特色，尽展航海家的风采。

来到三宝楼前，数不清的碧桃花、垂丝海棠、山玉兰姹紫嫣红，争相怒放。大门前，一对雪白的石狮雄踞两边，门头上方，悬挂着一块匾额，上书梁启超在《祖国大航海家郑和传》书中所题的"海上巨人"四个斗大金字。大门两侧，有一副 200 字的长联，比大观楼长联多 20 个字，上下联分别用了 100 个字，讴歌了大航海家郑和的丰功伟绩，无论其表现手法还是艺术境界，都使文人墨客叹服，堪称一绝。

在最高层的楼檐外，高高悬挂着三宝楼三个金光闪闪的大字。在每个楼层的大门外，挂有十多副颂扬郑和的匾联。其中一副写道："十万里乘风破浪探索西洋奥秘，六百年继往开来传播华夏文明。"另一副韵味无穷："楼外有青山，青山蕴藏宝，取之不尽，万古积蓄；园中无英雄，英雄已留名，相传常在，千秋赞扬。"

站在远处望三宝楼，其形状恰似一艘巨型郑和宝船，总面积 900 平方米，长39.5 米，宽 16.5 米，高 20.1 米。楼形仿郑和下西洋宝船，共分三层：第一层宝船船头翘首向前，二、三层用琉璃瓦制顶，雕龙画凤，四周用 164 块汉白玉栏杆点缀。郑和研究专家徐克明说，此楼只不过是郑和宝船的 1/3。

三宝楼采用了苏州园林的传统绘画图案，并将郑和下西洋的场景用连环画形式描绘在堂板框内，栏杆上的浮雕是根据郑和下西洋带回的珍禽异兽及出国时带去的瓷器、丝绸等资料精心设计的，还有龙凤吉祥物和异国风光，使整个三宝楼五光十色，绚丽多彩，宛如一座富丽堂皇的宫殿。

　　在三宝楼的底层建有一个六角亭，并在尾部建有两层楼阁，设有文化茶座和礼品部，向海内外游客供应郑和纪念品。楼上陈列着古今名家赞颂郑和的书画。顶层可饱览郑和故里风光。登上雄伟壮观的三宝楼，极目远望，五百里滇池尽收眼底，仿佛前方是烟波浩渺的大海，三宝楼就像一艘郑和宝船，正在扬帆起航，再现了郑和下西洋波澜壮阔的场面。

身世篇

郑和生卒究竟是何年

郑和的生卒年岁，难以考证，极为遗憾，故学者常做种种推断。

著名历史学家吴晗根据明初诸将用兵边境，有阉割俘虏幼童的习惯推断，郑和当时为洪武十四年（1381）定云南时所俘幼童之一，侍燕王时，年当十岁以内。靖难兵起时，适为30岁左右的壮年军官，历成祖、仁宗、宣宗三朝，最后一次出使为宣德五年，不久即老死，其生卒年约1371—1435年。

郑鹤声根据吴晗的推算，编成郑和年表，郑和生于明太祖洪武四年辛亥，卒于宣宗宣德十年乙卯。年表分为"生前""当世""卒后"三部分。

郑和的殁年，有一种较流行的说法是在明宣宗宣德六年，有许多书都如出一辙。法国人伯希和根据郑和第七次奉命通使南海是在1430年农历六月，而在1433年7月22日归京的有关记载，认为"确是一种误会"。

束世澂根据《明史·郑和传》"自宣德以还，远方时有至者，要不如永乐时，而和亦老且死"，推测郑和约死于宣德年间，宣德八年郑和回国。宣德只有十年，宣德十年九月英宗任命王振掌司礼监，王振想是在郑和死后继任的。据此推算，郑和卒约是宣德十年。洪武十五年马哈只死，郑和事燕王于藩邸，年不过十岁，他的生年约在洪武六年以后，享年约60岁。

周绍泉对郑和生年提出新说，认为郑和大约生于洪武八年。他提出推算郑和生年的关键在于确定郑和被俘、被阉的年代。他说郑和不是在洪武十四年定云南时被俘被阉的。他对吴晗对郑和生年推算的依据提出了疑问。

周绍泉认为，郑和最初为金朝兴掳掠，金氏死后归于蓝玉，并一同被带到南京。但郑和当时并未被明太祖朱元璋看中，于是在洪武十八年又被蓝玉带到北平，送给了燕王朱棣。如果以整整十岁算，郑和之生年当在洪武八年。

周绍泉的这种推算方法引起了不少史学家的关注。但香港学者曾纬波则认为周氏的说法仍有疑点，郑和生年的最后解决，还要等候新资料的发现。

郑和是赛典赤·赡思丁的裔孙吗

郑和究竟是不是赛典赤·赡思丁的裔孙？学术界对这个问题颇有争论，至今仍是一个谜。

南京《郑氏家谱首序》记载：赛典赤·赡思丁生长子纳速剌丁，袭咸阳王，驻抚镇南。生三子忽辛，授江东道宣慰使、云南平章政事。纳速剌丁生伯颜，封淮安王。王伯颜生察儿米的纳，封滇阳侯。米的纳生马三宝，袭封滇阳侯。

按以上记载，马三宝的祖先世系为：赛典赤·赡思丁——纳速剌丁——伯颜——察儿米的纳——马三宝。

知名史学家李士厚最早考释南京《郑氏家谱》时就觉得有漏洞，他经过研究推论出一个郑和世系："三十三世祖伯颜，授荣禄大夫、尚书、平章政事，晋封淮王；三十四世祖米的纳（即郑和之祖哈只）授滇阳侯；三十五世祖米里金（即郑和之父哈只），授云南行省参知政事，即在昆阳住家。"

研究郑和祖先世系，最有说服力的当推"故马公墓志铭"了。这是永乐三年礼部尚书李至刚根据郑和叙述所撰的，最有可信度：故公家哈只，姓马氏，世为云南昆阳州人。祖拜颜，祖妣马氏。父哈只，母温氏。公生而魁岸奇伟，风裁凛凛可畏，不肯枉己附人，人有过，辄面斥，言无隐。性尤好善，遇贫困及鳏寡无依者，惟保护赒给，未偿有倦。公已故，乡党靡不称公为长者。娶温氏，有妇德。生子二人，长文铭，次和；生女四人。和自幼有才志，事今人才，赐姓郑，为内官监太监。赋性公勤明敏，谦恭谨密，不避劳勤，缙绅咸称誉焉。呜呼！观其子而公之积累于平日与义方之训可见矣。公生甲申年十二月初九日，卒于洪武壬戌年七月初三日，享年三十九岁。长子文铭奉柩安厝于宝山乡和代村之原，礼也。……

郑和在这里叙述的祖先世系为：颜拜——哈只——马哈只——马文铭、郑和。

周绍泉认为，赛典赤·赡思丁是元代有贡献的历史人物，他对云南的开发有不可磨灭的贡献。郑和是中国伟大的航海家。提出郑和系赛典赤·赡思丁裔孙之说，很可能出于中国人追祖名人的习惯心理。其实郑和是不是赛典赤·赡思丁的后裔，并不重要，即使不是，也不影响郑和伟大航海家的光辉形象。

郑和故里在云南晋宁

郑和故里云南晋宁人民十分敬仰郑和、怀念郑和，以郑和名字命名的命名物在此间比比皆是，如郑和公园、郑和纪念馆、郑和故居、郑和路、郑和碑林、郑和车队、郑和号游艇，还有三宝楼、三宝面、三和大酒店，等等。

月山形似秋月，因而得名。山上一座三层古典牌坊式的大门，气宇轩昂，对称工整，牌坊上方"郑和公园"四个大字遒劲有力。门两侧均有一幅国画，画面是郑和舰队在茫茫大海上昼夜星驰，大门正中央镶嵌了三块浮雕画，巍峨壮观，气势雄浑，描绘了郑和率船队七下西洋的壮观场面。

进入公园，拾级而上，在青松古柏丛中，一尊总高 8.5 米的白色花岗石郑和雕像傲然而立，但见他身材伟岸，昂首挺胸，左手扶剑，右手握图，右脚往前跨，向世人昭示郑和迈出了开放的雄健脚步。基座下方摆放的 28 盆柏树，寓意着郑和 28 年的航海生涯。雕像周围的平地上，摆成水波纹状的地砖，象征着郑和船队在波澜壮阔的海洋里劈波斩浪，勇往直前。

郑和雕像后面左侧，建有一座三宝楼，形状恰似一艘巨型郑和宝船，一层船头翘首向前，二、三层琉璃瓦制顶，雕龙画凤，四周汉白玉栏上的浮雕是根据郑和下西洋带回的珍禽异兽以及出国时带去的瓷器、丝绸等精心设计的，楼上匾额书写着"海上巨人"四个金字。据当地官员介绍，为迎接郑和下西洋 600 周年，晋宁当地政府投资 2300 万元对郑和公园进行修改扩建。

芭蕉树簇拥着的郑和纪念馆，红檐碧瓦，雕梁画栋。馆内展示了郑和七下西洋的伟大创举，有郑和半身青铜像，其后面是郑和率船扬帆远航的场面的巨幅油画，以及图片、文献、模型、图表、实物等，再现了郑和开展平等贸易，开展经济文化活动的背景。

在松柏树林深处的郑和故居，建有郑和故里亭，亭内立有"明三保太监郑和故里"碑，是与郑和有关的重要遗址。新建的郑和故居占地面积近 150 平方米，故居入口处，建古牌坊一座，雕龙画凤，室内陈列着郑和生平。

月山西坡，郑和为其父马哈只所立的墓碑，肃穆庄重，上镌"故马公墓志铭"，碑文是永乐三年郑和第一次出使西洋前，请礼部尚书李至刚撰写的，然后在家乡勒石立碑。与马哈只墓一路之隔的则是海内外最大的郑和碑林，共有碑刻 64 块。

在月山顶，郑和纪念亭立在纪念馆南面的芙蓉丛中。站在月山顶，远处的滇池似碧波万顷的大海，月山恰如当年郑和的宝船正扬帆远航，驶向世界。正如郑和公园中的那副楹联所描绘的："月山如画原是伟人梓里；滇池似镜曾照烈士丹心。"

马哈只墓碑解开郑和身世之谜

对于郑和的身世，《明史·郑和传》只有寥寥 30 余字，说郑和是云南人，小名三宝，有关他的家世只字未提，所有与郑和相关的史籍也均无记载，郑和的身世因而成为一个谜。

云南省郑和研究专家高发元说，是郑和父亲马哈只的墓碑，才解开了郑和的身世这个谜。马哈只墓及墓碑所存碑刻三块，中间一块即当年所立马哈只墓，虽经 600 年风雨剥蚀，至今仍纹理清晰，古色斑斓。碑头顶帽呈半圆形，碑四周刻有花纹和云彩，碑脚压一大砂石龟。碑上有篆刻"故马公墓志铭"，由礼部尚书兼左春坊大学士李至刚撰文，行文简练，字体秀丽。碑文对马公籍贯、身世、任职等记述颇确。正碑两侧还有后人立的两碑，一是荔扉所录的"明史·三宝太监郑和传"，另一是夏光南的"郑和太公墓志铭跋"。碑阴有三行小字："马氏第二子太监郑和奉命于永乐九年十一月二十二日到于祖家坟茔祭扫追荐，至闰十二月吉日乃还记耳。"从碑阴题记可知，郑和奉命归里扫墓是 1411 年，在家一个半月。高发元介绍说，这在史书和地方志中均未记载，此碑可补《明史》之不足，马哈只墓碑是郑和家世的金石记载和珍贵文献。

郑和祖籍西域，是赛典赤的六世孙，而赛典赤又为普比国王所菲尔的六世孙，在云南做过平章政事（即省长）。高发元考证说，所菲尔是"西域天方国普化力（布哈拉）国王"，后舍国适宋，被封为宁彝侯，之后又加封为宁彝庆国公，元代蒙古人征服云南后，移居到云南。因此，郑和远祖是随成吉思汗来到云南的。

身为回族的高发元说，远在阿拉伯半岛的天方（麦加），是穆罕默德的诞生地和伊斯兰教的发祥地。伊斯兰教徒不远万里不畏艰险去朝拜真主，回来就能获得"哈只"称号。郑和的祖父、父亲，曾到过沙特阿拉伯麦加朝圣，人们从此不再叫他们原来的名字，都尊称他们"哈只"或"马哈只"。

高发元称，郑和祖辈是云南昆阳州（今昆明晋宁）宝山乡代村人，城西边的滇阳侯府是一座既有当地建筑特色又具有伊斯兰风格的府邸，依山傍水，景色宜人。附近有著名的五百里滇池和月山，是块藏龙卧虎的风水宝地。据考证，郑和的祖母姓马，母亲姓温，明洪武四年（1371）郑和出生在此地，他有一个哥哥马文铭和一个姊姊，还有三个妹妹；他排行第三，所以小名叫三宝。

三宝太监郑和何以有后裔

南京是郑和的第二故乡，在这里，生活着郑和的一支后裔。有人不禁会问：郑和是太监，怎么会有后代呢？据南京的郑和十九代孙郑自强介绍，郑和幼年即被阉入宫，无子，只知他的养子叫郑恩来，两个孙子，一个叫郑万选，另一个叫郑廷选。

据江苏省郑和研究专家郑自海透露，郑和作为一名宦官，何来子嗣？这曾引起海内外人士的广泛争议。《郑和》一书中虚构了"为郑和找老婆"的情节，说郑和老婆名叫妙云，原是明成祖身边的侍女，并生有儿子，郑和后人对此表示强烈不满。

郑自海介绍说，在郑和的故乡云南发现的《郑和家谱》称："马文铭长子立嗣（郑和本姓马，马文铭是他的哥哥，其子被郑和收为养子——笔者注），移居南京三山寺，名曰马府口。"由此可见，郑和的后裔是由其养子繁衍下来的。

他认为，郑和在故乡云南的一支后裔，系由郑恩来的长子所繁衍，其中一部分在清朝末年因不堪官府的压迫而逃往泰国。当时郑和第十七代孙郑松林跟随马帮来到泰国北部的清迈省，并娶了当时管理清迈的土司的女儿，从此在当地落地生根。由于年代久远，泰国郑和后裔已经不会说中文，甚至不知道自己的来历。现今泰国的一支郑和后裔有一二百人；而生活在云南的一支后裔现在有百余人。

南京的一支后裔系由郑恩来的次子所繁衍。《郑和家谱》"首序"的后面原有单独一页用毛笔正楷书写的20个大字："大尚存忠孝，积厚流自宽，藩衍更万代，家道泰而昌"，这象征郑家兴旺发达的诗句，也是南京郑和后裔的排行字辈。因郑和曾任南京守备，一生定居南京，部分船队官兵也随郑和居住南京，并逐渐改姓郑，故在南京牛首山山南村形成了郑村。当年郑和还收养了两名亲侄子，一名留在云南老家，一名跟随郑和到南京，其后代也可能成为郑和的后裔。

21 世纪初，经过郑自强的寻访，查到郑和后裔在南京有 544 人，除已死去的 154 人和从南京调往外地或在外地出生的 110 人以外，目前南京还有 242 人；在苏州的后裔估计有 200 人；在云南玉溪市红塔区北城镇的石狗头、大营、东营也居住着郑和的后裔。

居住在云南玉溪、江苏南京两地的郑和后裔，都各有自己的家谱。郑自强说，碑刻是了解历史、寻觅祖先足迹的瑰宝。原在玉溪龙门村（今大营）旁的"建龙马桥募化引碑"，碑文中的郑溥为郑和后裔九世孙。"媲美后先碑"现存于玉溪市红塔区东营清真寺内，碑文列郑居正、郑居广、郑有法、郑有才等人，系郑和十世孙、十一世孙。至今东营还居住着郑和的后裔郑云章、郑云良等。

有关专家认为，玉溪的《郑和家谱》与碑刻，记载了郑和下西洋的丰功伟绩，以及其后裔在玉溪的发展历史，是研究中国明代航海家郑和及其后裔发展的珍贵文献资料。

郑和与燕王朱棣形如兄弟

据记载，郑和被掳后送南京，编列入宫闱"幼年太监群"，遭到阉割，分配到明太祖身旁当杂役。

由于郑和自幼聪明伶俐，善解人意，颇获明太祖赏识，而他在宫中又与太祖的儿子朱棣朝夕相处，形如兄弟。朱棣被封为燕王，进居北平藩府，便将郑和带到身旁，两人亲密如故。在这期间，郑和随军辗转塞外，大大小小经历了不少战争，在军事上受到了初步的训练。

在征讨元朝残余势力中，郑和转入燕王藩邸中服役，他出云南进北平，转战塞北，参加了几次重大战役，已经初露锋芒，表现了一定的才能。因而被朱棣选在身边，作为贴身侍卫使用。

建文元年（1399）至建文四年（1402），燕王起兵发难，史称靖难之役。在战斗的关键时刻，郑和施计联络到南京宫廷内的太监做内应，随时通报消息，里应外合。朱棣采用了郑和的计策，及时获知了宫廷内部现状和军队布防的虚实，势如破竹，燕军不费一兵一卒，顺利渡过长江，直捣南京。在长达四年的战役中，郑和跟随朱棣出生入死，参加了无数次战斗，屡建奇功，成为朱棣称帝的主要功臣之一。

燕王登基为帝后，郑和护驾左右。永乐二年（1404）元旦，获成祖赐赏，亲笔书一个"郑"字，赐给他为姓，另书一个"和"字，赐给他为名。他便从此由"马三宝"变成了"郑和"。受此殊荣，郑和自然受宠若惊。没隔多久，成祖又将郑和从司礼太监擢升为内宫监太监，相当于正四品官员，在明宫十二监中，其地位仅次于司礼监，成为明成祖的心腹重臣，许多工作都派遣郑和去做。

郑和事业上的顶峰时期是统领船队七下西洋，他能成就这千秋大业绝非偶然，作为永乐帝的亲信和随从，郑和有机会广泛接触统治阶级上层人物，了解朝廷的军计大事，文韬武略，耳濡目染，终于成为统领七下西洋的最佳人选。

郑和生前身后为何遭受冷遇

作为中国走向世界、探索世界的一位历史伟人，郑和在中国历史和世界航海史上写下了辉煌的一笔，成为千古流芳的英雄，至今仍影响着千千万万的炎黄子孙。

然而，郑和生前曾遭到朝廷大臣的非议，尤其是明成祖死后更甚，直至被迫终止下西洋活动。郑和身后也同样遭受长时间的冷遇，有一个特别奇怪的现象是，对郑和的关注程度，中国国内反而不及东南亚等海外国家和地区热，尤其是广大青少年对郑和了解甚少，更不要说对他的敬仰了。

潘群说，永乐二十二年（1424），朱棣驾崩，其子朱高炽继位后立即下令停止下西洋的活动，郑和和下西洋的官军留守南京，此后他的主要工作是修理南京宫殿。可是当时仁宗皇帝竟然不发给郑和手下官军维持生计的月粮，当时留守南京的襄城伯李隆仗义上书请米，仁宗皇帝这才勉强同意，但调拨了专给罪犯吃的罪人米充抵郑和官兵的口粮。

郑和的失意不仅体现在这里。仁宗的儿子宣宗继位之初，郑和副手为辛勤修理明故宫的军民请赏，谁料宣宗竟然无故大发雷霆，他命令司礼监下文命令"郑和毋妄请赏赐"，甚至直接派人警告郑和"谨守礼法，毋窥伺朝廷，一切非理之事，不可妄有呈请"。工程完工，为手下请赏，本是惯例，但是宣宗竟借此警告郑和。这足见郑和早已不复此前下西洋时的风光了。

王佩云说，郑和当年创造的航海奇迹是不可思议的，他生前身后遭受的冷遇也是不可思议的。他认为，仔细分析起来，有中国自身的原因，也有外部的原因，归结起来，主要有以下几个因素：

其一，当时中国的航海还只是少数人的意识，并未成为国家和民族的觉醒。

郑和七下西洋后，中国的远洋航行从此销声匿迹，曾经畅通无阻的马六甲海峡不久被葡萄牙人扼住了"咽喉"。随之而来的是中国由兴盛走向衰败，西方列强用坚船和利炮敲开了中国的"门户"。而西方的航海事业大发展，率先进入近代工业时代，带来了西方国家的崛起，人们从中更能体会到郑和当年在海洋方面的觉醒具有无法估量的价值。遗憾的是，当时只限于少数人的觉醒，而没有唤起整个国家和民族的共同觉醒。否则，中国明代以后的历史将会改写。

其二，世界在一个很长的时期中习惯用武力对话，郑和开创的和平对话的先例被湮没在震耳欲聋的枪炮声里。郑和作为中国的和平使者，力图用传播中华民族文明的方式树立中国的形象。而哥伦布、达·伽马、麦哲伦则完全用武力方式与世界对话，弱肉强食，把刀架在别人脖子上，长达几个世纪，弥漫的战场硝烟掩盖了郑和树立和平使者的形象及和平之声，这无疑是世界的悲剧、人类的悲剧。

其三，中国封建社会的封闭性质与郑和下西洋实施开放格格不入，使得郑和航海难以逃脱被封杀的厄运。郑和下西洋始终在明朝政府发布禁海令的阴影下进行，这是一个不争的事实。明清的海禁长达 400 年，郑和下西洋在海禁的阴影下公然进行了 28 年，这本身就是对中国封建社会封闭的挑战，怎么能不遭受冷遇和封杀呢？

其四，郑和下西洋的历史一直缺乏普及性读物，而明代以来唯一留下来的普及性读物就是一部可读性不强的神魔小说，因而郑和无法像唐僧取经那样做到家喻户晓。

太监李福善就是郑和吗

在南京牛首山弘觉寺地宫出土的文物上所刻的铭文"御用监太监李福善"，不见文字记载，成了一桩历史悬案。有关专家学者经过考证，认为李福善即郑和。

其一，弘觉卧佛寺独具匠心的创作，显示了太监李福善具存深厚的建筑功底和设计才华，并且对航海牵星技术十分娴熟，这与主持建造南京大报恩寺塔的出色建筑工程专家郑和何其相似。

其二，从弘觉卧佛寺的用途方面看，喇嘛塔铭文已表明是太监李福善奉皇帝之命奉施给弘觉禅寺的供养物。自永乐时期开始，南京的郊坛确实设在牛首山。置放在喇嘛塔须弥座内一对焚烧过的牛角也表明，弘觉卧佛寺应是祭天之处。

其三，从明王朝为太监李福善实施高规格的丧葬等级看，李福善是一位身份特殊且又地位显赫的太监，并与出生在云南的被世人称为三宝或三保太监的郑和非常接近。

其四，永乐元年，姚广孝题记的《佛说摩利支天经》载："今菩萨戒弟子郑和，法名福善"，与李福善同名，不会是偶然的巧合。

其五，从牛首山的历史来看，它与南唐的君主有着密切的关系，郑和在法名前冒以李姓，是按照明代的祭祀制度，在为第七次下西洋开航御祭的同时，而又合祭南唐的君主。

《郑和家谱》在哪里

据考证,《郑和家谱》云南有一本,南京也有一本。

云南《郑和家谱》是玉溪文化名人李鸿祥发现的。他是云南辛亥"唐九起义"的主要领导人之一,人们称之为李将军。他为玉溪地方历史资料的搜集整理做了大量的工作。1936年,他得到居住玉溪的郑和后裔所藏《郑和家谱》后,就交给清末状元、钦授翰林院编修袁嘉谷,袁阅读后转交云南大学教授李士厚。李士厚邀请李鸿祥一起到玉溪郑和十七世孙郑绍明兄弟家访问,回到昆明后,就将家谱拍成照片保存。

玉溪《郑和家谱》记载了郑和出使西洋的历程,包括出使的官员、出洋船舶、所到国家,以及明成祖和宣宗给郑和的敕书。从随同出使的人员中可以看出,平均每150人左右,就配备有一名医务人员,足以证明郑和对船队人员健康的关心和重视。

《郑和家谱》中的"马公墓志铭",系永乐三年资善大夫、礼部尚书兼左春坊大学士李至刚所撰写。铭文从郑和曾祖拜颜始叙其此系,祖父、父亲姓马,名哈只,其父马哈只有子二人,长文铭,次郑和,另有姊妹四人。关于郑和,家谱中说他"本姓马,永乐二年正月初一,御书'郑'字,赐以姓"。家谱还说他"以兄文铭之子立嫡,名赐",说明了郑和作为太监而有后裔的渊源。家谱以郑和为一世祖,赐即二世祖,直记到十六世祖郑兴富、郑兴旺、郑光贵三兄弟。

李士厚于1937年3月编辑出版了玉溪《郑和家谱考释》,此书由云南崇文印书馆印刷,正中书局代售。李士厚在该书中说:"昆阳玉溪,邻封接境,今为二县,古实一州,人杰地灵,昆玉共焉。二县父老,当将军见后,广搜佚文,光显先贤,我虽不敏,亦窃离附于尘后矣。"说明了郑和后裔与昆阳、玉溪两地的关系，赞美李鸿祥发现玉溪《郑和家谱》，弘扬郑和的丰功伟绩。

据郑和后裔郑自强回忆，南京的原本家谱早在太平天国战争时被毁，后来家谱只是老人们的回忆录，实际上是一本修谱。他童年时代曾见过南京《郑和家谱》，那本家谱比字帖还大，有上下木板夹着，木板封面上刻有"咸阳世家宗谱"六个大字，郑自强当时年幼无知，不懂里面内容，也不感兴趣，一直被他父亲保存。新中国成立后，郑自强父亲调外地工作，由他二叔郑流华保管，放在厨房的抽屉没人去看。而两块木板封面，却被做成水缸盖，放在院外风吹雨淋，后来就不知下落了。

20 世纪 50 年代，郑流华无偿把这本家谱交给了上门搜集郑和资料的两位人士，他不懂这本家谱的历史价值，认为与其放在厨房当废纸，不如让他们拿去研究。后来这本家谱被送往北京民族文化宫去展览了。到了 80 年代，郑自强等郑和后裔到北京民族文化宫去追查家谱下落，经过多方周折，终于找到一份《抄郑和家谱首序》，但已经不是原件，而是抄件，许多地方缺字不明，经李士厚考证加上标点符号。

郑和少年时代就以湖当海志向远大

云南晋宁的月山居山面海，风景秀丽。放眼望去，五百里滇池尽收眼底。在山上一艘巨大的郑和宝船船头翘首向西，仿佛正在扬帆远航，简直是一幅精妙绝伦的郑和航海图。

晋宁当地政府官员介绍说，伟大的航海家郑和就出生在这令人神往的云岭高原的滇池湖畔。烟波浩渺的五百里滇池，还有丰富的历史文化、人文资源和优越的地理环境，不仅为郑和提供了理想的玩水习水场所，而且对他航海思想意识产生了深远持久的影响。

郑和十岁以前的童年时代历史少见记载。晋宁当地政府官员说，郑和在晋宁这块土地上整整生活了十年，这绝对影响一个人成年后的行为、思想走向，而且这种影响会是非常巨大、潜在性的。尤其是这五百里滇池，数百年来当地人从来没把它当湖，而一直当作大海，它对郑和以后七下西洋的影响是可想而知的，培养了郑和像大海一样的胸襟、气度和胆略。

郑和故里从事郑和资料搜集整理的热心人，深入民间，走访郑和在海内外的后裔，搜集到许多郑和童年时鲜为人知的动人故事。如乘坐木盆学划船，滇池湖畔捉龟虾，童年动手造帆船，滇池游泳救同伴，一片孝心挖井水，独自乘船到省城，等等。郑和经常独自或与兄妹、伙伴到滇池看渔家打渔、造船和运石运粮，稍大后，他就学会了游泳、划船、使帆，所有这些无不预示着郑和以后的人生轨迹。

昆阳老一辈乡民说，郑和从小喜欢三件事，那就是读书习武、听讲故事、玩水造船。他从小就学会了制船的初步技艺，折过纸船，也做过小木船，然后到滇池湖畔漂船比赛。稍懂事后，就总缠着祖父和父亲，听他们讲述不畏艰辛、乘风破浪、漂洋过海，到遥远的麦加、麦地那朝圣的事，以及沿途各国的风土人情趣闻。祖辈们这种与天地斗、与恶劣环境斗、与瘟疫疾病斗的无畏勇气和献身诚挚信仰的精神，使幼小的郑和受到了熏陶和感染，令他魂为之牵，梦为之绕。

晋宁当地政府官员称，郑和后裔根据墓志铭和家谱记载，得知郑和从小立志，梦想像祖父和父亲那样去朝圣，梦想追随祖辈的足迹到滇池以外的大洋里漂流，郑和幼时的志向、理想和行为，为他后来成为一位伟大的航海家奠定了坚实的基础。

郑和"三宝"名号的来历

众所周知，郑和有一个名号，在太监之前冠"三保"或"三宝"，有时在同一文中两者兼用。郑和的名号究竟是"保"还是"宝"？究竟是父母取的乳名，还是被明军掳掠后进了燕王府用的称呼，抑或是尊称，后人对他的雅号？600年来众说纷纭，莫衷一是。

徐克明说，有学者认为，郑和的旧名"三宝"与佛教的名称"三宝"（佛、法、僧）完全重合。但明太祖朱元璋曾当过和尚，是佛门弟子，却并未叫他三宝；永乐时代的姚广孝也是僧人，也未叫三宝。正是受姚广孝的影响，郑和才皈依佛门的，因此，这一说法也缺乏根据。还有学者说因郑和历经三朝，忠心辅助三个皇帝，因此得名。其实郑和共经历了五个皇帝，以此封为"三保太监"理由是不充足的。

至于"三宝"或"三保"的含义如何？也是各说各的，仁者见仁，智者见智。有的认为，关于"三宝"一称的探讨资料不少，大多集中到一点："三宝"原是郑和的小名，因为郑和实际排行老三，确切含义是"宝贝的小三子"。有的则认为，"三保"一称来源于胡语"萨保""萨薄""萨钵"等，意为"商队首领""大首领"。徐克明认为这种说法很难站住脚，因为给一个儿童取这种意思的名字，似乎不合情理。而潘群在考察史料后却发现，"三保"其实是当时统治者对被俘虏后做奴隶的人的通称。在《元史纪事本末》中记载，元朝称外族俘虏皆为"三保奴"，而郑和确实在明初被俘虏。

徐克明说，明朝初年，朝内与郑和同时期做官的还有叫杨三宝、李三宝的。因此，三宝不是郑和的旧名，也不是他的专用名。明万历年间的老百姓为崇敬郑和的伟大功绩，确用三宝代替郑和的名字。几百年来，海内外只要提到三宝太监都知道是郑和，三宝太监成了郑和的代名词。

　　徐克明考证，比较确切的说法是与郑和同时代的算命先生袁忠彻，在他所著的《古今识鉴》一书中较早提出郑和小名"三保"是保佑的保。袁忠彻和明成祖朱棣在议论郑和时，都用"三保"做称呼一问一答。可见"三保"一名，是朱棣和袁忠彻在宫廷中对郑和的习惯称呼。"三保"虽是郑和的小名，但他做了朝廷大官后，一般人是不会叫他小名的。为什么三宝成了郑和的代名词呢？究其原因，可能是明成祖朱棣金口玉牙传布到宫中和民间，就有"钦定"的殊荣了。所以，把郑和叫"三宝太监"或"三保太监"，是对郑和的一种尊称。

郑和航海家的开放意识从何而来

郑和七下西洋之所以取得重大的成就，一方面固然是由于明王朝的日趋强盛，具备了组建庞大的远渡重洋船队的雄厚物质条件；另一方面不可或缺的则是郑和个人所具有的特殊才能和素质，尤其是与他思想上的开放意识分不开的。否则，很难圆满完成这一空前绝后的历史使命。然而，郑和的开放意识是从何而来的呢？

云南学者马兴东对郑和的开放意识有着独到的见解，他认为，在人类历史发展的进程中，每当社会面临重大变革之际，杰出人物往往站在时代的前列，大胆开拓进取，加快历史前进的步伐。15 世纪初的郑和，具备了崭新的观念、超然的远见、卓越的胆略、广博的知识、宽宏的度量等综合才能和气质，以其思想上的开放意识独当重任，勇于开拓，泛槎瀛海，扬声西极，在世界航海史上写下了光辉灿烂的篇章，这与郑和故里的特定环境和父辈的培育熏陶分不开。

云南晋宁政府官员李飞鸿与马兴东的观点一致，认为郑和所具有的广阔胸怀和开放意识，"敢为天下先"，是决定其伟大事业能够取得成功的首要因素。而郑和开放意识的启蒙有着特定的社会历史背景和成长环境，究其根源主要有四：

受父辈的影响。郑和出生于云南昆阳的回回人之家，儿时除受家庭的伊斯兰文化的熏陶之外，更多地接受了中国传统文化的教育。其六世祖咸阳王赛典赤出任云南行省平章政事，在云南兴办学校，改革弊政，发展生产，兴修水利。郑和自童年时期还常听父辈远朝天方的故事，从而对西方远地产生了美好的憧憬，思想观念上出现了开放意识的萌发，为成年后七下西洋奠定了基础。

受儒家的影响。郑和自幼勤学，打下了浑厚的儒家文化功底，虽"身处边陲，而服礼仪之习"。北上后，深居燕王府，耳濡目染的更是儒家学说，"才负经纬，文通孔孟"，并最终担当起了出使海外诸番国，"导以礼仪"的重任。

受经历的影响。郑和经历坎坷，受尽磨难，十岁被掳入军中，遭阉割当太监，打过仗，见多识广，智勇双全。经过长期的戎马生涯，增长了丰富的韬略和才干，逐步登上历史舞台，向着未来的航海事业稳步前进。

受海外的影响。郑和在七下西洋途中善于学习，每到一地，注意对当地的风土人情资料的收集，主动接受各种思想文化，增长了阅历，开阔了视野，从而大大突破了传统宗教观念的狭隘束缚，形成了超出一般宗教信徒的博大、精深、宽容和开放的体系，升华到了一个新的更为广阔的领域。

马和何以变成郑和

郑和的原名叫"马和"，后来何以变成了"郑和"？有一种说法是，郑和之所以姓郑，是幼年（11 岁左右）流落到云南镇南，为一郑姓的回民收养，"遂袭其姓"。对此，徐克明认为，马和变为郑和，一般说法是天子赐姓"郑"，郑和家乡的民间也普遍相信"马不能上殿，皇帝赐姓郑"的说法。

徐克明研究郑和几十年，是当地公认的郑和研究专家。据他考证，新纂《云南通志》说："以材智事燕王棣，燕邸故多剑客鼎士及诸异能者，而姚广孝、袁忠彻并和皆参帷幄，和为内官监赐姓郑，故人称三保太监郑和云。"徐克明还考证了《郑和家谱》，其中详细记载了郑姓由来："公和始事于永乐二年正月初一，御书郑字，赐以为姓，乃名郑和，选为内官监太监"，看来郑和的"郑"姓是皇帝赐的，朱棣以赐姓的方式表达了对功臣的封赏与恩宠。

据徐克明考证，郑和的先人本姓马，是元代咸阳王赛典赤的后代。徐克明以他多年研究《郑和家谱》的成果表明，郑和是赛典赤的六世孙，从赛典赤的父亲马哈木开始，马哈木的孙子马速忽，已沿用马姓，所以马速忽之下拜颜（郑和的曾祖父）也应该姓马，称为马拜颜，授荣禄大夫、尚书、平章政事，晋封淮王；马拜颜的儿子察尔米的纳（郑和的祖父），授镇阳侯；郑和之父名叫米里金，授云南行省参知政事，袭封滇阳侯。

有学者称，中国的赐姓之说由来已久，从汉朝以后日渐兴盛，赐姓一般有两种原因，一种是因功赐姓，郑和就属于此类；另一种是少数民族与汉族混居，为避免混淆民族，赐以汉族的姓氏。

有学者认为，明成祖时期赐姓的官员不多见，郑和可谓佼佼者。赐姓一事对郑和来说意义十分重大，它不仅仅体现在个人与家族的荣耀与地位上，更重要的是一次难得的机遇，表现在明成祖对郑和领导地位的安排上。从第一次到第七次下西洋，尽管王景弘与郑和同是正使，但郑和始终处于第一号领导人的地位，这充分体现了最高统治者的高度信赖，而这又无不与赐姓有关系。

郑和究竟病逝何处

在印度南部的科钦，有一显著标志是中国渔网，还有一块介绍中国渔网来历的石碑。据说郑和船队来到科钦后，把这种捕鱼方法传授给了当地人，这种捕鱼方法在郑和故乡中国云南的水乡可以见到。著名郑和研究专家郑一钧说，郑和船队七次经过此地，这里离船队停泊的古里港口150多公里。

郑一钧是著名史学家郑鹤声的儿子。郑鹤声从20世纪30年代起就研究郑和，首次发现太仓刘家港通番事迹碑，弄清了郑和七下西洋的时间、地点，并首次发现南京静海寺残碑，是学术界公认的郑和研究权威。郑一钧继承父业，研究郑和几十年，写专著几百万字，研究发现郑和1433年病逝于印度古里，得到了学术界的公认，是当代郑和研究权威。

古里国（今印度卡利卡特）当时有"西洋诸番之会"的美称。郑一钧介绍说，印度半岛沿海当时有很多国家，郑和船队曾在其中六个国家的港口停靠。郑和率船队来到古里后，在与当地的官民交往中，逐渐了解了古里国淳厚的风土民情，并为之所吸引。

郑和极力赞扬古里优良的民俗，衷心希望古里国能保持并发展下去，同时希望其他国家也能像古里国这样。永乐三年，明成祖诏封古里国王，并赐予印诰、文绮等物，由郑和奉诏古里，这当然是两国关系的一个重要事件。为了纪念这件大事，郑和在古里建立了一个碑亭，立石勒碑。此后，郑和每次下西洋，都要到古里，并以此为中转站。古里国王也多次遣使到中国朝贡，两国关系越来越友好。

郑一钧痛惜地说，明宣宗朱瞻基登上皇位后，打算恢复祖父朱棣那种君临天下的朝贡体系，于是命令郑和第七次下西洋。郑和预感到这是最后一次航行了，在出发之前，他雕刻了两块石碑，记录了自己的航海历史，分别竖立在江苏太仓刘家港和福建长乐五虎门。宣德八年（1433）三月上旬，当船队从东非来到印度古里时，郑和因病与世长辞。古里成了他的归宿。当时气候炎热，归国路程尚需要三个月时间，郑和遗体极有可能葬在印度卡利卡特，也有可能葬在印尼三宝垄，目前尚未定论。

宗教篇

太仓郑和纪念馆为何假座天妃宫内

江苏太仓郑和纪念馆建于 1985 年 7 月 11 日，即郑和首航 580 周年纪念之时，位于太仓刘河天妃宫的后殿。走进天妃宫庄严的山门，但见平坦的金山石铺成的道路通向纪念馆的主楼，路旁苍翠的塔松、如茵的草坪和古建筑和谐一致，令人心旷神怡。楼前的"锚泊瀛涯"雕塑突出了纪念馆的主题。峙立的群礁代表古老的浏河镇，高高竖起的大铁锚上悬挂着罗盘，象征着郑和在刘家港集结船队，扬帆起航。

展厅底层正中是一座三米高的郑和手握航海图的坐像，黑色方正的大理石底座上刻着"郑和（一三七一——一四三五）"几个金灿灿的大字。塑像背后与左右两侧墙面上三幅巨型磨漆壁画《鹏起浏江》气势磅礴，画面线条流畅明快，人物栩栩如生，富有鲜明浓郁的民族风格，再现了当年郑和首次从浏河出洋时的壮观场面。郑和船队中十几艘宝船"云帆高张，昼夜星驰"，无论从大厅的哪个角度看，都给人以那船是迎面驶来的感觉。二楼陈列着郑和使用的宝船模型和展示当时郑和七下西洋踪迹的电动航海图以及有关实物。

太仓郑和纪念馆为何假座天妃宫内呢？据太仓郑和研究专家介绍，这与郑和信奉天妃有关。郑和七下西洋历时 28 年，往返于太平洋、印度洋和阿拉伯海，前后到达 30 多个国家和地区。郑和每次下西洋前，都要率文武随从在浏河天妃宫举行朝拜仪式，向海神天妃祈求保护。

海神天妃，也称天后，产生已有 1000 年的历史。福建、台湾一带称天妃为妈祖，是航海者的精神支柱，也是沿海居民崇奉的海上保护神。浏河天妃宫"娄东刘家港天妃宫石刻通番事迹碑"记载："一称神号，感位如响，即有神灯烛于帆樯，灵光一临，则变险为夷，舟师恬然，咸保无虞。"他们认为郑和七下西洋能在海上平安航行，主要靠朝廷的威福和天妃的保佑。天妃保佑郑和七下西洋有功，受到人们的顶礼膜拜。

太仓郑和研究专家称，在郑和所处的明代，尽管中国的造船技术和航海技术在当时已很先进，但在海上航行仍然经常受到风浪的袭击，祈求神灵保佑是他们胜利完成下西洋任务的精神支柱。郑和下西洋行前沿途要祭祀天妃，平安归来后要酬谢天妃。宣德五年郑和出使西洋，舟师泊于太仓刘家港天妃宫祠下，念及数次皆仗神明护助之功，便修饰天妃宫，还勒天妃宫石刻通番事迹碑昭示永久，并植西域海棠。因此，把太仓郑和纪念馆假座天妃宫内，更有助于对郑和及妈祖文化的研究。

太仓天妃宫及通番事迹碑见证了郑和七下西洋

太仓浏河天妃宫与郑和下西洋有着难以割舍的缘：郑和七次下西洋前都要到此朝拜天妃娘娘，宫内还立有一块"通番事迹碑"，详细记述了郑和下西洋的经过。600 年来，浏河天妃宫一直为海内外人士所关注。

天妃即妈祖，妈祖信仰自宋至今已有千年历史。目前，妈祖已成为一尊跨越国界的海神，被誉为世界和平神，浏河天妃庙为获准开放的道教活动点。

浏河天妃宫，又名"天妃灵慈宫"，俗称"娘娘庙"，位于太仓浏河镇东北部，老浏河北岸，经郑和等人多次修葺扩建，范围宽广，气势宏伟。此庙始建于元代至正二年（1342），明清两代曾做几次修建，它是元明时代航海业发展的见证。

步入天妃宫庄严的山门，但见院内植郑和下西洋携回之海棠一株。正殿内供有天妃神像。天妃宫现存后殿大楼一幢，二层共高十余米，开阔约 20 米，进深 15 米，楠木梁柱，殿楼的枋子和门楣上雕有精细逼真的海浪托日和巨龙戏水的图案。作为郑和纪念馆的馆址，这一建筑具有较高的建筑艺术价值。

天妃宫东南隅建有碑廊，廊内贮有历代有关天妃宫史迹的碑刻 13 块。据《太仓州志》载：记有郑和七次下西洋往返年和抵达国家的"通番事迹之记"石刻曾嵌天妃宫大殿壁内，惜因光绪年间大殿焚圯，这一名碑也从此湮灭，1984 年修建天妃宫时重刻了通番事迹碑，恢复了这一历史遗迹。

据太仓的郑和研究专家吴聿明介绍，郑和第七次下西洋时于此勒石立碑，名"娄东刘家港天妃宫石刻通番事迹碑"，原嵌于宫壁内。碑文为明人钱谷之《吴都文粹续集》录以传世。郑和"通番事迹碑"记曰："和等自永乐初奉使诸番，今经七次。每统领官兵数万人，海船百余艘，自太仓开洋。"这确凿地证明，太仓是郑和七下西洋的起锚地和收泊地。

郑和船队出航前，在太仓装载物资，补充给养，集结编队，迎送朝廷命官，举行盛大的祭祀活动。据"通番事迹碑"记载，船队对天妃的祭祀非常隆重，每次出航前，均要把建筑雄伟的浏河天妃宫修葺一新，然后"舣舟寺下，官军人等，瞻礼勤诚，祀享络绎"。船队返航后，在太仓休整集训，修理船只，举行迎接各国贡使的礼仪活动和宴劳赏赐活动。因此，太仓为郑和下西洋做出了巨大的贡献。

郑和是多神教徒吗

郑和出身于回族"哈只"世家，原本信仰伊斯兰教，是穆斯林之后裔。然而，他后来又同时信仰佛教，在历次下西洋的航海过程中，还信仰道教，十分崇奉天妃，对佛教、妈祖教的尊崇在文献资料中凿凿有据。对郑和的宗教信仰问题，对他是不是"多神教徒"，谜点很多，学术界争议也颇多。

专门从事郑和宗教信仰研究的林松认为，他与郑和有三同：同乡，都是云南人；同民族，都是回族；同信仰，都是穆斯林。林松主要从事明史、回回史、伊斯兰文化研究，同时又是郑和研究专家，主要研究成就是翻译了《古兰经》的诗歌，中文、阿拉伯文对照，受到阿拉伯国家的普遍好评。

林松介绍说，郑和的生平活动与多种宗教有着错综的联系，靖难之役后被推上前台的郑和崭露头角，开始扮演明朝威武雄壮的重要角色，他的宗教活动也伴随而生。郑和参与多种宗教，是可能的。

在佛教信仰上，郑和具有佛教徒的身份，是有案可查的。林松指出，他自己曾公开承认信仰佛教，曾经通过正式的受戒仪式皈依佛教，成为佛门弟子，并且取了几个标志佛教身份的法名。他曾经先后两次参与督造南京大报恩寺。记载中最为明确而典型的是郑和多次施财刊刻大藏尊经，捐赠佛寺。

在妈祖教的信仰上，林松认为，郑和对海神天妃的崇奉祷告，不能简单地从郑和本人的宗教意识上看，而应从成千上万船队成员长期在海上跟惊涛险浪搏斗需化险为夷的传统习俗上来认识。从有关文献记载中，可以明确无误地看出，对妈祖的尊崇，不属郑和本人的宗教意识。如记载中均有"舟人请祷于神"、"奉旨遣宫整理祠庙"等诸如此类的表述，或奉天意，或达民情，而决非郑和本意。作为七下西洋的首领，皇帝派遣的正使，郑和在涉及宗教信仰时，不能以个人的好恶出发，也不能以某个教派的狭隘立场出发，必须要以国家利益为重，以大局为重，以船队为重，必须具备政治家、军事家、外交家、社会活动家的风范，在这方面，郑和是当之无愧的。

林松还认为，郑和毕竟是一个忠实虔诚的穆斯林，他始终没有忘记自己是穆斯林的后代，他真正的宗教信仰是伊斯兰教。郑和首次下西洋前夕，为其先父立碑，他特请礼部尚书兼左春坊大学士李至刚撰写碑文，铭文中明确提到他祖父、父亲的"哈只"身份。在郑和第三次下西洋归国休整时，恰逢伊斯兰教斋日，他回故乡云南昆明祭坟扫墓，为祖先祈祷，度过了整个斋月，在郑和第四次下西洋前，他特地取道陕西，聘请西安清真寺掌教哈三随船队下西洋，配合他在西洋各国传布伊斯兰教，并派穆斯林内官太监洪某至沙特阿拉伯的伊斯兰圣地麦加朝觐。在永乐十五年，郑和曾到泉州灵山著名的伊斯兰教先贤墓行香。西安大清真净寺记载，"海中风涛横作，几至危险，乃哈三吁天，恳默祷于教宗马圣者。已而风恬波寂，安息得济"。可见郑和在航海途中也有伊斯兰教的礼仪。据文献资料显示，郑和曾重修或奏请重修过伊斯兰教清真寺，至少有两所：一所在汉唐古都西安，另一所在六朝古都南京，由此可见，郑和是一个忠实的伊斯兰教信仰者毋庸置疑。

林松说，中国宗教界是不允许有多种宗教信仰的，但对郑和却抱着宽容的态度，因为不能把郑和的身份看作一个宗教徒，而是封建王朝使者的身份；郑和是个政治人物，而不是宗教家。他的活动，自然要受到这种特殊身份的制约，身不由己。郑和在那个特定时代特定环境的特定使命下，不能把个人的信仰表现出来，但他的内心深处还是崇奉伊斯兰教的。

南京净觉寺由郑和子孙世代居守

净觉寺位于今南京城南三山街，现址在开州路 41 号。该寺始建于明洪武二十一年（1388），为南京最早的一座清真寺。宣德五年（1430）遭火灾被毁。此时恰逢郑和准备第七次下西洋的前夕，明宣宗特准郑和的奏请，动用国库资金重建净觉寺，由郑和子孙世代居守。重建后的净觉寺较前扩大了规模，北至砂硃巷，东南至大街，西达马巷。

到了清代，又有两次重修。嘉庆年间重修时还敕建砖雕牌坊一座。现在净觉寺砖雕牌坊虽然是近年重建的，但上方仍有"敕建"二字，以保持原来的风貌。

净觉寺重建后，规模宏伟，为中国著名的八大清真古寺之一，现存建筑有院落四进，有望月楼、正殿、后殿及南北讲堂等。礼拜堂一座，五开间，高大轩敞。礼拜堂后有高墙一座，相传为明代所建，为南京寺庙中最高的墙壁。今天的净觉寺仍是穆斯林进行伊斯兰教活动的地方，也是与郑和有关的最完整的一座建筑。

郑一钧认为，郑和祖辈均笃信伊斯兰教，虽然郑和后来信仰佛教，但并没有放弃对伊斯兰教的信仰，尤其是他以其兄马文铭之子为嗣，其后代子孙必沿袭其祖辈信仰伊斯兰教的传统。因此，郑和在第七次下西洋前夕奏请重修净觉寺，也是为子孙后代着想，让他们能有一个较好的举行宗教仪式的场所。净觉寺的历史文化价值，在于说明郑和早年离家，但始终没有忘本，对穆斯林有着深厚的感情。

华人印尼三宝庙为何可进"骏马"

在离三宝垄市中心西南五公里的望安山麓，有一座三宝公庙，它背山面海，绿山环绕，是当年郑和船队登陆的地方。此庙是一座典型的中国建筑风格的神庙，高大的庙门上雕着两条飞龙，正上方镶嵌着"三宝圣祠"的石匾，大门两旁有木板雕刻的对联："滇人明史风来世，井水洞山留去思。"这是华侨、华裔和当地人为纪念郑和而建造的。

庭院里还有一个石雕的大船，船体斑驳，中间已长出一棵十几米高的大树，枝叶繁茂。这里的香火常年很旺，十多柱圆桶般粗的巨型蜡烛，从大年初一点燃，一直点到农历大年三十，一年不熄。

在老的三宝公庙旁，正在建一座新的三宝公庙，面积 3500 平方米。庙宇宽大，气宇轩昂，庙后郑和七下西洋的巨幅壁雕，人物逼真，气势磅礴。这也是当地华侨为纪念郑和七下西洋 600 周年而出资兴建的。他们说三宝公是海外华侨的祖先，没有三宝公到三宝垄，就没有当地华侨的今天。

老的三宝公庙供有郑和佛像的大殿，由四根朱红色的高大圆柱支撑，殿顶呈伞开，顶上红琉璃瓦，殿四周朱栏环绕，形成一段别致的回廊。殿内设有祭坛、铜香炉，供朝观者上香之用。庙宇庭院中建有一个古色古香的配亭，一个高约二米的铁铸巨锚放置亭内。相传此锚为三宝太监船队的遗物，朝观者把它视为圣物，争相向它朝拜进香。

三宝庙内，最富有魅力的是那充满神秘色彩的三宝洞。此洞约有 100 平方米，洞口矗立着二尊郑和铜像。洞中的香案下有一口方井，叫三宝井，一股清泉终年潺潺流淌，水清见底，甘甜可口。据当地老一辈华人传说，用这股清泉洗湿衣裳，将来死后，这个人的亡灵就能返回故土。

　　到三宝垄进香者多为华人或华裔，他们按照中国的传统习俗，每逢春节、元宵节以及三宝太监首次抵达此地的日子，都要前来烧香。进香之日，人们往往簇拥着一匹精心制作的高头"骏马"向三宝庙走来，以示三宝太监的亡灵骑乘"骏马"前来故地重游，为民消灾降福，使人合家欢乐。"骏马"在庙宇前绕行三周，然后方进入庙内。此时，朝观者跪拜在三宝太监佛像面前，一面磕头，一面口中念念有词。不久，乐曲声四起，人们开始表演中国传统的狮舞和龙舞。

　　中午时分，祭奠仪式开始。人们排成一条长龙，把一炷炷燃着的香轻轻插进香炉内，燃着的蜡烛把整座庙宇照得通亮。虔诚的信徒们面容肃穆，喃喃细语，祈求三宝太监大发慈悲，保佑他们万事如意，全家幸福。祷告毕，有些人在事先准备好的容器里抓把香炉灰，再装入少许三宝洞内的泉水，带回家服用，以求祛邪避灾。

　　据庙内工作人员介绍，自此庙兴建以来，每当朝观期间，整个庙宇人山人海，比肩继踵，热闹非凡。2005 年是郑和下西洋 600 周年，春节、元宵节前来进香的华侨、华人及当地人创历史之最。

印尼清真寺为何以郑和名字命名

印尼泗水的郑和清真寺，是印尼哈夷郑和基金会于 2002 年出资修建的，这个基金会成立于 1996 年，资金都是华裔捐款。2003 年 5 月清真寺落成揭幕时，由时任中国驻印尼大使卢树民题写寺名。据说这是全印尼唯一的一所具有中国特色的清真寺，也是世界上第一个以郑和名字命名的清真寺。

郑和清真寺采用中国和印尼相结合的建筑风格，既有中国古代建筑的风格，又吸收了基督教和佛教的一些典型图案，体现了多元宗教相互交流和共同发展的信念，也体现了印尼原住民穆斯林与华裔穆斯林的深情厚谊，象征着中国和印尼两国人民的长期友好。

当问及为何以"郑和"命名清真寺时，时任印尼日惹华文联谊会会长邓国光回答说，印尼全国约有 90% 的人信仰伊斯兰教，这是郑和在印尼传播伊斯兰教的功劳。邓国光曾把印尼华文媒体《千岛日报》刊登的郑和在印尼传播伊斯兰教的长篇报道翻译成印尼文。他说，作为一名虔诚的穆斯林，郑和在七下西洋期间不忘传播伊斯兰教。在印尼的三宝垄、三宝庙，据传原是当年郑和所建的一座清真寺。他到三宝垄时所住过的石洞，是当年传播伊斯兰教的一个中心。

印尼不少专家介绍说，当年郑和船队在沿印尼中爪哇北岸航行期间，副手王景弘突然患重病，郑和便下令船队在塞蒙安河河口登陆，为王景弘治疗，十天后郑和率船队继续西航，留下已逐渐痊愈的王景弘和十名随员。王景弘并未追随郑和船队，而是教当地居民和华侨耕种，并向他们传布伊斯兰教。

印尼著名伊斯兰教学者哈姆加指出："印尼和马来西亚伊斯兰教的发展，是与一名穆斯林有着密切关系。这位穆斯林就是郑和将军。"新加坡学者李炯才在其《印度尼西亚：神话与现实》一书中称，15 批纪上半叶爪哇岛的一些地区，如雅加达的安卓尔、井里汶、杜板、锦石、惹班等地兴建清真寺；巨港出现华人伊斯兰教区等，都与郑和在当地积极传播伊斯兰教密不可分。台湾学者龙村倪认为，郑和以少数民族回族的身份在中华文化与伊斯兰文化相互的直接交流上，其贡献可以说是空前的，也可能是绝后的。

1993 年 8 月 23 日，印尼的河里夫希达雅杜拉伊斯兰教学院在首都雅加达举行了哈只穆罕默德·郑和国际学术讨论会，由印尼宗教部长主持，200 名专家中有印尼历史学家、宗教学家、印尼驻中国大使代表等参加。

近年来，印尼不少华人伊斯兰教徒着重从伊斯兰教角度来宣传和赞美郑和，有的明确提出要把郑和作为印尼华人学习的榜样，有的撰文要"成群结队地沿着郑和开辟的道路迈进"，还有华人伊斯兰教徒发表文章："郑和往夷城，鲸舟巨浪；经沧溟，远涉洪涛，在航海史上写下了光辉灿烂的篇章。"

郑和布施锡兰山佛寺是为了"佛牙"吗

郑和第二次下西洋自苏门答腊顺风 12 昼夜到达锡兰山。锡兰山是崇信佛教的国家，历史悠久。相传唐代玄奘大师曾到过这里取经，这里的居民对佛教之虔诚尤甚。郑和到了这里即对锡兰山佛寺进行布施，并立碑勒文，以垂永久。

郑和布施锡兰山佛寺这一事件，学术界和宗教界一直认为郑和作为一个皈依佛教的信徒，出使并布施锡兰山，是为了加深与当地人民的感情，增进相互了解，而佛教使他和当地人民有了共同语言，他要把佛事办好，作为对当地人民的一点表示。

然而，也有专家认为郑和布施锡兰山佛寺另有目的，是冲着"锡兰佛牙"去的。佛牙为佛教世界的至尊宝物，自然成为历来觊觎的对象。郑和皈依佛教，有获得佛牙的动机。而佛牙为佛教徒赖以寄托的精神遗产，"请"佛牙来华必致众怒，为息事宁人，遂有布施立碑之举。

据佛经载，释迦牟尼涅槃后，以三昧真火下自行荼毗火化，留有四枚佛牙流传于世，一枚被帝释请往天宫供养，一枚被捷疾罗刹请入龙宫，其余两枚留于人间。其一称"法献佛牙"，后又世称"北京佛牙"，供奉于燕京西山灵光寺招仙塔；另一枚于公元 313 年，由印度迦陵伽国的艾玛玛菈公主将圆寂的佛祖的一颗白齿夹藏在头发里带到斯里兰卡，即供奉在锡兰卡坎底市马拉葛瓦寺内的"锡兰佛牙"。

澳门学者金国平、吴志良在研究葡萄牙史料中涉及郑和下西洋的记载时发现，郑和锡兰山之役及布施锡兰山佛寺另有隐因。明本《大唐西域记》僧伽罗国附记记载了郑和在锡兰山之役后，"当就礼请佛牙至舟"。后来，佛牙可能随明朝遴选的新君主返回锡兰，并在葡萄牙人占领锡兰后遭焚毁。但锡兰本地民间流传四年后佛牙再度出现于世，被焚毁的佛牙乃系影骨。

金国平、吴志良查证，从葡萄牙史料来看，第一次航行因浅滩危险的缘故改走锡兰山南部，可见郑和慷慨对锡兰山佛寺布施实为祈求佛牙保佑"人舟安全，来往无虞"，避免再次遭到第一次航行的海险。

郑和对锡兰山佛寺布施立的碑于 1911 年在锡兰岛的迦里镇发现，今保存于锡兰博物馆中，系用汉文、泰米尔文及波斯文所刻。今汉文尚存，其他两种文字已大半漫漶。

当地华人学者普遍认为，郑和布施锡兰山佛寺是为了"锡兰佛牙"之说缺乏充分的证据。锡兰山佛寺布施及碑刻，不仅是郑和下西洋伟大壮举的实物见证，而且是中国和斯里兰卡友好关系的珍贵文物。

郑和在湄洲岛主持过御祭

湄洲岛位于湄洲湾湾口的北半部，现为中国国家旅游度假区。这是一个南北长 9.6 公里，东西宽约 1.3 公里，面积约 16 平方公里的小岛。全岛林木葱郁，港湾众多，岸线曲折，沙滩连绵，风景秀丽。环岛优质沙滩长达 20 多公里，可建海滨浴场；还有 6000 余亩防风林带，是理想的度假胜地。岛域盛产石斑鱼，乃鱼中之珍品，远销港澳。

湄洲湾东南临台湾海峡，与宝岛台湾遥遥相望，因处海陆之际，形如眉宇，故称湄洲。岛上妈祖庙闻名海内外。妈祖原名林默（960—987），因生前出海救助过不少渔民和商船，死后遂被尊为海神。历代朝廷还敕封她"天妃""天后""天上圣母"等尊号。

湄洲岛是妈祖的故乡，这里的妈祖庙尊称为"天后宫湄洲祖庙"。此庙创建于宋雍熙四年（987），即林默逝世的同年，初仅数椽；后经历代扩建，日臻雄伟。

明代著名航海家郑和七下西洋，回来奏称："神显圣海上"，于第七次下西洋之前奉旨来到湄洲岛主持御祭，扩建庙宇。

清康熙统一台湾，施琅奏称："海上获神助"，又奉旨大加扩建。

目前，妈祖庙已修葺一新，雕梁画栋，金碧辉煌，成为全世界华籍海员顶礼膜拜和海内外同胞神往的圣地。据说，全世界华侨聚居地有妈祖庙不下千座，其中台湾就有近 600 座。

长乐"天妃灵应之记"碑是郑和立的吗

长乐南山天妃宫原是明永乐十年（1412）由郑和等创建。宣德六年（1431），郑和最后一次下西洋前，又对天妃宫进行了大规模整修，并立了这块碑刻。

据清乾隆《长乐县志》记载，这座天妃宫因"渐朽坏，乾隆二十六年知县贺世俊以水神面山非宜，将宫改作书院（吴航书院），移祀天后于今所（城西关外花眉台）"。后来，书院渐渐也荒废了，这块碑长年埋没失考。迨至民国二十四年（1935），长乐县县长王伯秋于县署榛翳中，发现了这块具有重要史料价值的碑刻，乃与江苏太仓刘家港天妃宫的"通番事迹之记"的碑文（原碑已毁）同时公布于世。

这块石碑高 161.5 厘米（包括碑座），宽 67 厘米，厚 16 厘米，碑额篆书"天妃灵应之记"。碑额两旁阴刻海水波浪纹，正中涌出一轮月。碑面边框刻差如缠枝番莲的花纹。碑文楷书，共 30 行，行最多 68 字。全文只磨损九个字，余皆清晰。碑文上刻有"和等统率官校旗军数万人，乘巨舶百余艘"。碑文记述天妃的显圣神话和郑和七次下西洋的经历，堪称通番事迹碑的姊妹篇，是研究中外交通史的一件重要实物资料。

"天妃灵应之记"碑是福建省重点文物保护单位。为纪念郑和下西洋 580 周年，1986 年福建省人民政府拨款在原处建筑了郑和纪念馆和碑亭。

长乐天妃宫铜钟为郑和所铸

长乐天妃宫铜钟是郑和为长乐南山天妃宫配套建筑——三清宝殿所铸造的。钟为葵口，二龙交蟠钮。身高69厘米，钮高14厘米，通高83厘米，口径49厘米，重77公斤。顶为双龙钮柄，肩表面浮印十二组云气如意纹，中部以云水波浪纹为主体，并铸有铭文、八卦、云雷等字样的纹饰。

主纹饰上部是一周五组八卦纹，其中二、四两组各铸有"国泰民安""风调雨顺"字样。钟体下部铸一周楷书铭文："大明宣德六年岁次辛亥仲夏吉日，太监郑和、王景弘等同官军人等，发心铸造铜钟一口，永远长生供养，祈保西洋往回平安吉祥如意者。"此钟饰纹优美，制作精致。据有关专家考证，这是郑和第七次下西洋停留在长乐新建三清宝殿时所铸。钟是五月铸的，郑和等人正在长乐。

郑和"天妃之神灵应记"碑载，郑和等人在修建长乐南山天妃宫的同时，"而又发心施财，鼎建三清宝殿一所于宫之左，雕装圣像，灿然一新，钟鼓供仪，靡不具备"。再加上把宫右原有荒颓的南山塔寺加以修茸，便成为以天妃宫为中心的一整套建筑物。又明万历间，长乐县进士陈省《三清殿祝圣道场记》云："长邑旧依三清殿，殿始于永乐间，中官郑和航海册封并海诸国，筑天妃宫酬神，以其余材构殿，崇奉老氏。"

郑和所铸铜钟在历史的长河中亦遭劫难，湮没数百年。据长乐郑和纪念馆介绍，此钟原悬于长乐吴航小学校园作为校钟，抗日战争时期运往南平。1981年，南平市文物工作者在清理"文化大革命"期间回收的废旧物资中发现此钟，现归南平市文化馆保管，是研究郑和下西洋的历史文物。

《天妃经》是迄今发现最早的郑和下西洋图像

已故的中国科学院自然科学史研究所研究员金秋鹏在 2000 年翻阅《中国美术全集·绘画编·版面卷》时，发现了一幅关于郑和下西洋的图画，即郑和下西洋船队图像《天妃经》的卷首插图，由上海美术出版社 1988 年出版。

金秋鹏经考证认为，这是迄今为止发现最早的郑和下西洋船队图像资料，十分珍贵。《天妃经》全名《太上说天妃救苦灵应经》，一卷，刻于永乐十八年（1420），并进行了描摹复原，是跟随郑和下西洋的僧人胜慧在临终时，命弟子用他所遗留的资财，发愿刻印的，刊刻时间是郑和第五次下西洋后，正准备进行第六次下西洋远航，其目的是彰扬海神天妃佑护下西洋的功德，并祈求保佑郑和新的远航平安、顺利。

据金秋鹏查考，北京（国家）图书馆和白云观道教总会都存有永乐年间刻的《太上说天妃救苦灵验经》一册，即为此经。美术全集称为灵应经，实为灵验经。《天妃经》卷首的插图，整幅图由六面相连接而成。前部为天妃宫景图，天妃端坐宫中，部属和侍从分立两旁，庭前站着千里眼、顺风耳，图的中部上方是天妃站在船队上空的云际，象征着天妃一直伴随着郑和远航的船队，佑护着远航的平安。

正如郑和在太仓所立的"通番事迹之记"碑中所云："敕封护国庇民妙灵昭应弘仁普济天妃之神，威灵饰于巨海，功德著于太常，尚矣。和等自永乐初奉使诸番，今经七次。……涉沧溟十万余里。观夫鲸波接天，浩浩无涯，或烟雾之溟濛，或风浪之崔嵬。海洋之壮，变态无时，而我之云帆高张，昼夜星驰，非仗神功，曷克康济？直有险阴，一呼神号，感应如响，即有神灯烛于帆樯。灵光一临，则变险为夷，舟师恬然，咸保无虞。"

　　图的后部上方当为观音菩萨的画像。在天妃的传说中，有"甫周岁，在襁褓中见诸神像，叉手作欲拜状，五岁能诵观音经，十一岁能婆娑按节乐神"（引自《福建通志·坛庙志》）。此画像无疑象征天妃是观音菩萨的弟子。

　　在图的中部和后部下方为郑和船队图像，计五列，每列五艘，展示了郑和宝船的形象，其所画的船，艏艉高翘，船舷高，吃水深，正符合福船的特征。那开阔的海面，成行的船队，展示了郑和下西洋气势磅礴、波澜壮阔的历史画面。

随郑和下西洋的穆斯林有何贡献

在下西洋的船队中，除郑和之外，还有一些穆斯林，他们也都在这空前的航海事业中做出了很可贵的贡献。

马欢，字宗道，别号汝钦，自号会稽山樵。浙江会稽人，回族。因才干优裕，通晓阿拉伯语，以通译番书的身份，先后参加了第四、六、七次远航。马欢是位有心人，在鲸波浩渺、历涉诸邦的同时，他注意采摭各式各样人物之丑美，壤俗之异同，土产之别，疆域之制，编次成帙，名曰《瀛涯胜览》。本书共计 18 篇，记述了占城、爪哇、祖法儿等 19 国的疆域道里、风俗物产及历史沿革，为这几次远航留下了珍贵的文字资料。

郭崇礼，杭州仁和人，回族。与马欢一样，因"善通番语，遂膺是选，三随并辂，跋涉万里"。在《瀛涯胜览》的编写中，郭崇礼出力不小，特别是刻板印刷、找人作序，大都得力于他。明监察御使古朴曾称赞他和马欢"皆西域天方教，实奇万之士也"。

费信，字公晓。吴郡昆山人，回族。出身于穆斯林世家，通晓阿拉伯文字。先后四次随郑和下西洋，任通事之职。费信笃志好学，每到一地，即伏案运笔，叙缀篇章，将那里的山关、人物、物候、风俗及光怪奇诡之事记录下来，以备采纳。在此基础上，他编写了一部名曰《星槎胜览》的书，分前后两集：前集为作者亲眼目睹之事，后集是采辑传译之闻。这部书可称是《瀛涯胜览》的姊妹篇，具有一定的文献价值。

哈三，西安人。回族，西安羊市大清真寺掌教。永乐十一年四月，郑和第四次奉敕差往西域阿拉伯各国，先去陕西，请哈三为之当翻译、做顾问，出访期间，哈三"揄扬威德，西夷震詟。及回旆，海中风涛横作，几至危险，乃哈三吁天，恳恳默祷于教宗马圣人者。已而，风恬波寂，安孕得济"。为此，郑和归国后给哈三很大资助，重修了西安清真寺。《万历重修清净寺碑记》中有上述记述，虽有过分夸大哈三吁天之嫌，但反映出这位掌教当时确实发挥了自己"通国语""佐信使"及安定人心于危险之中的作用。

蒲日和，字贵甫。泉州人，回族。宋末泉州市舶使蒲寿庚家庭后裔。热心信奉伊斯兰教，曾在元末与金阿里同修泉州清净寺。蒲氏家庭为东南地区航海世家，熟知海外事务，故蒲日和被郑和起用，参加了永乐十五年的第五次出访，先后访问了波斯湾、阿拉伯半岛、非洲东海岸的国家和地区。行前，郑和曾到泉州灵山圣墓前行香游坟，蒲日和为之记立碑文，为后人研究郑和下西洋留下了珍贵的第一手资料。蒲日和归国后，被加封为泉州卫镇抚，并负责管理灵山圣墓。

除这五人外，在郑和的下西洋船队中还有其他许多不知名姓的穆斯林。他们以自己的穆斯林身份和熟悉阿拉伯语的专长，为中国与阿拉伯文化交流做出了贡献。

据《瀛涯胜览》载，宣德五年郑和第七次下西洋时，曾选差懂阿拉伯语的七个通事，赍带麝香、瓷器等物到麦加，往返一年，"买得各色奇货异宝、麒麟、狮子、驼鸡等物，并画《天堂图》真本回京。其默伽国王亦差使臣将方物跟同原去通事七人献赍于朝廷"。这七位通事，事实上是组成了一支古代中国伊斯兰教朝觐团；他们携带回京的《天堂图》真本，恐怕是中国最早的一份麦加克尔白画图了。

郑和的宗教信仰促进了七下西洋的顺利进行

郑和身为明王朝的钦差使臣，又是明帝国内的一个少数民族（回族）成员，还是两种宗教（回教、佛教）的信仰者，以此身份出使，对处理好国家、民族和宗教间的复杂关系，是十分有利的。

有一本《佛说摩利支天经》，永乐元年姚广孝有云："今菩萨戒弟子郑和：法名福善，施财命功刊印流通，其所得胜极，非言可能尽矣，一日怀香过余请题，故告以此。永乐元年岁在癸未，秋八月廿又三日，僧录司左善世沙门道衍。"

宗教问题从古至今都是个十分敏感的问题。郑和船队所至，无论当地民众信仰何种宗教，郑和都一律尊重，而且竖碑布施，以表敬意。

相传锡兰是释迦牟尼传教之所，佛寺中供有"佛牙"，是各地佛教徒向往之地。永乐七年，郑和第二次出使经锡兰时，在佛寺举行了隆重的布施活动，布施礼品繁多，盛况空前。郑和还在锡兰竖碑勒文，流传后世。值得注意的是，这并不是同一碑文的三种文字的译文，而是郑和以所达各国的三种主要宗教——佛教、印度教、伊斯兰教为对象，分别书写的，表现了他对三种宗教同样的尊重和包容。

有学者称，正因为如此，郑和船队无论所到何处，从未因信仰不同而产生纠纷，总是能为人所容，彼此尊重，相安无事，表现了广阔的胸襟和风范。同时促进了郑和七下西洋的顺利进行。

南京天妃宫碑对郑和研究有重要的历史价值

在南京下关建宁路 290 号院内，有一块被誉为郑和下西洋里程碑的南京天妃宫碑。此碑总高近六米，由冠、身、座三部分组成，碑座其形如龟，碑冠四螭蟠顶，呼之欲下，简直是神来之笔。碑文为明成祖朱棣所撰。此碑主要是为纪念郑和第四次下西洋平安归来而立，是中国唯一大型御书碑铭，虽历经劫难，风雨侵袭，至今仍巍然屹立在古都城外狮子山麓，成为华夏极为宝贵的文物珍品。

著名郑和研究专家郑一钧考证，郑和第四次下西洋，首次远航西亚及东非沿岸，开辟了横渡印度洋的新航线，所历风涛之险，访问国家之多之远，远非前三次可比。为纪念这次具有里程碑意义的航行，特立了御制弘仁普济天妃宫之碑，是唯一的一座由永乐皇帝撰写碑文纪念下西洋的石碑。

郑一钧说，据史籍记载，永乐十七年重建的天妃宫规模宏伟，金碧辉煌。宫址枕城，有一半在山间，当时龙江流经其下。宫殿华峻，廊庑绘海中灵异。宫内玉皇阁高可见江，与远近帆樯相辉映。明朝初期在南京建的几座天妃宫早已无存，所幸御制弘仁普济天妃宫之碑现基本完好，真可谓弥足珍贵。

对此碑的重要历史价值，郑一钧评价说，此碑文为明成祖亲撰，表达了明成祖对派遣郑和等人出使海外诸国的基本立场："恒遣使敷宣教化于海外诸番国，导以礼仪，变其夷习。"即以中国先进的物质文明和精神文明，引导那些尚处于蒙昧状态的海外邦国，改变野蛮落后的习俗，懂得礼仪，学会先进的生产技术，接受先进的生活方式，进入文明社会的行列。

郑一钧指出，郑和下西洋时代，正是世界历史发展处于由封建社会向资本主义社会过渡的前夜，人们要求在物质生活和精神生活上逐渐打破地域和民族的界限已日趋世界性。以郑和为代表的一批航海家，顺应了这一历史潮流，尤其是从郑和第四次下西洋开始，使中华文教远被于西亚、东非诸国，意义尤为重大，故明成祖朱棣在郑和安全返航以后，刻碑铭志。

郑一钧认为，郑和在海外各国访问时，对促进一些落后国家社会文明和进步做出了重要贡献。郑和下西洋在历史上的进步意义，由于这块石碑的存在，可以得到确凿的证实。即或在将来，这块石碑同样可以向世人昭示：中国在历史上就致力于人类进步事业，愿意扶助落后国家改变不文明的状态，使之与中国共享人类文明发展的成果，共同创造人类美好的未来。

郑和推动了伊斯兰教在东南亚传播

伊斯兰教在东南亚的传播始于 15 世纪初，与郑和下西洋正好是同一时期，这绝非偶然巧合，而是郑和下西洋对伊斯兰教在东南亚的传播起了推波助澜的作用。

廖大珂认为，14 世纪末，伊斯兰教在东南亚一些地区刚有立足之地，但传播十分缓慢，影响有限，主要原因是东南亚深受印度文化的影响，而印度的婆罗门教和佛教根深蒂固，长达 1000 多年历史，在东南亚占有统治地位。加上印度教派主导的两大强国先后控制着东南亚的海上交通和贸易，严重阻碍了伊斯兰教在东南亚地区的传播。

15 世纪初，郑和七下西洋，遍访亚非 30 多个国家和地区，把东西方各国的经济文化交流推向鼎盛，同时为伊斯兰教在东南亚广泛传播开辟了通道。

首先，郑和下西洋打通了东西方海上交通，扩大了东南亚与伊斯兰世界的接触，加速了伊斯兰教的传播。由于海上交通的畅通和贸易的繁荣，来自阿拉伯、波斯、古吉拉特、南印度、孟加拉的穆斯林商人络绎不绝涌向东南亚各国，使伊斯兰世界与东南亚紧密地联结在一起。穆斯林商人在从事贸易活动时，不仅劝使当地统治者皈依伊斯兰教，而且深入当地社会各阶层，修建清真寺，与当地妇女通婚，在当地人民中传播伊斯兰教，取得了重大进展。

其次，郑和下西洋支持满剌加国独立，给伊斯兰教的传播产生了巨大的动力。满剌加在明王朝的支持下，维护了独立，得以迅速发展，一跃成为东南亚的一等强国和重要的商业中心，又成为伊斯兰教传播的主要中心。

最后，由于郑和出身伊斯兰教"哈只"世家，本身是伊斯兰教徒，他率领的船队中又有不少穆斯林，还网罗了一批伊斯兰教学者，他们在郑和的率领下，在当地积极从事伊斯兰教活动，如在海外兴建清真寺，在马来半岛和印尼群岛建立穆斯林社区，为伊斯兰教在东南亚的传播做了大量工作。

正是由于郑和下西洋促进了伊斯兰教在东南亚的广泛传播，在 15 世纪后的短时期内，"伊斯兰教从群岛的一端迅速蔓延到另一端，这也许是在宗教史上没有先例的"。

郑和下西洋祈求天妃保护

海神天妃，也称天后，产生已有 1000 年的历史。福建、台湾一带称天妃为妈祖，是航海者的精神支柱，也是沿海居民崇奉的海上保护神。郑和下西洋历时 28 年，前后到达 30 余国，他祈求保护的主要神祇是海神天妃。

天妃姓林，名默，莆田湄洲屿人，生于北宋建隆元年（960），相传雍熙四年（987）九月她升天为神。世代以渔业为生的湄洲屿人民经常在海上遇到风险，他们相信林默的神灵在海上保护他们，每当遇到风险，只要高声呼唤妈祖的名字，她就会赶来救援。这样，林默的神通就越来越大了。

据"天妃之神灵应记"碑记载："而我之云帆高涨，昼夜星驰，涉彼狂澜，若履通衢者，诚荷朝廷威福之致，尤赖天妃之神保佑之德。""娄东刘家港天妃宫石刻通番事迹碑"也记载："一称神号，感应如响，即有神灯烛于帆樯，灵光一临，则变险为夷，舟师恬然，咸保无虞。"他们认为郑和七下西洋能在海上平安航行，主要靠朝廷的威福和天妃的保佑。

郑和下西洋行前沿途要祭祀天妃，平安归来后要酬谢天妃。永乐五年新建南京龙江天妃庙成，遣太常寺少卿朱焯祭告。永乐七年郑和第三次下西洋，内官尹璋往榜葛剌国公干，祷神求显应。遣郑和和太常寺少卿朱焯传诣湄山致祭，加封天妃为护国庇民妙灵昭应弘仁普济天妃。永乐十四年明成祖御制"南京弘仁普济天妃宫碑"，对天妃保佑"遣使敷宣教化于海外诸番国"加以褒扬。此碑立于南京天妃宫内。永乐十七年九月郑和第五次下西洋归来后，为了报答天妃护佑之功，重修天妃宫于南京凤仪门外。宣德五年郑和出使西洋，舟师泊于娄东刘家港天妃宫祠下，思昔数次皆仗神明护助之功，修饰天妃宫，郑和勒"娄东刘家港天妃宫石刻通番事迹碑"昭示永久，并植西域海棠。

湄洲屿为天妃升化之地，也是最早建天妃宫的地方之一，郑和屡次到湄洲天妃宫祈求天妃保佑。福建长乐是郑和下西洋抛锚的据点和活动基地，泉州为郑和下西洋所经之地。郑和屡次祭祀天妃，修建天妃宫，把它下西洋的经过立碑于天妃宫，这是因为：一、海神天妃是当时航海家的精神支柱；二、是顺从随赴西洋的水兵和兵士等信仰海神天妃的心理，仰求神佑，以辅人力，达到民众对下西洋活动的支持。

海神天妃得到宋元明各代统治阶级褒扬，特别是郑和下西洋中得到明成祖的褒赐，遂加深后代航海者对天妃的信仰。至今，天妃的庙宇遍布世界各地，仅台彭地区就有 500 多座，千百年来冠于众多"乡神"宗庙之首，香火不息。

泉州清净寺是郑和礼拜之处

清净寺，又名艾苏哈子大寺，位于福建泉州市南涂门街，是中国历史最悠久的伊斯兰教寺院。始建于北宋大中祥符二年（1009），是年为回历 400 年。初名"圣友之寺"，到元代至大三年（1310）由耶路撒冷人阿哈玛出资重修，以后又历经修建，仍保持当年创建时的风貌。

清净寺的建筑风格独特，全寺面积为 2100 平方米，寺门南向，面临大街，寺门高 20 米，宽 4.5 米，穹顶尖拱形，由青白花岗岩砌成，系仿照叙利亚大马士革礼拜寺的式样而建。具有西亚阿拉伯伊斯兰教的风格。门外壁最高处，有一列古阿拉伯文的《古兰经》石刻，奉天坛在寺门西侧，占地 600 平方米，系穆斯林礼拜殿。门顶为"望月台"，为阿訇登台观察新月决定开斋日期之处。祝圣亭在寺门东侧，壁上有阴刻石碑两方，一为元代吴鉴撰文《建立清净寺碑记》；一为明代李光缙撰重修碑记。对门北墙上嵌有明成祖保护伊斯兰教的敕谕石刻。

相传明代郑和下西洋时曾到清净寺礼拜。寺西北侧为明善堂，闽南建筑三开间二进，作为小礼拜堂，其石侧有伊斯兰教史料陈列室及接待室。另外，寺内还保存有历代遗留下来的汉文和各体阿拉伯文的石刻，是泉州古代海外交通的重要史迹之一，是研究中外文化交流的实物资料。

南京静海寺是否为表彰郑和下西洋而建

南京下关区仪凤门外的静海寺系仿清庙宇建筑，黄墙红柱，青瓦飞檐，斗拱交错。寺内前为过殿，中为大院，后为正殿，其屋脊两端雕有一对鱼龙，巨口吞脊，修尾高翘，出檐处饰有麒麟等吉祥物。寺中还辟有一院，院内假山植梅竹，卵石铺满地，池水荡碧涟。

静海寺系明成祖为褒扬郑和下西洋之功绩，于永乐年间敕建的，取名"静海"，永乐帝的寓意是"海晏河清""太平盛世"。这几个看似已经有了定论的问题，却遭到了几位地方志专家的挑战。

地方志专家严中以明正德年间南京礼部侍郎杨廉撰写的《静海寺重修纪略》为依据，纪略中说："永乐间命使航海，往来了粘天无壁之间，曾未睹夫连山排空之险。仁宗皇帝敕建此寺，而因以名焉。盖以昭太宗皇帝圣德。"他指出，这段浅显的文言说得很清楚，静海寺并非永乐年间所立，是明仁宗为了纪念父亲成祖所建，并不是永乐为了褒扬臣下郑和所建，前后年代差了十几年。

另一位刘姓专家则提出，静海寺的建立确是纪念性的，与其说是为褒扬郑和所建，倒不如说是为颂扬大明皇帝教化海外番国更加令人信服。因为郑和只是臣下，当时似无为其建寺的道理。永乐帝建佛寺纪念郑和、酬报佛教神天对航海的护佑，又和与静海寺毗邻的天妃宫相矛盾，因为天妃宫建于郑和第一次下西洋后，成祖借此感激保佑郑和航海的海神天妃，情理上成祖不可能再在天妃宫隔壁造一个佛寺。其真正用意可能是昭扬皇帝功德外，也有利于接待海外信仰佛教的使者。

郑一钧则认为，《静海寺重修纪略》中的记载是错误的，并不可信。明清一些文献中，都说静海寺是明成祖朱棣为表彰郑和等出使海外的功勋而敕建的。

静海寺究竟建于"永乐年间"还是"洪熙元年"？郑一钧说，1936年，他的父亲、著名郑和研究专家郑鹤声发现了《南京静海寺郑和西洋残碑》，这是最确凿的证据。碑文称："帝敕建弘仁普济天妃之宫于都城外龙江之上……帝复建静海禅寺，用显法门，诚千古之佳胜……"根据此残碑的记载，可见静海寺是在永乐十七年明成祖朱棣敕令重建弘仁普济天妃宫完工之后，复又新建的一座禅寺。静海寺新落成恰逢郑和第五次下西洋归来，即将从海外带回的海棠种植于寺内。郑和等人还将从海外带来的精美绘画作品、水陆罗汉像陈列于静海寺。

郑一钧介绍说，静海寺规模宏大，有三宿岩、潮音阁等胜迹。洪熙元年（1425），在郑和率领下西洋官兵守备南京时，为了纪念六下西洋的经历，曾铸造大铜鼎供奉于静海寺中。清道光年间曾为举人的潘德兴写过一首《静海寺》诗，内有"更看铜鼎万钧重，雷纹古篆追商周，洪熙元祀郑和造"之句。

静海寺建成后，以其宏大规模、用材精良和不同凡响的气势，在南京八大寺院中位居榜首。不知从何时起，静海寺内立起了郑和的塑像，这也佐证该寺为纪念郑和下西洋之光辉业绩而建。后在清道光年间和太平天国战争中两次被毁。1987年南京市政府决定重建静海寺，成为郑和下西洋的重要纪念场所。

学术篇

海外学者对郑和的研究越来越广泛

首先，是对郑和下西洋外交、经贸上取得的巨大成就进行研究。印尼学者乌斯曼·埃芬第写道："郑和访问东南亚和南亚时，每到一国，总是向该国的君主转达永乐皇帝的亲切问候。"罗索称："在爪哇诸王的心目中，率船队访爪哇的郑和是位和平使者。"印尼报刊赞扬郑和在与所访国家的贸易中，平等互利。《宇宙报》指出："由于郑和将军开辟了（中国商人）去东南亚的航路，这一带的贸易活动蓬勃开展。中国的手工业品如瓷器、丝绸等纷纷出现在东南亚，同时东南亚一带的土产也销往中国。郑和将军在贸易活动中一贯恪守信用、互相尊重。这一点在他所访国家中留下了深刻的印象。在爪哇（如三宝垄）和马来半岛（如马六甲），人们建立一些庙宇，正是为了表彰他的丰功伟绩。

其次，从军事上进行研究。永乐五年，郑和第一次下西洋返航时在旧港擒海盗陈祖义的军事行动，对恢复当年旧港一带的贸易活动，保障人民的生活安定做出了重大贡献，得到了印尼、马来西亚学者的充分肯定。《宇宙报》以《郑和舰队击溃了旧港的海盗头目陈祖义》为题，叙述了当年郑和为旧港一带的人民铲除海盗陈祖义一伙的经过。印尼历史学家萨努西·巴奈曾提到陈祖义等人的海盗行径，使"许多商船不再驶往旧港，旧港和占城这两城市日渐衰落"。

再次，对郑和在宗教上的研究。1961年，印尼著名的伊斯兰教学者哈姆加撰文说："印尼和马来西亚伊斯兰教的发展，是与中国的一名穆斯林有着密切的关系。这位穆斯林就是郑和将军。"阿孟·布迪曼等人考证，当年郑和船队在沿中爪哇北岸航行期间，王景弘突然患病，痊愈后留在三宝垄教当地居民和华侨耕种、经商，并向他们传播伊斯兰教。

郑和下西洋在海外的研究机构和著作知多少

北京大学教授孔远志在东南亚等同家和地区考察后发现，海外纪念郑和下西洋活动的研究机构、学者和著作越来越多，使中国与海外郑和研究形成了合力，使郑和在海内外的影响力也越来越大。

孔远志说，海外纪念郑和下西洋活动始于 20 世纪 90 年代。如雅加达希达雅伊斯兰教学院等单位主办的（印尼）郑和国际研究会，马来西亚华人文化协会等单位主办的（马来西亚）郑和国际研究会和郑和下西洋巡回展。近年来，海外郑和研究会纷纷成立，如新加坡国际郑和研究会、香港郑和研究会、英国郑和协会和美国华府会郑和协会。

20 世纪 70 年代，海外已出现一批关心或研究郑和或热心于郑和下西洋活动的人。他们分布在印尼、马来西亚、新加坡、泰国、日本、英国、美国、德国和法国等十余国。这些人中既有华裔，又有原住民，既而记者、学者，又有外交家、企业家。

孔远志还介绍说，海外用外文出版的郑和著作也越来越多。自 19 世纪 70 年代起，英国、荷兰和法国的一些学者已开始选择翻译《瀛涯胜览》《星槎胜览》等郑和随员著作和用西方文字撰写的郑和下西洋论文。

印度尼西亚语是在马来语的基础上发展起来的。印尼关于郑和的马文译本和著作，也有相当长的历史。据不完全统计，早在 1885 年就出版了《三保开港》，1903 年出版了《西洋记》（全书 20 卷），1924 年出版了《三保大人的故事》（全书 20 卷），1939 年出版了《三保》，1956 年出版了《三保大人传》（15 卷），1982 年出版了《认识三宝垄三保庙》，1992 年出版了《鸽子南翔——哈吉穆罕默德·郑和将军友好访问的故事》，1992 年和 1993 年还出版了《郑和与印度尼西亚》第一版、第二版。

　　近年来，在美国和英国也分别出版了一些有影响的郑和下西洋专著，如李露华的《当中国称霸海上》，牛津大学出版社 1994 年出版；孟席斯的《一四一二：中国发现世界》，伦敦班达姆出版社 2002 年出版。孔远志特别指出，孟席斯的《一四一二：中国发现世界》一书出版后，引起全球很大的反响和争论，这有利于郑和影响的扩大与郑和研究的深入。

郑和第六次下西洋因北京宫殿火灾夭折

郑和第六次下西洋实际上中途夭折——这是南京大学教授潘群的一个新的研究成果。在郑和第六次下西洋期间，即永乐十九年（1421）四月，北京皇宫三大殿突遭火灾。明成祖"诏求直言"，翰林院侍读李时勉等极言下西洋之弊。明成祖虽心有不悦，但古时迷信成习，三殿火灾以为天降惩罚，故不得不勉强从之，令下西洋"暂行停止"。

潘群介绍说，原来，明成祖朱棣即位后就想着将首都由南京迁往北京，仿照南京明故宫样式在北京修建宫殿。正当故宫主体太和殿、中和殿、保和殿三大殿完工，朱棣正式迁都北京时，处在事业巅峰的郑和奉旨开始了第六次下西洋的旅程。也就在这段时间，朱棣住进故宫不久才建好的三大殿不慎失火被焚，朱棣认为问题就出在郑和下西洋的事情上。

据潘群考证，新中国成立后，在江苏太仓发现了明初官吏周闻的墓志铭，周闻曾五次参加下西洋的活动，在他的墓志铭中清晰记载第六次下西洋是"中道返回"的。这次返回，郑和的人生再次进入低谷。北京三大殿火灾以后，朝廷之中对郑和下西洋的非议越来越甚。永乐二十二年，朱棣驾崩，其子仁宗继位后立即下令停止下西洋的活动，郑和留守南京，负责修理南京宫殿。直到宣德五年，"外番贡使多不至"，宣宗才复遣郑和第七次下西洋，但那是下西洋壮举的尾声了。

郑和凭借着过人的才智和对朱棣的忠心得到重用，并为朱棣取得皇位立下汗马功劳。政权稳固后，明王朝日益强大，朱棣又将下西洋的重任交给郑和，郑和先后五次顺利地完成了任务，使他达到了人生的最高峰。但是，郑和人生的转折竟然源于一次和自己毫无关系的火灾。

潘群还考证，郑和留守南京期间十分失意，当时仁宗皇帝竟然不发给郑和手下官军维持生计的月粮，甚至调拨专给罪犯吃的罪人米充抵郑和官兵的口粮。仁宗的儿子宣宗继位之初，郑和副手为辛勤修理明故宫的军民请赏，谁料宣宗竟然无故大发雷霆，他命令司礼监下文命令"郑和毋妄请赏赐"，甚至直接派人警告郑和"谨守礼法，毋窥伺朝廷，一切非理之事，不可妄有呈情"。宣宗竟借此警告郑和，这足见郑和早已不复此前下西洋时的风光了。

著名郑和研究专家郑一钧指出，郑和航海事业的兴废，取决于封建皇帝的个人意志。随着改朝换代，皇权易手，完全可以决定郑和航海事业的命运，令行则行，令停则停，丝毫不能由郑和做主。因此，当年的郑和下西洋，仅仅是以明成祖、明宣宗以及郑和为代表的少数先知先觉人物，在时代的冲击下，在面向海洋的过程中，所产生的朦胧的意念和行动，并非整个国家和民族的真正觉醒。

郑和究竟安葬何处

宣德五年（1430）六月，明宣宗朱瞻基又一次派遣郑和、王景弘率领船队，访问了忽鲁谟斯等 20 来个国家。因为这次访问的国家多，地域广，路途远，因而时间也就很长，到 1433 年才启程回国。不料船队返航至古里时，郑和因积劳成疾，不幸辞世。王景弘命人把郑和的遗体妥为装殓，准备回国安葬。

据南京郑和后裔郑自海介绍，关于郑和安葬，还有不少旁证。《郑和家谱首叙》云：郑和"止（亡）于王事，归葬牛首山，赐祭田万顷，诏以立功之处建立。"清同治《上江两县志》载："牛首山，太监郑和墓，永乐中，命下西洋，宣德初，复命，卒于古里，赐墓山麓。"该志（系上元、江宁合志）所记，郑和死于古里，赐葬于南京。

祝允明《前闻记》云："宣德八年二月十八日，开船回洋，三月十一日到古里，二十日大𬬷回洋。四月二十五日到苏门答腊，五月九日到满剌加，六月十三日到占城。"由上述可知，从古里出发，到达南京，须四个月。若是郑和遗体运棺回国，葬于南京，则必须用水银或其他防腐物以防腐朽。明代大小贵族均知尸体防烂之术，如上引家谱所述，是归葬，则必用中国防腐之法，而非葬于外国。

综合多方面的考证，传说郑和葬在古里、苏门答腊、爪哇都是不可信的。南京是郑和历次下西洋的出发地，是郑和宝船的建造地，南京城马府街有郑和的府邸，六次下西洋后郑和又出任南京守备六年，他曾呈请将南京净觉寺为子孙世守之业，可见南京已成为郑和的第二故乡。郑和葬在南京，对皇上、对死者，以至对其子孙，都有了交代。

牛首山位于南京城南中华门外约 13 公里处，海拔 248 米，因东西两峰状如牛头而得名。山上的弘觉禅寺创建于南朝梁代天监年间，称佛窟寺。后几经兴废，至唐代大历元年（766），唐代宗因感梦，敕修七级浮屠于相峙的东西峰顶。南唐时改称弘觉寺。明代自永乐时期开始，成为皇家的道场。

有关郑和墓的最早记载，即康熙二十二年（1683）所修的《江宁县志》："三宝太监郑和墓，在牛首山之西麓。永乐中命下西洋，有奇功。密知建文踪迹，回朝皆奏不闻，史称其有隐忠云。宣德间，复命入西洋，卒于古里国，此则赐葬衣冠处也。阴兄之子义（即《香火记》中所载的'卢公侯曰义'），世袭锦衣千户，后遂附焉。"这个记载明确赐葬郑和的地点不是目前位于牛首山南麓的郑和墓，而在牛首山西麓的某个地方。

1959年，在南京牛首山南麓的周昉村发现了郑和墓。墓位背靠牛首山，左右峰峦环抱，南面地面开阔。墓地居于一个小山坡上，当地人称"回子山"。郑和墓地面文物早已不知去向，现仅存的坟圹为马蹄形，南北长300米，东西宽60米，墓丘高约8米，墓周围原有三四十亩耕地，为郑和香火田，墓西有一村落名郑家村，是为郑和守墓者后裔所居。1982年，南京市进行文物普查时，找到郑和后裔多人，其中一户数十年前曾长年在该处守坟。

据有关专家学者考证，郑和部分遗骨归葬之处为弘觉夺塔地宫。根据是：其一，郑和治丧活动请弘觉禅寺住持宗谦禅师按照佛教仪规进行，这与秘密赐葬郑和遗骨，以及建造弘觉寺塔一定有必然的联系。其二，明代嘉靖至万历年间一位著名的道士陆四星（字长庚），在牛首山留下了一首诗，一语道破了郑和安葬与弘觉寺塔的秘密。这首《夜饮白云梯》云："一曲清歌月满山，都忘身世在人寰。不缘走马风尘客，得赐招提半日间。"这首诗以"清"和"月"点明了"走马风尘客"曾是一个伊斯兰教徒的身世；以"走马"点明了本姓马的郑和以及他七下西洋的事迹；以"得赐招提半日间"，形象点明了赐葬郑和的地点，即弘觉寺塔地面建筑与地宫之间的关系。

郑和下西洋产生哪些重大影响

在航海上的影响。海内外学者认为，郑和下西洋奏响了世界大航海时代的先声，继之而起的是把世界连成一体的大航海时代。从此，占地球表面面积近71%的海洋引起了人类极大的关注，人类正加快迈向海洋空间的步伐。

在地理学上的影响。元代《岛夷志略》总结唐宋中国人对南洋及印度洋之地理知识，较《星槎胜览》，《四洋番国志》其准确性差。此外，郑和的航海图对日后航海事业有很大贡献，此图现收于《武备志》中。图中记有往返各地的罗经方向、停泊港口、路途远近等，增加了中国对阿拉伯海、印度洋的海上地理知识。直至西学东渐，其影响才被替代。

在政治上的影响。南洋诸国，经郑和的和平外交后都通使朝贡，除遣使外，还率后妃、王子到中国明朝以示友好，如满剌加贡使来华15次之多。回国时，还带回去明朝立国和治国的典章制度。明朝之威信，借之下西洋而弘扬海外。

在文化上的影响。南洋之名山巨川有受中国册封者，且文物不少以三保太监为名以纪念郑和，如马六甲有三宝山，在爪哇有三宝墩等建筑物。郑和出使后，南洋各地深受华风影响，各番臣子都来华留学，使中华文化得以传播异域。郑和下西洋后，国人对海外情况了解了，对海外发展的兴趣更浓了，往南洋之人数激增，郑和下西洋时见过不少华侨，这些证于马欢的记载。这些移民华人在南洋诸国的文化传播工作方面，担当了重要角色。

在经济上的影响。各国进贡是以货易货，中国亦采取"小来大往"的政策回报入贡。同时，贡使及其随员带私货到中国换买中国物品回去，一些外商随贡使为随员，取得了把货物运进中国三个通商口岸的权利。这三个港口是宁波、泉州、广州，各设市舶司，对外商予以照料，不抽关税，因而促进了中国与南洋及非洲间的国际贸易，刺激了商品生产。手工业由此突飞猛进，海外贸易急剧发展，人口品目、数类均大增，唐宋以来由阿拉伯统制的海权被夺过来，明代海外贸易之门被打开。

在军事上的影响。郑和"以海屏陆"的战略思想，至今为中外军事家们借鉴。郑和作为伟大的军事家和航海家，明确提出了"以海屏陆"的思想，他通过建立强大的舰队，在海上采取"我以攻为守，则守有余"的攻势，把国防线立在海洋上。古往今来无数事实说明，弃海洋于不顾，单纯设防于陆地，只能被动挨打，唇亡齿寒，是守不住的。

郑和下西洋在海外影响有多大

北京大学教授孔远志在谈到郑和下西洋在海外的影响时说，郑和是世界公认的伟大的航海家，郑和是属于中国的，也是属于世界的。郑和下西洋的伟大壮举在海外历史久远，影响深远，它至少有四大意义：

首先，促进了中国与海外各国的和平友好。在东南亚国家和人民的心目中，郑和是位和平的使者。在1993年8月雅加达举行的郑和国际研讨会上，印尼驻华副大使苏纳约指出，纪念郑和下西洋的重大意义对中国来说，主要是向世界表明：一个幅员辽阔、人口众多、正在把自身建设成强国的中国，将不对他国构成威胁。在1997年8月吉隆坡举办的郑和下西洋文物展上，马来西亚副首相在开幕式讲话中说，中国的强大不构成对他国的威胁，郑和下西洋就是一个很好的佐证。

其次，推动了中外文化交流。随郑和下西洋的马欢、费信和巩珍分别撰写了《瀛涯胜览》《星槎胜览》和《西洋番国志》，印尼许多学者在介绍印尼古代史时，都引用这些著作。正如印尼《共和国报》所指出的："从历史和文化的前景来看，中国人关于古代印尼的著作，其重要性不亚于婆罗浮屠、布蓝班南或湿雾佛塔。"以上三座佛塔都是印尼著名的名胜古迹，可见海外对郑和下西洋的评价极高。

再次，密切了中外经济合作。印尼《宇宙》报指出，郑和下西洋曾向马六甲王国赠送建造王宫的瓦片，马六甲王国则允许郑和在马六甲建立官仓，这反映了郑和下西洋促进了中外经济合作。海外学者认为，东南亚各国的郑和庙宇几乎都已成为当地的重要名胜，为当地的经济发展尤其是旅游业的兴旺做出了贡献。

最后，加强了华人与当地土著人的团结。海外学者考证，郑和庙宇往往反映了华人在定居国与土著共同发展经济的历史。林天佑在《三宝垄历史》中指出，郑和下西洋时抵三宝垄，吸引了众多的华侨来到这里谋生和定居。华侨住在三宝洞附近，与当地原住民一起开荒造田和开展商业活动。有学者认为，把郑和来到三宝垄的时间定为华侨大量定居和开发三宝垄的开端，是有道理的。它是华人为定居国的建设积极做贡献的一个生动例证。

孔远志指出，我们在看到郑和下西洋在海外影响的同时，还必须清醒地看到海外大力宣传郑和的艰巨性和迫切性。由于西方鼓吹哥伦布等殖民主义的航海家，加之大多数海外华人把郑和当作传说中的三宝公，对历史上的郑和及其伟大功绩了解较少，为此，向海外大力宣传郑和是一项长期而艰巨的任务。

郑和随行人员写了多少著作

郑和随行人员的地理著作一共四种，现存三种，即马欢的《瀛涯胜览》、费信的《星槎胜览》和巩珍的《西洋番国志》。匡愚的《华夷胜览》已佚。

《瀛涯胜览》写于 1416 年，作者马欢随郑和三次下西洋，充当翻译。在航海过程中，作者"采摭各国人物之丑美，壤俗之异同，与夫土产之别，疆域之制，编次成帙"。全书采用分国叙述的方式，国与国之间，一般记有航行的走向和日程。所记国家一共 20 个。记述内容有地理位置、气候、民族、宗教、风俗、服装、住房、商品交易、货币、文化、刑法、历法等。作者不仅记载各国地理，而且记载郑和的活动情况和华侨状况。

《星槎胜览》写于 1436 年，作者费信随郑和四次下西洋。此书分前后两集，前集为亲览目识的 22 国，但资料来自传闻。记述内容有郑和的活动情况、航行路线、日程及各国的地理位置、风俗民情、物产、气候、历法、房屋建筑、语言文字、宗教、民族、货币、贸易、神话等。

《西洋番国志》写于 1434 年，作者巩珍随郑和下过西洋，书中记述了 20 个国家的地理情况，先后次序和文字内容与《瀛涯胜览》大致相同。书的卷首收有永乐至宣德敕书三通，是研究郑和下西洋的重要材料。巩珍写的序言也很有价值，讲了下西洋时曾用牵星过洋术，用水罗盘定向，提到火长的职责是领执"针经图式"。提到宝船的巨大，篷、帆、锚、舵要二三百人才能举动，提到下西洋时如何积储淡水。这些都是研究 15 世纪中国航海史的重要资料。

《华夷胜览》的作者匡愚曾三次随郑和下西洋。他用业余时间留心观察西洋各国的山川形胜，逐一加以记录，绘成图册，使《华夷胜览》图文并茂。书和图均已佚，今仅存张洪写的序文。由序文得知此书记载交趾、占城、爪哇、三佛齐、满剌加、苏门答腊、锡兰、暹罗、渤泥等国的地理形胜、风俗、物产、人物等方面的情况，读后使人感到"万水万山，其景无穷"。

值得一提的是，郑和随行人员的著作及《郑和航海图》中，共出现了亚非各地地名约 500 个，其中中国地名约 200 个，外国地名约 300 个，外国地名许多是首次在中国出现的。原来对"三佛齐国""阇婆之东""阇婆之西"之类的地方还比较模糊，到郑和下西洋之后，才了解清楚。

郑和随行人员的著作还对沿途各国的政治、经济、社会、风土人情等情况都做了详细的记载。如写柯枝国"国人有五等。一等名南昆，与王同类中打剃头挂线在颈者最为贵族。二等回回人。三等名哲地，乃是国中财主。四等名革令，专为牙保。五等名木瓜，最卑贱……"

在对各个国家的记述中，介绍经济情况最多，几乎每一国都有这方面的介绍。如"其处黄牛、水牛、山羊、鸡、鸭皆有，鱼虾贱，兹茶稀少，米谷贵。铜钱使用。山产降真香，至好，俗呼莲花降。并出犀牛"。

介绍一些饮酒风俗的，如"其酒拌药封于瓮中候熟。欲饮则以长节小竹筒长三四尺者插入酒瓮中，环坐，照人数入水次咂饮，吸干再添入水，而饮至无味则止"。这些记载形象、生动、真实、可信，丰富了中国人对海外风土人情的认识。

郑和下西洋是对人类文明发展史的重大贡献

21 世纪是一个海洋的世纪，这在当今世界上已形成了共识。回顾历史上的 15 世纪，也是一个海洋的世纪，而那个世纪是以郑和下西洋作为开端的。万明精通明史，对明朝郑和下西洋这一震撼世界的伟大航海活动研究很深，认为这一活动应视作中国古文明的一次集中展示，一次中国古代航海技术与知识的集大成的体现。

万明阐述说，从文化的视野来看，作为知识累积的重要里程碑的郑和下西洋，有着广阔的探究空间。郑和下西洋，本身就是一种累积和递进的知识建构过程，是海外知识达到一个高度的体现。郑和时代随着中国航海技术的高度发展，对外接触的空前交流，中国人对航海与海外的知识，正是在这一环境中得到了切实的深化。实际上，作为国家行为的航海活动的下西洋与作为知识累积和传承的下西洋是一个事件的两个方面，而知识的累积和内化主要发生在民间。

万明认为，郑和远航是在宋元航海技术获得重大发展之后，有着深厚的航海积淀，在航海技术与知识累积的基础上，与海外各国建立起广泛的交往关系，从而进一步深化了对海外的认识，扩展了对海外知识的累积。

万明引用了郑和随员巩珍在《西洋番国志》中概括的下西洋时的航海技术："惟观日月升坠，以辨东西，星斗高低，度量远近。皆折木为盘，书刻干之字，浮针于水，指向行舟。经月累旬，昼夜不止。"她解释说，当时中国的航海技术发达，依靠观察天文星象以定位，以浮水罗盘指引航程方向，将海岸、陆地、岛屿、山川作为识别航路的标志，并能准确计算更数以知航行里程，达到了当时世界航海事业的顶峰。

无疑，航海对于海外知识的累识和递进具有关键作用，但万明同时指出，我们也注意到，航海技术的发展与海外知识的累积存在重要的互动关系。在航海技术极大发展的条件下，人们走出国门，对海外未知世界进行探求，不断积累和深化对海外的知识。人类正是通过对海外未知世界持续不断的探求，才极大地促进了航海技术的发展。

万明还认为，知识累积过程的展开，涉及人类文明发展史的重大命题，通过大航海活动，人们对海洋和海外的认识不断加深，知识不断累积和递进，这正是郑和下西洋对人类文明发展史的重大贡献。

郑和航海为何没有发现美洲大陆

600 年前，中国航海家郑和率领庞大的船队劈波斩浪于印度洋之上，这是他那个时代世界上规模最大的航海活动，为人类绚丽多彩的征服海洋的画卷又增添了浓重的一笔。然而，在郑和结束其最后一次航海的 59 年后，即 1492 年，意大利人哥伦布开始了长达 14 年的远航活动；之后，葡萄牙人麦哲伦、达·伽马也进行了海洋探险和远航活动，史称这一时期为西方的"大航海时代"。

徐凌说，所不同的是，哥伦布发现了美洲大陆，麦哲伦终于完成了环行地球的壮举，达·伽马则发现了绕过好望角到达印度的航路，而郑和航海却因种种原因突然终止，并且在这之后明朝又是不绝的禁海令，终令中国完全丧失了海权。

欧洲大航海较之郑和航海实力对比悬殊，不仅在时间上晚了几十年至上百年，而且在航域航程、船舶数及吨位等方面，都远不及郑和船队，但产生了完全倒置的结果和影响，无论是热爱中华文化的西方人，还是中国人自己，无不深感惋惜。从梁启超起就提出了这样的问题：为什么是麦哲伦和哥伦布，而不是郑和完成了环球航行和发现美洲大陆？这是郑和研究中的谜题。

徐凌认为，对"郑和谜题"可以有这样几种问法，一个是为什么是哥伦布而不是郑和发现美洲大陆？或者是为什么是麦哲伦而不是郑和完成了环球航行？这种问法就事论事，是在西方视角下提出的问题，意义并不大。第二个问法是郑和航海为什么一定要发现美洲？我们提出这个问题，不是关心哥伦布是否阴差阳错地发现美洲大陆，郑和是否也要去发现美洲大陆，而是想问为什么郑和航海活动没有对中国或地区的文明和历史进程产生更积极的影响？

徐凌分析说，"郑和谜题"之所以出现的原因有多种，其中一个重要原因就是在强势的封建秩序下，商品经济和资本主义萌芽得不到正常的发展，因而中国传统科学技术和传统航海事业均缺乏新兴社会力量带来的创新活力，缺乏深刻的社会动力，特别是来自经济方面的动力。而欧洲的航海行为整体而言是被一种内在的经济力量所推动的行为，这也就是为什么哥伦布等人的航海发现一经传到国内，就会引起大航海、大移民、大贸易的热潮，并一波接一波的原因所在。

另一个原因是，中国传统的航海业具有鲜明的官办特色，有利的方面是国家的支持，但给长期发展带来了巨大的隐患，一旦政治环境或者统治者兴趣发生变化就会出现夭折。欧洲大航海尽管有官方参与，却没有纯然官办和官方垄断的特征。哥伦布等人的航海，不但不是官方组织的，反倒是个人的探险寻求官方支持，有的还以契约形式来保证。

再是郑和航海和中国传统科技都表现出一定的内敛性、封闭性、保守性，正是这些特性阻碍了郑和的探险，这就不能奢望郑和去发现美洲大陆或实现环球航行。事实上，即便郑和发现了美洲大陆或实现了环球航行，也可以设想历史的进程不可能会有什么大的改观，中国古代航海事业的中衰是不可避免的。

徐凌表示，郑和没有发现美洲大陆或实现环球航行，无损于郑和作为伟大的航海家的光辉形象，郑和航海的缺陷是特定的历史条件和社会政治背景造成的。从郑和下西洋的巅峰，到其后中国在海洋面前的迷失，既沧桑壮美，又发人深思。从中我们不难看到历史的启示，中国不能再一次错过走向海洋的机会。

中国和世界都需要重新认识郑和

王佩云感慨地说，1999 年他在创作长篇历史小说《郑和》搜集素材时，发现很多人对郑和知之不多。这种现象，与郑和七下西洋所创造的伟大历史功绩很不相称。

王佩云称，郑和七下西洋对中国和世界做出了杰出的贡献，600 年来，已被越来越多的海内外人士所接受。过去有不少学者曾经通过郑和与哥伦布等人的对比，说明在时间的早晚、船舶的大小、船队的规模、航海技术等方面，郑和航海都是欧洲中世纪几位航海家难以企及的，这些都是不争的事实。

郑和七下西洋之后，中国的远洋航行从此销声匿迹，郑和远洋曾经畅通无阻的马六甲海峡不久就被葡萄牙人扼住了"咽喉"。王佩云分析说，其结果是中国丧失了由封建时代向近代工业文明转变的先机，乃至被后起的西方列强用坚船利炮敲开了国门。相反，西方海洋事业的大发展一浪高过一浪，率先进入近代工业时代，带来了西方国家的崛起。从这个对比的历史教训中，人们更能深刻体会到郑和当年在海洋方面的觉醒具有无法估量的价值。

王佩云说，如果说当年因为种种原因使郑和七下西洋受到冷落并不奇怪的话，那么，现在中国和世界都发生了很大的变化，因此，今日的中国和世界都需要重新认识郑和。

从世界来说，人口的膨胀使得人类生活空间越来越窄，环境的污染使得地球越来越脆弱，战争手段的发展也使这个世界可以在顷刻之间毁灭。还有现代经济的发展和高科技的进步，正在使社会化的大生产扩展为全球化的大生产。资源的开发利用，信息和技术的交流，生产的分工与配套，市场的国际化，等等，都需要建立一种全新的世界秩序。而要建立这种新秩序越来越需要郑和这样的和平使者。

　　王佩云接着说，当今世界，和平与发展是永恒的主题，这就是用对话代替对抗，用相互的协调和协作代替以强欺弱。因此，现在的世界需要的再不是哥伦布式的占领和掠夺，而是郑和开创的和平交往和互利合作。这一点连美国都认识到了。美国《国际先驱报》的一篇文章曾高度评价："郑和为寻求贸易和信息而进行的海上航行，与后来以征服为目的的欧洲帝国的航行，形成鲜明的对照。"

　　谈到中国对郑和的重新认识，王佩云回顾说，中国很多政治家，一直在郑和七下西洋的精神宝库里汲取智慧和力量。梁启超在戊戌变法失败逃亡日本后，痛定思痛，写下了《祖国伟大航海家郑和》，赞叹这位海上巨人"敢为天下先"。领导辛亥革命的孙中山对当时中国造一艘3000吨的船都很吃力的现状十分痛心，在其《建国方略》中回忆郑和造大宝船远航西洋，"示中国富强"，发出"其视郑和之成绩如何"的感叹，激励国人用强国的精神去实现强国的方略。

　　中国实行改革开放以后，邓小平鼓励中国人民从郑和下西洋中汲取走出国门融入世界的精神力量，他指出："郑和下西洋还算是开放的"，"不开放不行，你不开放，再来个闭关自守，五十年要接近经济发达国家的水平，肯定不可能"。江泽民说："在中国的郑和时代，作为当时世界最强盛的国家，对别的国家采取的就是决不强加于人的态度，郑和七下西洋应当说是世界各国友好交往互通有无的典范。"

　　王佩云认为，重新审视和认识郑和与他的七下西洋，包括他成功地迈出走向世界第一步的经验，以及最终未能使我们国家和民族走出去的历史教训，都是非常宝贵的。因此，中国政府和海外许多国家及地区隆重纪念郑和下西洋600周年，对于让中国和世界重新认识郑和，是一件十分有意义的事情。

郑和下西洋有利于中国的和平崛起

中国的和平崛起是当今中国和世界的一个热门话题。中国选择和平崛起，是源于深厚的历史和文化传统。中国历朝历代的统治者不但在观念上始终奉行这一传统，而且在具体的对外交往中也始终忠实地执行着这一传统，其中以郑和下西洋最为典型。

李胜江称，郑和不是一个狭隘的民族主义者，而是一个反对霸权主义、维护世界和平的国际主义者。郑和船队对小国平等相待，积极调解国际间的纠纷，主动打击海盗匪患，为亚非各国之间的正常贸易创造了一个安全稳定的环境。这些壮举都充分体现了明政府作为泱泱大国的尊严和风范，体现了"己所不欲，勿施于人"的传统美德，充分证明了东方文化价值观蕴含的群体和谐的内在底蕴，这无疑是郑和航海的最大价值所在。

李胜江指出，明王朝当时不可谓不富足，不可谓不强大，拥有堪称世界一流的海军，只要明王朝和郑和船队愿意，控制南洋诸国进而攫取当地财富是轻而易举的事情。但是，明王朝和郑和船队并没有这样做，而是"于远迩相安于无事，以共享太平之福"。

然而，并非每一个大国都能有这种"厚德载物"的宽阔胸襟，拥有"兼济天下"的历史使命感。李胜江说，以史为鉴，可以通古今，历史可以作证，就在郑和船队收拢风帆的 60 年后，哥伦布受命于西班牙国王率领三条小船横渡大西洋，掀开了殖民主义扩张的序幕，从此以后开启了持续 300 余年的殖民主义暴力统治时代。

鉴古知今，郑和下西洋有利于中国的和平崛起。站在 21 世纪的潮头回望郑和下西洋这段历史，我们将对中国的和平崛起有着更加深刻的认识。李胜江认为，中国人民历来酷爱世界和平，重视文化传承，郑和下西洋的和平外交只是中国和平外交史上的一环。

中国的和平崛起源于对包括郑和下西洋在内的历史的深刻总结和反思。今天，人类正处在社会急剧大变动的时代，中国的和平崛起是中国人民的百年梦想，实现中华民族的最终富强和振兴，既是对中国也是对世界和平事业的贡献，中国的和平崛起有利于世界和平与稳定，比600年前郑和下西洋时期意义更加重大——中国的和平崛起将使世界格局更加平衡，国际社会更为安全；中国的和平崛起将使人类的文明和文化更加丰富多彩，为人类提供更多的模式和文化借鉴；中国的和平崛起将为国际关系的历史带来新的范例和素材，证明了可以用理智与和平的方式处理好国家冲突这一千古难题。

郑和船队可能到过澳洲海岸

郑和船队到过澳洲的说法，由来已久。根据刘谓平所著《大洋洲华人史事丛稿》一书，郑和船队发现澳洲之说相信最早起源于 1879 年在达尔文市郊筑路时，在海拔 70 尺处一棵大榕树下发现一玉石寿星像。在 1928 年 3 月 8 日的南澳省皇家学会年会上，有论文说明该玉石寿星是中国产的。

1954 年 8 月在剑桥大学举行的国际汉学会议上，英国汉学家费支列氏的《中国人发现了澳洲吗？》一文认为，该玉石寿星像可能是郑和部下水手在澳洲北部登陆时偶然遗失的。

20 世纪 60 年代，香港、台湾地区也曾对郑和是否到过澳洲进行讨论，徐鳌润、徐玉虎先后发表了郑和远航澳洲的论文。

1990 年，赵志华发表了《郑和船队可能到过澳洲海岸》一文，该文根据《郑和航海图》上与苏门答腊相连处绘有一片海岸线很长的无名陆地，经多方面分析，认为表示的是澳洲大陆。

赵志华认为，这一片无名陆地上标有山脉，一条航线从左端绕过，它是一个大岛，有可能就是澳洲的北部海岸。他的这一论点，与 1994 年 1 月 10 日《参考消息》的报道是一致的，该报转载了新加坡《联合早报》消息：早在公元前 592 年已有中国人到达澳洲，中国古籍《山海经》曾记中国人在澳洲见到三件东西：回力镖、黑小猪和袋鼠。并说在达尔文港发现的石像，现仍保存在市博物馆里，到了 19 世纪，中国劳工到澳洲开采金矿的人数已经到 2000 多人。如果在 1786 年英国开拓澳大利亚将其定为殖民地前，中国人能在澳洲立足定居的话，那么这个国家的历史可能要重写。

2003 年 3 月，英国孟席斯提出郑和发现美洲、澳洲的惊世之说。全球媒体关于郑和到达澳洲的证据报道得比较具体："尽管郑和航海的大部分记录不复存在，但仍有一些地图和星图被保存下来。孟席斯认为，尼科洛·孔蒂到了威尼斯。在孔蒂 1434 年出版的游记中声称，他曾经从澳大利亚去过中国，比库克船长早 350 年。"如果这段内容属实，将为郑和到达澳洲增添一个有力的证据。

据史料记载，郑和船队经常到爪哇，而爪哇离澳洲仅数百海里，按当时的正常航速，五六天的航程。爪哇岛东面连绵分布着众多岛屿，假如郑和船队到过爪哇东边的帝汶岛，那距澳洲仅为两天的航程。不少专家学者还认为可能有部分郑和的船只于航行途中被风吹到澳洲北部。

《明太宗实录》有"风飘其舟至班卒儿国"的记载。班卒儿国可能是澳洲北部的达尔文市。《郑和航海图》在苏门答腊岛上也有一名为班卒的地方，但这个班卒是在赤道无风带，而达尔文港在历史上曾多次受台风吹袭，造成很大破坏。因此，郑和船队应该是被吹到澳洲北部的达尔文港，而不是苏门答腊。

再则，《明太宗实录》记载风飘至班卒儿国的年份为永乐十六年，即公元 1418 年，这刚好是郑和第五次下西洋期间，当时为了探索整个印度洋及大西洋的情况，发现澳洲的可能性是极大的。

孟席斯"郑和环球论"举证之地图有足够说服力吗

英国业余航海史研究者孟席斯提出了郑和环球航海并发现美洲的观点，中国海图专家朱鉴秋持不同意见，他对孟席斯举证的关键地图——弗拉·毛罗地图、《武备志》航海图、皮里·莱斯地图等做了考析，结论是孟席斯在引用这些地图时对地图本身有不少误解，又做了种种推测和假设。

毛罗地图是孟席斯列举的地图中证明郑和船队绕过好望角至佛得角群岛最关键的地图。此图反映了15世纪时欧洲人对世界的认识，历来为学术界所重视。孟席斯认为："弗拉·毛罗图上附注说，约于1420年有一艘大船从印度起航横渡印度洋，中途不停泊，经过好望角到大西洋，他们航行四十天至佛得角群岛；从那里向西，再向西南到达偏僻的群岛，一百一十天后，他们回到好望角。"

朱鉴秋认为，关于毛罗图上非洲南端附近的注记，各种译文略有出入，把迪布角译为好望角，而关于迪布角的今地说法也不一，定在马达加斯加岛是合理的。孟席斯认为迪布角即好望角，又把绿色群岛与佛得角（也是绿色之意）混为一谈，显然是有误的。根据以上分析，毛罗地图并不能证明郑和的下属船队绕过好望角到达佛得角群岛，乃至进一步横渡大西洋到达美洲。

孟席斯举证的《武备志》图即通常所称的《郑和航海图》中过洋牵星图，该图所表示的南十字星座中的两颗星成一直线，指向正南，从而得出结论：只要以这两颗星的连线方向航行，就可到达南极。

作为长期从事地图及地图史研究权威的朱鉴秋，从20世纪80年代开始就对《郑和航海图》做深入研究，曾主编《古今对照郑和航海图》和《新编郑和航海图》。他指出，学术界公认《郑和航海图》基本上反映了郑和下西洋的地理区域，即从中国东部沿海经南中国海、印度洋，最远至非洲东岸，牵星图上也根本没有南十字星仰角 90°的记载。因此，孟席斯以此图作为郑和航海到达南美及南极某些岛屿的证据之一，是没有根据的。

至于孟席斯认为皮里·莱斯地图源于 1428 年的世界地图，而该图的部分内容是根据郑和航海资料绘制的，朱鉴秋认为这缺乏有说服力的证据。目前学术界对此图尚有争议，是因为 1513 年以前没有到麦哲伦海峡及更南区域的航行记录，但这与郑和航海是没有关系的。

这位海图权威指出，在 15 世纪所谓地理大发现以前，各大洋已经有不少航海活动，有的还发现了新的陆地，绘制了一些地图。但这些活动有的有记载，有的由于受当时社会条件的局限，并没有记载流传下来。不论是郑和，还是哥伦布、麦哲伦，他们的航海活动都是在继承前人航海活动的基础上有所发扬光大的。所以我们在对他们进行研究时，应该以事实为依据，考虑到航海活动对人类的影响，尽可能做出客观公正的评价。

郑和下西洋终止的原因是什么

明朝统治阶级没有在郑和七下西洋使中国航海事业盛极的基础上继续拓展，相反不但终止了下西洋的活动，停止再造出海大舟，还重新实行更严厉的海禁政策，致使中国的航海事业从此由兴而衰。李金明说，郑和航海活动终止的主要原因是，整个航海活动完全由封建皇权一手操纵，这就决定了其终止的悲惨结局。他指出，造成郑和下西洋终止的具体原因为：

其一，"厚往薄来"的政策最后导致国库空虚。举办任何事业都要讲究效益，产出必须大于投入才能持续发展。郑和船队将士众多，自身耗资巨大，且每次出航之馈赠要花大笔开销，大量各国的贡品免费提供给明皇室、贵族享用，支持郑和船队的明政府国库日渐空虚。"厚往薄来"的方针实非长久之计，这种违反了经济发展规律的"蚀本"买卖是无法持续下去的。

其二，政治目的达到后航海活动的重要地位下降了。明初由于海寇猖獗，影响了明朝与东南亚国家之间的友好关系，郑和下西洋的前期目的是打通海道，肃清倭寇，另一目的是与西洋国家保持朝贡关系。郑和七下西洋之后，明朝统治者认为政治目的已达到，航道已畅通无阻，中国当时所认识的国家及地区已大部分"归顺"朝廷，因此郑和下西洋的活动就显得不重要了。

其三，明朝垄断海上贸易权，扼杀了私人贸易的发展。在国内严禁私人出海贸易，明朝法律规定私自出海贸易将被处以极刑。明朝国势自明英宗时起不断衰弱，国内土地兼并严重，人民生活困苦，许多农民"弃本逐末"，因为海外贸易所得颇厚，逐渐成为国家所称的海寇。这样不但减少了封建国家的收入，而且影响了其政治。这也是导致郑和自结束第七次下西洋后再没有进行远洋航行，以及明朝统治者自此执行更严厉的海禁政策的原因之一。

其四，郑和船队过于庞大，明朝官员非议甚多。郑和所统领的官兵二三万人，船舶近百艘，航程周期又过于漫长，每次往返需二三年时间，返航后不久就接着下一次航程，人员伤亡惨重，本身就难以为继。有人估算，在永乐年间，新建和改建的海船约有 2000 艘，每艘造价需白银七八千两，须支动天下 13 省钱粮方才够用。对此，朝廷官员批评指责颇多，施加压力颇大，迫使明王朝最后终止了这一活动。

其五，郑和下西洋所需物品大多出于官手工业，供给日益困难，在洪武、永乐时间，丝绸缎匹、器制品、修造船舶等为明政府所控制的官手工业，其工匠约 30 万人，属于封建徭役制下的强制性无偿劳动，工匠的劳动积极性很低，经常以怠工、逃跑来进行反抗。由于逃民情况严重，故往往无法完成下西洋所需物品的任务。官手工业日益衰落，下西洋已失去雄厚的物质基础，要求生产大量可供赏赐的丝织品和建造可远洋航行的海船已日见困难，下西洋活动当然难以再继续进行下去了。

此外，明朝政府政治腐败导致各种社会危机日益突出，建立在小农经济基础上的中国封建专制体制及其保守性，以及明朝海防政策的变化及海军的衰落，都是导致郑和开拓航海事业不能继续发展的因素，这些因素是综合的、多方面的，而绝不是孤立的、单方面的。

郑和是否到过台湾

郑和是否到过台湾？这个问题至今为止仍是一个谜团。徐玉虎为解这一谜团经过了多年的研究，他是海峡两岸郑和研究的重量级学者，他关于《明郑和航海图中针路之考释》等学术论文在海内外影响很大。

徐玉虎考证，《台湾小志》、王士祯的《香祖笔记》、郁永河的《稗海纪游》等书籍，对郑和到过台湾的事均有记载。

《台湾小志》云："明成祖永乐末年，遣太监王三宝至西洋，遍历诸邦……宣德五年，三宝回行，近闽海，为大风所吹，飘至台湾……越数巡，三宝取药数种扬帆返……"

《闽都别志》记载，郑和、王景弘、侯显等下西洋曾停泊台湾，由台湾回航长乐，迎大风飘至厦门，因在厦门登陆。《香祖笔记》云："凤山县有姜，相传明初三保太监所植可疗百病。"

《稗海纪游》云："惟明会兴，太监王三保，赴西洋水程，有赤崁汲水一语，又不洋赤崁何地。"（赤崁在台湾省南部西河岸边缘，系当时番社名，也是登陆的要埠）

《东西洋考》云："鸡龙山淡水洋在澎湖屿之东北，故名北港，又名东番云，居岛中不善舟，且酷畏海，捕鱼则于溪涧，盖老死不与他夷相往来。永乐初郑中贵航海谕诸夷，东番独远窜不听约，家赂一铜铃使颈之，盖拟之狗国也。至今犹传为宝，富者至掇数枚。曰：'是祖宗所赂云。'"

台湾郑和研究学者申庆璧，研究了台湾的志乘，发现郑和到过台湾的记载引用颇多。

如续修《台湾府志》封域篇建置附考云："明宣德间，太监王三保，舟下西洋，因风泊此。"

又记台南之古台江沿岸古迹大井（即大井头）云："开凿年代靡知，相传明宣德年间太监王三保到台，曾于此取水。"

《凤山县志》云："明太监王三保，植姜冈山上，至今尚有产者，有意求觅，终不可得。樵夫偶见，结草为记，次日寻之，弗获故道，有得者，可疗百病。"又云："相传明太监王三保，投药水中，令土蕃染病者浴之，皆愈。"

申庆璧还研究了近人的著作，肯定和否定郑和到过台湾的都大有人在。

《台湾年鉴》（1947年出版）载，15世纪初叶，明永乐中，三保太监出使西洋及南洋一带，威震海外。所至各国，莫不朝贡，唯台湾东番，远避不至。郑和率师征台，至岗山，馈番人医方药物活人甚多……

李絜非著《台湾》也有如下记载："明宣宗宣德五年（1430），宦者郑和率舟师航南洋群岛，遇风溧著台湾，携草药以归献帝，称其地为东番。"

否定郑和到过台湾的有梁启超，他在《郑和传》里做过一次统计，郑和出使南洋所经历的地方，计有马来半岛以东15国，马尼拉三国，苏门答腊七国，印度六国，阿拉伯半岛五国，阿非利加三国，所经航线凡12道，却始终未及台湾。

申庆璧认为，虽各种著作认定郑和到过台湾，但都无直接证据，存悬疑。

郭廷以《台湾史事概说》云："郑和的七使'西洋'为大家所周知的盛事。他是否到过台湾，历史上并无明白的记载，但亦有若干关于郑和与台湾的传说。""郑和的远航队不一定是所有船只联衔而行，往往分队通航，所谓'分航'，宣德年间的航行，费信虽未亲至台湾，但不能断定王景弘或郑和亦未到过台湾，而王景弘来台的可能性尤大。他的名声不及郑和之大，但台湾关于他的传说反较郑多，《台湾府志》之将《福建通志》中的郑和易为王三保（宝），并非无因。王景弘或王三保与台湾当有其关系。"

毛一波根据各种记载加以评析说："兹先欲考明者，假如明太监中有到过台湾的，那究竟是郑和？抑或是王三保呢？三保是否即指王景弘呢？笔者根据以上所引各文，以为王三保当然是王景弘。"

毛一波接着评析："假如王姓到过，则郑和亦应到过也。因王姓不会单独出使。而明代太监郑和，系历事成祖、仁宗、宣宗三朝，二十五年之中七下西洋，所历三十余国，而每次均以郑和为正使，王、石等太监，不过为其副从而已。"

毛一波最终所获结论是："从各种文献上推论起来，郑和或王三保之到过台湾的可能性很大。但是究无确据。"

郑和远航战略原因是为"断帖木儿帝国左臂"吗

600 年前郑和的大规模远航，其突然开始令许多人至今仍感讶异。郑和远航战略的原因众说纷纭，有的说是为"寻找建文帝"，有的说是为了"耀兵异域"，而台湾的一些学者则说是为"断帖木儿帝国左臂"。

钮先钟曾在台北举行的海洋战略研讨会上提出，元朝灭亡后，其后裔帖木儿在中亚建立一个新的蒙兀尔帝国，意图向东进攻，以谋重建蒙古人在中国的统治。帖木儿在永乐二年确实集中四五十万兵力准备进攻中国。明成祖获知后，遂决定派遣郑和下西洋。从战略观点来看，其目的在联合印度洋周边国家组成联盟，以围堵帖木儿的扩张，解除其对中国的威胁。

谢台喜指出，在郑和奉命出使的同一年，帖木儿突然病死，这虽然解除了对中国的威胁，但蒙兀尔帝国仍然存在，是以使中国与西方的陆上交通受阻。因此，郑和能从海上打开一条通道，从战略上说是十分重要的。

赖进义认为帖木儿帝国的兴起，带给明朝很大的威胁，善于航海的回教世界已慑于其威。回教徒熟于从印度洋来到远东经商，所谓"海上丝路"，宋、元已蓬勃发展，中国必须顾忌，准备攻击东方的帖木儿，利用回教世界的海上经验。元代时，蒙古海外用兵曾远至印尼，帖木儿帝国从海、陆两面钳形威胁明帝国，可能性不可排除。所以明成祖在几乎与帖木儿东征的同时派遣与回教世界有渊源的郑和出洋，其有联络印度洋周边的国家以围堵或至少牵制帖木儿帝国攻势的用意，非常明显。从战略研究的角度来看，这是非常高明的"间接路线"，即令帖木儿攻明帝国不成，郑和出洋也仍有其继续进行的价值。明成祖的这种大战略企图，是唯一可以合理解释为什么要一再派遣郑和远航，从事这种耗损国力"勤远略"行动的原因。

《明史》记载，明成祖锐意通四夷，而且派出去的人大都是宦官。"西洋则和、景弘。西域则李遹。迤北则海童。而西番则率使侯显。"赖进义强调，所有的目标都指向蒙古，可见明成祖对蒙古的大战略是多面向进行，除了他自己五次率大军入漠北，要解除漠北蒙古对中原的直接威胁外，更由于郑和的卓越成就。现在看起来，明帝国确实有机会建立世界史上规模最庞大的洋际联盟，并进行最早又范围最广泛的围堵战略。

中国大陆的学者对此大都持不同意见，认为郑和远航战略原因是为"断帖木儿帝国左臂"这个说法不符合当时的实情。帖木儿帝国确实征服了印度，志骄意满，率兵数十万而东，以为元朝复仇之名妄图征服中国。但帖木儿因病死去，远征终止。其孙接位，便与明朝和好，送还扣留 13 年之久的使节傅安。帖木儿死后，叔侄争夺王位，构兵相仇，永乐帝劝谕休兵息民。此后，明王朝与之保持友好邦交。郑和出使西洋时，帖木儿帝国已是明朝的友好国家，根本没有必要再去断其左臂。因此，这个说法完全缺乏依据。

大陆的学者还认为，要了解郑和远航的真正目的和原因，必须了解郑和七下西洋之前，中国海外贸易已经历的七个多世纪，才能把握其中的真谛。如果没有唐、宋尤其是元朝累积的航海经商经验，没有明太祖提早为之筹划，准备长达 20 年之久，没有明成祖夺得帝位，急于出海经商筹款，那么，郑和船队断难以仅用两年如此短促时间就成行，也断难会有如此庞大的规模、齐全的装备扬帆远航。

郑和与哥伦布比较（附表）

郑和与哥伦布，都是航海家、探险家，他们在航海探险上有许多相同之处，但又有明显的不同之处。

首先，在航海动机上，郑和的航海行动不似哥伦布一般具有强烈的经济动机，关键出于政治的考虑，可归纳为宣扬国威，扩大番邦；消灭海盗，疏通航道；寻找军事同盟；开展朝贡贸易。值得注意的是，经贸动机并非重点。而哥伦布的航海动机是奉行西欧封建君主的重商主义，航海探险是为达到增加王室金库收入、壮大国力和个人收益的目的。在哥伦布与西班牙女王伊莎贝拉1492年4月为海上探险而签署的《圣大非协定》中可以看出：新土地的任何经济利益，哥伦布均可征收1/10作为税金；哥伦布可投资全部西航经费的1/8，而以新殖民地所获利益的1/8作为报酬。

其次，在航海的手段上不同，郑和是和平使者。

最后，在航海过程上，郑和下西洋的时间不仅早于哥伦布80余年，而且其规模、船队、行程、航海组织等方面也都优于哥伦布。以下是将二人航行做简明比较的列表：

	郑和	哥伦布
航行次数	7次， 共历时28年（1405—1433）	4次， 共历时13年（1492—1504）
船只数	一般多达260余艘， 大型宝船60余艘	最少3艘，最多17艘
船只吨位及人数	宝船估计为1500吨约27000人 （第一、三、四、七次）	100至200吨最多约1500人、 最少约90人
	中国至东非海岸约15000海里	西欧至加勒比海岸约4500海里

（资料来源：罗荣渠：《十五世纪中西航海发展取向的对比与思索》，《历史研究》1992年第1期）

根据许多中外学者的研究表明，15 世纪之时，中国的政治、经济、社会及技术的发展均高于西方。郑和七下西洋是明代中国封建社会发展阶段的盛举，是 15 世纪上半叶世界尚未进入资本主义时代的历史创举。

首次探险，哥伦布本人并不自知他所踏上的是美洲新大陆，而是把圣萨尔瓦多当成日本群岛的外围。第二次航海途中发现了牙买加岛。第三次航行登上美洲大陆，尽管在近代史上意义十分显赫，但结果极不完美，因他隐匿情不报，西班牙女王禁止他重返海地，另派新总督驻节。哥伦布三次航海中并未能发现金银，也没找到欧洲所需要的东方香料，更没有升官发财，成为西班牙女王所承诺的新发现土地的总督。

郑和下西洋时间（附表）

郑和七下西洋自永乐三年（1405）开始至宣德八年（1433）返回，前后共28年。刘家港"通番事迹碑"和长乐"天妃灵应之碑"的发现，郑和下西洋的时间之谜被解开，同时参考《明实录》《瀛涯胜览》《星槎胜览》及《西洋番国志》等书籍，郑和下西洋的时间更为清晰，现列表如下：

序次	出国时间	归国时间	所经主要国家和地区
一	永乐三年冬（1405年冬）	永乐五年九月（1407年10月）	占城、暹罗、苏门答腊、旧港、满剌加、锡兰、古里
二	永乐五年冬（1407年冬）	永乐七年夏末（1409年夏末）	占城、爪哇、满剌加、暹罗、渤泥、锡兰、加异勒、柯枝、古里
三	永乐七年九月（1409年10月）	永乐九年六月（1411年7月）	占城、爪哇、暹罗、满剌加、苏门答腊、阿鲁、锡兰、柯枝、古里、淄山、阿拨巴丹、小葛兰、古里
四	永乐十一年冬（1413年冬）	永乐十三年七月（1415年8月）	占城、爪哇、满剌加、锡兰、柯枝、古里、阿鲁、彭亨、急兰丹、忽鲁谟斯、淄山、木骨都束、麻林
五	永乐十五年冬（1417年冬）	永乐十七年七月冬（1419年8月）	占城、爪哇、满剌加、锡兰、柯枝、古里、阿丹、剌撒，木骨都束、麻林、卜喇哇、忽鲁谟斯、苏禄、彭亨、沙里湾泥
六	永乐十九年春（1421年春）	永乐二十年八月（1422年9月）	占城、暹罗、满剌加、榜葛剌、锡兰、古里、阿丹、祖法儿、剌撒、淄山、柯枝、木骨都束、卜喇哇
七	宣德六年十二月（1432年1月）	宣德八年七月（1433年8月）	占城、满剌加、苏门答腊、暹罗、锡兰、淄山、小葛兰、加异勒、柯枝、古里、忽鲁谟斯、祖法儿、剌撒、阿丹、木骨都束、竹步、天方

郑和大事年表

江苏省郑和研究会

1371 年（洪武四年辛亥）		郑和出生于云南昆阳州（晋宁县）宝山乡和代村。
1382 年（洪武十五年壬戌）	11 岁	父亲马哈只去世。郑和被掳入明营，遭阉割。
1384 年（洪武十七年甲子）	13 岁	郑和随明军傅友德、蓝玉部队来到明都南京，后又调防北平。
1390 年（洪武二十三年庚午）	19 岁	郑和被燕王朱棣看中，选入燕王府服役。
1398 年（洪武三十一年戊寅）	27 岁	明太祖朱元璋驾崩。
1399 年（建文元年己卯）	28 岁	建文帝朱允炆即位，派军攻打燕军，郑和随朱棣作战。
1402 年（建文四年壬午）	31 岁	郑和随燕王朱棣大败建文军，攻陷南京，建文帝下落不明。
1403 年（永乐元年癸未）	32 岁	朱棣在南京称帝，年号永乐。
1404 年（永乐二年甲申）	33 岁	郑和因战功显赫荣获朱棣赐姓"郑"的殊荣，从此由马和改为郑和，并擢拔为内官监太监。
1405 年（永乐三年乙酉）	34 岁	郑和奉朱棣命偕王景弘率 27800 人，第一次下西洋。
1406 年（永乐四年丙戌）	35 岁	途中访问占城、暹罗、旧港、满剌加、苏门答腊、锡兰、古里，消火旧港海盗陈祖义。
1407 年（永乐五年丁亥）	36 岁	回国后，立即与王景弘、侯显等率船队第二次下西洋。
1408 年（永乐六年戊子）	37 岁	途访渤泥、爪哇、加异勒、柯枝等国。
1409 年（永乐七年己丑）	38 岁	七八月间回国，九月又偕王景弘、费信等第三次下西洋。
1410 年（永乐八年庚寅）	39 岁	途访阿鲁、甘巴里、小葛兰、淄山、忽鲁谟斯等十余国。在锡兰粉碎锡兰王亚烈苦奈儿的阴谋。
1411 年（永乐九年辛卯）	40 岁	该年七月回国。为供奉从锡兰带回的佛牙，在南京狮子山南麓建造静海寺。

1412 年（永乐十年壬辰）	41 岁	朱棣为纪念太祖和马皇后，命郑和主持监造南京大报恩寺与琉璃宝塔。
1413 年（永乐十一年癸巳）	42 岁	是年十一月偕马欢等人率船队第四次下西洋。
1414 年（永乐十二年甲午）	43 岁	途访彭亨、吉兰丹、木骨都束、麻林等亚非五个国家。在苏门答腊与苏干剌作战，平息了该国内乱。
1415 年（永乐十三年乙未）	44 岁	该年七月回国。
1417 年（永乐十五年丁西）	46 岁	郑和率船队第五次下西洋。六月行经福建泉州，在泉州城外灵山圣墓行香，立有行香石碑。
1418 年（永乐十六年戊戌）	17 岁	途中访问南巫里、阿丹、麻林、沙里湾泥、卜剌哇、剌撒等国。
1419 年（永乐十七年己亥）	48 岁	该年七月回国。
1420 年（永乐十八年庚子）	49 岁	朱棣迁都北京。

郑和下西洋所到各国（或地区）古今名称对照表

江苏省郑和研究会

国名（或地区）	今名称	国名（或地区）	今名称
占城	越南中南部	吉兰丹	马来西亚东岸
暹罗	泰国	彭亨	马来西亚南岸
真腊	柬埔寨	榜葛剌	孟加拉国及印度西孟加拉邦
爪哇	印尼爪哇岛	苏禄	菲律宾苏禄群岛
苏门答剌	印尼苏门答腊岛	古里	印度卡利卡特
满剌加	马来西亚马六甲	小葛兰	印度奎隆
旧港	印尼苏门答腊岛巨港	柯枝	印度科钦
阿鲁	印尼苏门答腊岛勿拉湾	甘巴里	印度南端科摩林角
渤泥	加里曼丹岛文莱	阿拨巴丹	印度阿默达巴德
淡马锡	新加坡	加异勒	印度南端
古麻剌朗	菲律宾苏禄岛东北部	天方	阿拉伯麦加
锡兰	斯里兰卡	默德那	沙特麦地那一带
溜山	马尔代夫	木骨都束	索马里摩加迪沙
阿丹	也门共和国亚丁	卜（不）剌哇	索马里市拉瓦
忽鲁谟斯	伊朗霍尔木兹海峡格什姆岛	竹步	索马里南方
剌撒	红海东岸	麻林	坦桑尼亚基尔瓦基西瓦尼
祖法儿	阿曼佐法儿地区		

后 记

《郑和之路》一书，是作者为了纪念郑和下西洋首航 600 周年，采访海内外郑和研究专家，探访有关郑和的遗迹，分门别类整理而成。本书的撰写与出版，曾得到以郑和名字命名的和舰科技（苏州）有限公司的特别支持，也得到郑和七下西洋起锚地太仓市委、市政府和市委宣传部的大力支持，为作者一行举行了此次探寻活动的启动仪式，从起锚地出发沿着郑和当年的足迹，开始了探寻郑和之路的采访活动。

在中国国内的探寻活动中，得到江苏省郑和研究会、南京市委宣传部、南京市文物局、云南省郑和研究会、郑和故里晋宁县委宣传部（现改为昆明市晋宁区）、福建省泉州与长乐郑和研究会和郑和纪念馆、山东德州苏禄王御园管理处等有关方面的大力协助，在此表示感谢！

在海外的探寻活动中，得到新加坡国际郑和研究学会、马来西亚马六甲郑和研究会、泰国研究学会、泰国正大集团、印尼三宝垄纪念郑和六百周年活动组委会、印尼中爪哇侨务委员会、印尼中爪哇华商联合会、印尼日惹华文联谊会以及东南亚众多华人华侨的鼎力相助，在此表示敬意！

在整个采访写作中，还得到海内外郑和研究的专家学者及郑和后裔的指导，在此一并表示谢意！

由于水平有限，时间仓促，本书不免挂一漏万，并会在史料上和学术上有许多不妥之处，诚挚地欢迎读者和郑和研究的专家学者提出宝贵意见，以便增补和纠正。

作者

2022 年 6 月